I0067468

Colección dirigida por
Gilles Farcet

El alma del dinero

LYNNE TWIST
y Teresa Barker

EL ALMA DEL DINERO

Recuperando la riqueza
de nuestros recursos interiores

HARA PRESS

Título original: *The Soul of Money: Transforming Your Relationship with Money and Life* de Lynne Twist y Teresa Barker

© 2003 de Lynne Twist
© 2013 Hara Press USA, LLC para la lengua española

Todos los derechos reservados

www.harapress.com

Traducción: Margarita Carrasco
Revisión editorial: Susana Silva
Diseño de cubierta: Rafael Soria

Hara Press agradece la valiosa y generosa colaboración de:
Cristina Canavati, Claudia Espino, José Luís Garcia-Monge, Patricia Meade, Georgina Quintana y Verónica Santoyo.

ISBN: 978-0-9840430-1-9
Library of Congress Control Number: 2013948540

Colección: Un nuevo mundo

Queda rigurosamente prohibida la reproducción total o parcial de esta obra por cualquier medio o procedimiento, sin la autorización escrita de los titulares del *copyright*, bajo las sanciones establecidas en las leyes.

Hara Press no se hace responsable de los contenidos presentados en los libros que publica.

Dedico este libro a mis nietos Ayah, Isa e Ibrahim,
quienes personifican la belleza, el amor y las posibilidades
que percibo para este mundo.

Lynne Twist

Contenido

www.lynnetwist.com

Agradecimientos

Se requirió de toda una comunidad para escribir este libro. Ha sido una de las actividades más desafiantes y difíciles que he realizado, la cual no hubiera sido posible sin el apoyo, la participación, la colaboración y la generosidad de mucha, mucha gente.

En primer lugar, quiero agradecer a la brillante escritora y colaboradora Teresa Barker, quien se fundió conmigo durante el proceso de tres años que duró la creación de este libro. Su inteligencia aguda, su profunda colaboración y sólido profesionalismo hicieron posible el libro que están por leer.

Mi excepcional agente literario, Gail Ross, me alentó de tal modo que transformó la idea de escribir este libro en una realidad. Ella ha permanecido conmigo, apoyándome en cada paso del camino.

Mi editora de W.W. Norton, Angela von der Lippe, vertió su sabiduría, elegante inteligencia y años de experiencia en cada página. Su asistente, Alexandra Bastagli, se encargó del complejo proceso de transformar un manuscrito en un libro del cual, tanto W.W. Norton como yo, podemos estar orgullosos.

Más de veinte años de experiencia en el Hunger Project[1] sirvieron de plataforma para gran parte de lo que he escrito aquí. Mi maestra y mentora durante aquellos años, y durante la mayor parte de mi vida adulta, ha sido y seguirá siendo Joan Holmes, presidenta del Hunger Project. Su ejemplo, lucidez, integridad e inquebrantable compromiso, de muchas maneras han forjado y dado forma a quien ahora soy.

Durante los años que estuve cerca del Hunger Project, otros colegas resultaron colaboradores vitales para mi comprensión del dinero y de su relación con las cuestiones más profundas que enfrentamos como comunidad humana. John Coonrod, Carol Coonrod, Mike Wick, Franc Sloan, Tom Driscoll, Ted Howard, Dick Bishop,

---

1. Para mayor información visiten el sitio de internet www.thp.org

Jay Greenspan, Sherry Pettus, Catherine Parrish, Bill Parrish, Kendra Goldenway, Ronn Landsman, Mike Cook, Les Traband, Lee Traband, Larry Flynn, Raul Julia, Merel Julia, Janet Schreiber, Fay Freed, Joe Friedman, Dana Carman, Jane Shaw, Michael Frye, Tom Henrich, Gunnar Nilsson, Scott Paseltiner, Lalita Banavali, Naji Loynmoon, Fitigu Tadesse, Badiul Majumdar, Tazima Majumdar, Shingo Nomura, Mikio Uekusa, Hiroshi Ohuchi, Ian Watson, Peter Bourne, John Denver, Robert Chester, Annetta Chester, Valerie Harper, Gordon Starr y Dianne Morrison, y una incontable lista de personas, son todos colegas que han dejado una profunda huella en mi vida y me han ayudado a moldear mi percepción del mundo. Los miles de voluntarios, activistas, fundadores e inversionistas del Hunger Project, con quienes he trabajado durante muchos años, fueron tanto el laboratorio como la inspiración del mensaje de este libro, y estoy profundamente agradecida con ellos.

Quiero agradecer particularmente a Faith Strong, quien como mujer, filántropa y socia en mi trabajo alrededor del mundo, me ha enseñado más de lo que ella podría imaginar.

Mis queridos amigos y consumados filántropos Alan Slifka y Ted Mallon han estado a mi lado desde mucho antes y a lo largo de la incubación y culminación de este proyecto, y han ofrecido sabiduría, apoyo financiero y amor ilimitado a lo largo del camino. No hay palabras para agradecerles adecuadamente.

Mi amigo y hermano del alma Tom Burt ha sido mi socio de tiempo completo en este esfuerzo, siempre alentándome, inspirándome e impulsándome amorosamente hacia el siguiente paso, con el fin de hacer de este libro una realidad. Su colaboración financiera y espiritual ha resultado invaluable pero, sobre todo, su amor y fe en mí constituyeron el alimento que yo necesitaba para completar este trabajo.

Neal Rogin, amigo y colega de hace mucho tiempo, siempre me ayudó a encontrar las palabras más correctas para expresar lo inefable. Wink Franklin, presidente emérito del Institute of Noetic Sciences, me ayudó a darle un nombre a este libro y al trabajo que representa, y ha estado dándome sabios consejos desde hace más de veinte años. Michael y Justine Toms me dieron el estímulo necesario a lo largo de todo el proceso de escritura del libro. La trascendente entrevista que Michael me hizo sobre *El alma del dinero* constituyó la plataforma de lanzamiento del libro.

Los años de colaboración en el State of the World Forum, con el presidente Jim Garrison, me dieron dimensiones profundas de sabiduría global y acceso, los cuales han expandido mi experiencia sobre el mundo.

Dave Ellis ha sido un asesor y consejero sabio y firme. Ferry Axelrod me ha ayudado a agudizar mi enfoque y a profundizar el entendimiento de la sagrada labor de recaudación de fondos.

En medio de una de las partes más difíciles del proceso de escritura de este libro, mi querida amiga y compañera de escritura Vicki Robin me animó a asistir al retiro para escritores Mesa Refuge, donde Peter Barnes, dueño y fundador, me regaló dos semanas de estancia. En ese entonces, estar en Point Reyes fue un momento decisivo para hacer realidad este libro. Gracias a ustedes, Vicki y Peter.

Mi amiga y hermana del alma Tracy Howard ha estado a mi lado desde el día en que nos conocimos. El proceso de realización de este libro no fue una excepción a la forma de trabajar en conjunto que hemos compartido toda la vida.

A mis colegas de las juntas directivas del Institute of Noetic Sciences y del Fetzer Institute les debo un agradecimiento por todo lo que he aprendido, todo lo que he recibido y por la gracia y bendición de sus consejos y de su amistad. Gran parte de esto se refleja en estas páginas.

A los miembros de la Turning Tide Coalition, este libro constituye un tributo a cada uno de ustedes y a las profundas conversaciones que hemos compartido.

Mis hermanos y hermanas achuar de Ecuador, así como el personal, los miembros e inversionistas de The Pachamama Alliance, son faros en nuestro mundo que caracterizan los principios de lo que está escrito aquí.

Werner Erhard ha sido y sigue siendo uno de los maestros más brillantes que he conocido. Los programas y cursos creados por él, así como los programas Landmark Education, me brindaron revelaciones, distinciones y el propio contexto desde el cual vivo y veo al mundo. Por esto y por mucho más, estoy profundamente agradecida.

Mis hermanas Holly Madigan y Wendy Sadler, y mi hermano Griff Williams, apoyaron completamente el proceso de creación de este libro y representaron una constante inspiración para mí. Gran parte del trabajo final del libro se realizó en ese silencioso santuario que es la casa de Wendy en Glenview, Illinois.

También me gustaría agradecer a los miembros del grupo de discusión que fue convocado en Glenview durante el proceso de escritura de este libro. Brindo un agradecimiento especial para Leslie Rowan, por su contribución y apoyo constantes.

En esto y en todas las cosas, mi querida asistente Pat Jackson ha sido mi constante y firme colaboradora. Ella bendice mi vida y trabajo con su asombrosa e ilimitada capacidad de servir y dar lo que sea necesario para satisfacer la visión que compartimos, y lo ha venido haciendo desde hace dieciséis años.

Finalmente, quiero agradecer a mi familia: a mi madre y padre, quienes fueron brillantes ejemplos de lo mejor que un hombre y una mujer pueden ser; a mis asombrosos hijos adultos Basil, Summer y Zachary, que a lo largo de sus vidas me han permitido ser yo misma. El amor incondicional que compartimos es el estanque de donde tomo todo lo que es significativo para mí.

Finalmente, mi último y más importante agradecimiento es para Bill Twist, mi esposo, alma gemela, socio y mejor amigo, cuya fuerza, estabilidad, integridad, sentido del humor y amor iluminan mi vida y hacen que cualquier cosa y absolutamente todo sea posible.

Las personas alrededor del mundo con quienes he tenido el privilegio de trabajar a lo largo de todos estos años son muy numerosas como para mencionarlas aquí, sin embargo están entretejidas en la tela de este libro y en su mensaje. Ellas saben quiénes son y este libro está concebido para poner a disposición del lector el amor, la sabiduría y la capacidad de asombro que ellas me han dado.

LT

Además de la comunidad que Lynne describe, quiero expresar mi gratitud a mi esposo Steve y a nuestros hijos Aaron, Rachel y Rebecca, por su generosidad y entusiasmo en el apoyo de este trabajo y por la contribución de su propia sabiduría. En cuanto a Lynne, tomaré prestado de Maya Angelou unas palabras para expresar mi aprecio por nuestra colaboración y amistad: "Cuando damos con entusiasmo y aceptamos con gratitud todos resultan bendecidos". Y yo lo estoy.

THB

Introducción

Este libro se llama *El alma del dinero*, aunque en realidad habla sobre nuestra propia alma y de cómo y qué tan frecuentemente la eclipsamos, descartamos o comprometemos en nuestra relación con el dinero: la manera en que obtenemos dinero, usamos dinero, damos dinero y/o simplemente tratamos de evitar pensar en el dinero. Este libro propone encontrar una nueva libertad, verdad y dicha en nuestra relación con el dinero, la cual forma una extraña, conflictiva y maravillosa parte de nuestras vidas. Más aún, trata sobre el despertar y el uso del inexplorado portal de nuestra relación con el dinero para así lograr liberar una transformación amplia en todos los aspectos de nuestra vida. Esencialmente, este libro constituye un sendero hacia la libertad personal y financiera.

No soy economista, banquera o asesora en inversiones, al menos no en el sentido tradicional. No tengo títulos en finanzas ni administración. Sin embargo, lo que sí poseo es un profundo y especial conocimiento, experiencia y comprensión sobre el dinero. Mi educación con el dinero proviene de experiencias directas e íntimas a lo largo de casi cuatro décadas en la recaudación de fondos y trabajo en puestos de liderazgo dentro de cuatro grandes iniciativas globales: erradicar el hambre en el mundo; proteger el bosque tropical; mejorar las condiciones políticas, económicas y de salud de las mujeres, y promover la comprensión científica de la conciencia humana. Cada uno de estos compromisos me ha conducido a nuevos ámbitos de reto y de inspiración para otros individuos que confrontan cuestiones acerca del dinero en sus propias vidas o en las vidas de sus familias, comunidades y países, tanto en Estados Unidos como en el extranjero.

Durante más de cuarenta años trabajé como ejecutiva en el Hunger Project, una organización dedicada a erradicar el hambre en el mundo. Durante esa época era responsable de capacitar gente para recaudar fondos y del desarrollo de operaciones de recaudación en 37 países. Ahí comencé como consultora y consejera de muchas otras organizaciones sin fines lucrativos, y desde entonces he capacitado a más de veinte mil recaudadores de fondos en 47 países. He sido responsable de recaudar más de 150 millones de dólares, que no provienen de fundaciones o corporaciones, sino de individuos en todo el mundo, y he trabajado estrechamente con personas en esa encrucijada donde la vida de aquellos que tienen dinero, por lo general grandes fortunas, se junta con la vida de aquellos que tienen poco dinero o que no lo tienen para nada.

Dentro del movimiento mundial que busca fortalecer a la mujer, he sido una vocera y abogada internacional para el surgimiento del liderazgo femenino, integrando la sabiduría y experiencia de muchas otras personas en el mismo ámbito, con el fin de mejorar las condiciones políticas, económicas y de salud de las mujeres, así como para catalizar la voz financiera de las mujeres a través de programas y actividades filantrópicas.

Como vicepresidenta del *Institute of Noetic Sciences*, he tenido la oportunidad excepcional de echar un vistazo al dinero y explorar nuestra cultura monetaria a través de la lente de la conciencia humana con algunos de los principales pensadores críticos de este tema en el mundo.

Inmersa en el mundo de la filantropía, y como miembro del consejo de administración de una fundación, me he comprometido con el reto de orientar el dinero de manera efectiva hacia las cuestiones humanas más apremiantes y primordiales. Como fundadora de *The Pachamama Alliance*, una organización dedicada al apoyo de la gente indígena para la conservación del bosque tropical del Amazonas, he viajado por Sudamérica y he trabajado con culturas ancestrales en las que el concepto del dinero apenas ha aparecido en escena. Como presidenta de la *Turning Tide Coalition*, he trabajado con algunos de los principales pensadores y activistas de la actualidad, desarrollando estrategias y orientando el trabajo hacia la creación de un estilo de vida justo, próspero y sustentable para todos.

Al servicio de estos compromisos, he tenido el privilegio de trabajar hombro con hombro y en colaboración con algunas de las personas más pobres del mundo. Al decir pobres me refiero a gente "pobre en recursos", como la que habita en el desierto del Sahel en la parte norte de Senegal, en los pueblos de la India, en el Gran Valle del Rift en Etiopía, en los países de Centro y Sudamérica como Ecuador y Guatemala, y en ciertas partes de los Estados Unidos en donde, independientemente de su riqueza cultural, la gente vive en condiciones severas en las que el hambre y la pobreza constituyen el ambiente de la vida cotidiana. También he tenido el privilegio de trabajar hombro con hombro y en colaboración con algunas de las personas más ricas o "ricas en recursos" del mundo, en países prósperos como Suecia, Francia, Alemania, Japón, Canadá, El Reino Unido, Australia y, por supuesto, Estados Unidos.

Bajo este contexto del dinero, me he comprometido a fondo con muchas culturas de una forma que me ha permitido apreciar no solo las diferencias culturales, sino también las cosas que notablemente tenemos en común en nuestra relación humana básica con el dinero, y la manera en que esa relación gobierna, domina y estresa nuestras vidas. Estas verdades surgieron a partir de haber presenciado lo que el dinero significa para un budista en Nepal, para un granjero pobre en Zambia, para una mujer soltera en los Apalaches, o para un agente inmobiliario japonés; o lo que el dinero significa para un ministro en Ecuador, cuyo país está en bancarrota, o para un pastor de ovejas en Australia, con gente que ha asociado la religión y el dinero con Dios, gente que cree que el dinero tiene origen divino, y con gente indígena para quien el dinero ni siquiera forma parte de su mundo.

En cada cultura, lugar geográfico e interacción personal, he observado la poderosa fascinación que el dinero ejerce en nuestras vidas, las heridas y las privaciones que puede imponernos, y el inmenso poder curativo que puede tener hasta la más pequeña cantidad de dinero, cuando lo usamos para expresar nuestra humanidad, nuestros más altos ideales y nuestros compromisos y valores más estrechamente ligados con el alma.

Al estar en una cultura diferente a la propia, se tiene la oportunidad de adoptar una perspectiva desvinculada; puede uno percibir con mayor claridad las cuestiones que podrían resultar oscuras e incluso invisibles cuando uno está en su ambiente habitual. Esto se ha convertido en una verdad para mí y para miles de personas con quienes he compartido estas historias a través de mi trabajo de recaudación de fondos, mis talleres acerca del alma del dinero, y en la asesoría privada ofrecida por medio del *Soul of Money Institute*. A todos nos ha sorprendido y complacido el descubrir que en esta relación con el dinero –este espacio en donde acostumbramos sentirnos con mayor conflicto e incertidumbre, con el menor bienestar y con la sensación de estar incompletos– existe un espacio y una vía para descubrir cómo sentirnos completos. A menudo, cuando comparto las historias y hablo acerca de estas revelaciones, ya sea en una conferencia pública, en un taller o en una conversación de sobremesa, tiempo después la gente me dice (¡a veces minutos, meses o incluso años después!) que esa charla fue un momento decisivo para ellas. Lograron adquirir cierta claridad y cierta perspectiva en torno a su relación con el dinero, lo cual les ha permitido percibir cosas que nunca antes habían visto.

Para mí, esta travesía ha sido tanto geográfica como espiritual, emocional y a la vez ontológica, así como pública y privada. En este camino privilegiado, he visto y escuchado mucho acerca de la relación de las personas con su mundo a través de la lente del dinero. Me he vuelto más humilde, algunas veces me he sentido afectada, con frecuencia me han inspirado y siempre he estado agradecida. Siento que la sabiduría surgida de estas diversas experiencias, provenientes de diferentes estratos, no es mía sino que es un regalo que me ha sido dado con el fin de que pueda transmitirlo a otros. Existe cierto alivio y a la vez un profundo sentido de responsabilidad al compartir estos principios creyendo, como lo hago, que rediseñar nuestra relación con el dinero será la clave para transformar la condición de vida física y espiritual para todos en el siglo veintiuno.

A través de un análisis honesto, valiente y razonado de nuestra relación con el dinero, descubrimos algo de verdad, y en esa verdad –cualquiera que resulte ser–, podemos encontrar enormes posibilidades, así como un poder sorprendente. *El alma del dinero* ofrece el camino para realinear nuestra relación con el dinero con el fin de que sea más verdadera, libre y poderosa, permitiéndonos vivir una vida de integridad y completa autoexpresión, congruente con nuestros valores más altos, sin importar cuáles sean nuestras circunstancias financieras. Este libro no habla de cómo darle la espalda al dinero ni de cómo simplificar gastos o cómo hacer presupuestos o planes financieros, no obstante que la sabiduría obtenida de esta lectura será relevante para todas esas actividades. Este libro trata sobre cómo podemos procurarnos una vida consciente, plena y dichosa en nuestra relación con el dinero, y de cómo podemos aprender a entender y adoptar este flujo. Habla acerca de la manera en que podemos usar el inexplorado portal de nuestra relación con el dinero para alcanzar una amplia transformación en todos los aspectos de nuestra vida.

Existen cientos de prácticas espirituales, muchos caminos que conducen a la gente hacia la experiencia de la totalidad y la paz mental. Explorar su relación con el dinero puede conducirlo a ese lugar. Parecería extraño pensar que el dinero podría constituir uno de esos caminos, sin embargo lo he visto y vivido yo misma al igual que he visto a otros hacer lo mismo. Esta es su oportunidad para embarcarse en una extraordinaria y excepcional travesía, la cual tiene el potencial de transformar todos los aspectos de su vida hoy y en el futuro: el viaje que lleva nuestra alma hacia el dinero y el dinero hacia nuestra alma.

Primera parte

Amor, mentiras y un gran despertar

Capítulo 1

El dinero y yo,
el dinero y nosotros

El dinero es como un anillo de hierro que nos ponemos en la nariz, el cual ahora nos conduce hacia donde quiere. Simplemente se nos olvidó que somos nosotros quienes lo diseñamos.

Mark Kinney

En un próspero pueblo enclavado en la selva amazónica, a diez días de caminata de cualquier forma de civilización tal cual la conocemos, Chumpi Washikiat y su gente se han lanzado en una aventura audaz, valiente, peligrosa y sin precedentes. Están aprendiendo a usar el dinero.

A pesar de tener veintiséis años de edad, Chumpi había tenido muy poca relación con el dinero hasta hace pocos años. Su comunidad indígena, los achuar, había vivido sin dinero durante miles de años. A lo largo de todo ese tiempo, varias generaciones de gente achuar crecieron, trabajaron para criar familias, construir hogares y mantener comunidades, y todo esto sin dinero. Este grupo indígena había estado y aún está en gran armonía con las influencias más significativas de su vida —las fuerzas de la naturaleza y las relaciones entre ellos mismos y con la selva— todo esto sin tener relación alguna con el dinero. La reciprocidad era la moneda social. El acuerdo era que todos compartían con todos y que todos cuidaban de todos.

Si la hija de Tantu se casaba con el hijo de Natem, sus amigos y vecinos se reunían para construirles una casa. Y cuando un cazador mataba a un jabalí, la aldea entera participaba en el festín. Los altibajos de sus vidas eran determinados en su mayor parte por las fuerzas de la naturaleza. Cualquier batalla era peleada en base a cuestiones de honor. El dinero no tenía nada que ver con esto.

Chumpi creció en este ambiente, pero era su destino ser parte de la generación que cambiaría todo eso. A principios de los años setenta, los achuar tuvieron su primer contacto con el mundo moderno a través de los misioneros. A lo largo de dos décadas, su tierra ancestral se convirtió en el blanco de las compañías petroleras y otros intereses comerciales que amenazaban con devastar la selva tropical para obtener maderas nobles y petróleo del subsuelo. En 1995, mi esposo Bill y yo fuimos invitados por los líderes achuar para asociarnos con ellos en su esfuerzo por proteger la tierra y su forma de vida. Así fue como conocí a Chumpi, un joven y hábil guerrero achuar.

Pocos años después de ese primer encuentro, Chumpi fue elegido por los ancianos y los líderes de su comunidad para ir a estudiar a Estados Unidos. Sería el primer nativo achuar en aprender inglés, algo esencial para los achuar si querían lograr ser eficaces en su comunicación con los extranjeros en relación a sus esfuerzos de conservación o transacciones comerciales. Al mismo tiempo, Chumpi también emprendió la tarea de aprender el otro lenguaje de la vida occidental contemporánea: el lenguaje del dinero. Esto sería un vocabulario requerido para sobrevivir en un mundo en el que, a diferencia del suyo, todo y casi todos son impulsados de manera consistente y, a veces exclusivamente, en función del dinero.

Chumpi vivió con nosotros en nuestra casa, asistió a clases en un colegio cercano y estudió con empeño para aprender inglés. Adquirió su educación con respecto al dinero prácticamente inhalándola del ambiente. A donde quiera que iba el lenguaje y el significado del dinero llenaban el aire, desde los espectaculares, los anuncios publicitarios y los comerciales, hasta las etiquetas de precios de los panecillos en la pastelería local. A través de conversaciones con otros estudiantes, aprendió de sus esperanzas, sueños y proyectos de vida para después de graduarse, o como ellos decían: "la vida en el mundo real" –el mundo del dinero–. Comenzó a darse cuenta de cómo eran las cosas en Estados Unidos: virtualmente todo en nuestra vida y cada decisión que tomamos, la comida que comemos, la ropa que usamos, las casas en las que vivimos, las escuelas a las que asistimos, el trabajo que realizamos, el futuro que soñamos, ya sea que nos casemos o no, que tengamos hijos o no e, incluso, los asuntos de amor, todo está influenciado por esa cosa llamada dinero.

No pasó mucho tiempo para que Chumpi se diera cuenta de que ahora él y su gente tenían una relación con el dinero: este tenía significado. Si los achuar querían salvar su tierra natal, tendrían que asimilar el hecho de que su tierra resultaba valiosa para otros por su potencial para hacer dinero. Algunos otros grupos indígenas de la región habían aprendido acerca del dinero por el camino difícil. Habían intercambiado los derechos de sus tierras por dinero que se fue tan pronto como llegó y al final de cuentas terminaron por perder su tierra, al igual que sus hogares, su forma de vida y la herencia que desde siempre había sido suya.

Los achuar aprendieron la lección. Reconocieron que el reto sería utilizar el poder del dinero, de manera clara y consistente para servir a su más alto objetivo: proteger la selva tropical y administrar sus recursos para así mantener un futuro sustentable para ellos mismos y para toda forma viviente. Entendieron que esta nueva relación con el dinero que no tenía precedente en su historia, debería fundamentarse de manera sólida en sus propios valores esenciales y sus más grandes compromisos con la vida y la tierra, si no, como había sucedido con sus vecinos, el dinero los llevaría a la ruina. Este reto continúa para ellos hasta el día de hoy, poniendo a prueba la naturaleza de sus relaciones y los principios ancestrales de su comunidad y su cultura.

Cuando los achuar están en la selva tropical, que es su casa, son prósperos y tienen todo lo que necesitan y así ha sido por siglos, incluso milenios. El simple hecho de dar un paso afuera de la selva tropical y entrar a nuestro mundo significa que los achuar no pueden comer, ni encontrar un refugio donde vivir, ni subsistir sin dinero. El dinero no es una opción: es un requisito. Bill y yo tuvimos la fortuna de presenciar y participar con ellos, en su primer esfuerzo importante con el mundo del dinero y, a partir de ello, sentimos el llamado para volver a examinar nuestra propia relación y la de nuestra cultura con el dinero.

Al igual que Chumpi y los achuar, todos tenemos una relación cotidiana con el dinero, aunque en gran parte inconsciente y no analizada, la cual moldea nuestra experiencia de vida y los sentimientos más profundos acerca de nosotros mismos y de los demás. Independientemente de que contemos nuestro dinero en dólares, yenes, rupias o dracmas, el dinero es uno de los ejes centrales de nuestra vida. Lo es en la mía y constituye un asunto primordial para toda la gente que he conocido, no importando si tiene mucho o poco dinero.

Todos están interesados en el dinero y casi todos nosotros tenemos una preocupación crónica, e inclusive el temor de que en realidad nunca tendremos suficiente o nunca seremos capaces de retener suficiente dinero. Muchos fingimos que el dinero no es importante para nosotros o pensamos que no debería serlo. Muchos vivimos con una franca apertura hacia el hecho de que acumular dinero es nuestro objetivo principal. No importa cuánto dinero tengamos o no tengamos, la preocupación de que no tenemos o no tendremos suficiente predispone nuestros intereses y sentimientos en función del dinero. Entre más nos esforcemos por obtenerlo, o incluso por ignorarlo o hasta colocarnos por encima de él, más nos engancharemos con él.

El dinero se ha convertido en un campo de juego donde medimos nuestra capacidad y valor como personas. Nos preocupa pensar que si dejamos de luchar por obtener más, de alguna manera perderemos nuestro lugar en el grupo al que pertenecemos o perderemos las ventajas ya ganadas. Cuando no estamos ganando terreno, sentimos que lo estamos perdiendo. Si financieramente no estamos delante de los demás, sentimos que nos estamos quedando atrás y que necesitamos recuperarnos. El juego puede ser emocionante a veces, y otras veces escalofriante, pero los riesgos siempre son altos, porque en el campo de juego del dinero, si no somos ganadores, resultamos perdedores.

Incluso cuando el juego está saliendo como nosotros queremos, a menudo sentimos una desconexión agobiante al observar la brecha entre la manera como imaginamos que la vida debería ser y la manera en que la estamos viviendo, bajo la presión cotidiana de ganar más, comprar más, ahorrar más, obtener más, tener más y ser más. Ni siquiera los ricos encuentran la paz o la libertad que imaginamos que el dinero puede traer; no es así. En esos círculos, se necesita más para poder participar en el juego, y sin embargo el juego es el mismo. Puede usted ser un presidente de compañía que ganó siete millones de dólares el año pasado, pero si su compañero de golf acaba de cerrar un trato por diez millones de dólares y usted no logró hacer lo mismo, eso lo coloca atrás en el juego del dinero. Mientras más altas sean las apuestas financieras, habrá más que perder y más demandante será el juego para mantenerse en la delantera. Nadie escapa del poderoso tira y afloja del dinero. Todos reaccionan ante las altas y las bajas del dinero en su vida.

Ya sea que veamos al dinero en el contexto de nuestra vida personal o familiar, en nuestro lugar de trabajo, o en la salud y bienestar de las naciones, siempre surge la misma imagen: de manera universal, el dinero es la parte más motivante, maliciosa, milagrosa, denigrante e incomprendida de la vida contemporánea.

Esa cosa que llamamos dinero

Si nos liberamos de miles de años de condicionamiento cultural y suposiciones obteniendo así una mirada más fresca en relación al dinero, podemos empezar a hacer observaciones muy básicas. El dinero no es un producto de la naturaleza. El dinero no crece en los árboles. Los centavos no caen del cielo como la lluvia. El dinero es una invención, una invención característicamente humana. Es una creación que proviene absolutamente de nuestra genialidad. Nosotros lo inventamos y lo fabricamos. Es un objeto inanimado que apareció bajo muchas formas diferentes a lo largo de sus 2500 a 3500 años de historia, ya sea que hablemos de conchas de mar o que hablemos de piedras o lingotes de metales preciosos, o de un billete de papel, o de un punto en la pantalla de la computadora. Desde el comienzo, el dinero se inventó para facilitar el reparto y el intercambio de bienes y servicios entre individuos y grupos de personas. Aunque el dinero todavía facilita los propósitos para el que fue creado, en algún lugar del camino el poder que le otorgamos sobrepasó su rol utilitario original.

Ahora bien, más que concebir al dinero como una herramienta creada y controlada por nosotros, hemos llegado a concebirlo como si fuera un hecho proveniente de la naturaleza, con una fuerza a la que debiéramos tenerle respeto. Esta cosa llamada dinero, estas monedas o billetes de papel producidos en serie que no tienen más valor que un bloc de notas o un pañuelo facial, se ha convertido en la fuerza con mayor control en nuestras vidas.

El dinero solo tiene el poder que le asignamos, y le hemos asignado un poder inmenso. Le hemos otorgado casi autoridad definitiva. Si nos limitamos a observar nuestro comportamiento, podríamos decir que hemos hecho del dinero algo más importante que nosotros mismos, le hemos dado más importancia que a la vida humana. Seres humanos han realizado y realizarán cosas terribles en nombre del dinero; han matado por él, han esclavizado a otra gente por él, y se han esclavizado a sí mismos a una vida carente de alegría con tal de ir en su búsqueda.

En nombre del dinero la humanidad ha hecho un inmenso daño a la Madre Tierra. Hemos destruido selvas tropicales, diezmado ríos al convertirlos en presas, talado indiscriminadamente árboles de coníferas, realizado una pesca excesiva en ríos y lagos, así como envenenado nuestra tierra con desechos químicos provenientes de la industria y la agricultura. Hemos marginado segmentos enteros de nuestra sociedad, forzado a los pobres a vivir en viviendas populares, permitido la formación de barrios marginados, explotado a naciones enteras para obtener mano de obra barata y hemos sido testigos de la caída de miles, de hecho, millones de personas, muchas de ellas jóvenes, atrapadas en la venta de drogas para obtener dinero, lastimando a otras gentes y desperdiciando su propio futuro en una vida de crimen, esclavitud o encarcelamiento. Hemos perpetuado tradiciones milenarias que asignan al hombre y a la mujer un acceso diferente y desigual al dinero y al poder que le damos, subyugando a la mujer y distorsionando las expectativas y las obligaciones de los hombres al otorgarles un acceso privilegiado al dinero.

En muy raras ocasiones, el dinero constituye en nuestra vida un lugar de genuina libertad, alegría o claridad, ya que regularmente le permitimos dictar los términos de nuestra vida y a menudo ser el factor más importante en las decisiones que tomamos con relación al trabajo, al amor, a la familia y a la amistad. Hay pocas cosas que aceptemos de manera tan absoluta como el poder y la autoridad del dinero, así como las suposiciones acerca de cómo debemos sentirnos con respecto a ello. Cuestionamos la aceptación de cualquier otro concepto de vida: raza, religión, política, educación, sexo, familia y sociedad. Pero cuando se trata del dinero, lo aceptamos no solo como una medida de valor económico, sino también como una manera de asignar importancia y valor a todos y a todo lo demás en el mundo. Cuando hablamos de éxito en la vida, el dinero es casi siempre la primera, y algunas veces la única referencia que usamos para medirlo.

En algún momento de nuestra vida, todos nos hemos degradado y rebajado al aprovecharnos de alguien o al participar en acciones de las que no nos sentimos orgullosos, con tal de obtener o acumular dinero o el poder que creemos este trae consigo. Hemos guardado silencio para evitar conflictos o diálogos incómodos acerca del dinero. Nuestro comportamiento en torno al dinero ha dañado relaciones cuando se ha utilizado como un instrumento de control o castigo, escape emocional o manipulación, o como un sustituto del amor. Entre familias dotadas con una gran riqueza, muchas personas se han envenenado con la avaricia, la desconfianza y el deseo de controlar a otros; la vida privilegiada los ha apartado de la experiencia esencial proveniente de interacciones ordinarias con la gente y de relaciones auténticas. En un mundo en donde el dinero es escaso, la lucha por conseguirlo puede fácilmente convertirse en el tema decisivo que hace a un lado el valor personal y el potencial humano básico de un individuo, una familia o incluso de comunidades y culturas enteras. Para algunos, la persistente ausencia del dinero se convierte en una excusa para sentirse menos capaces, productivos o responsables de lo que podrían serlo.

Nacimos en una cultura definida por el dinero y nuestra relación inicial con él es el producto de dicha cultura, ya sea que se trate de una cultura basada primordialmente en la pobreza en países como Mozambique o Bangladesh, o en una cultura de prosperidad y riqueza como la de Estados Unidos o el Japón. Desde nuestras experiencias más tempranas, aprendemos el lugar y el poder que tiene el dinero en nuestra familia, en nuestra comunidad y en nuestra vida. Observamos quién lo gana y quién no. Vemos lo que nuestros padres están dispuestos a hacer y lo que no están dispuestos a hacer para ganar dinero o las cosas que el dinero compra. Vemos cómo el dinero moldea la perspectiva personal y la opinión pública.

En nuestra particularmente agresiva cultura de consumo estadounidense, incluso los niños más pequeños se ven envueltos en esa feroz relación con el dinero. En la misma forma que nos tocó a nosotros, y más en la actualidad, ellos están creciendo en un entorno mediático y con una cultura popular que alienta un insaciable apetito por gastar y ganar, sin tomar en cuenta las consecuencias personales o ambientales. Las distorsiones en nuestra relación con el dinero surgen de toda una vida llena de estas experiencias cotidianas, aparentemente inofensivas dentro de la cultura del dinero. Las cuestiones personales relacionadas con el dinero así como los asuntos de sustentabilidad y equidad social, fundamentales para la economía humana y el ambiente, están claramente arraigados en el terreno de nuestra relación con el dinero y la cultura del dinero en la que nacimos, la cual llegamos a aceptar como algo natural.

El dinero y el alma: la gran división

Para la mayoría de nosotros, esta relación con el dinero resulta profundamente conflictiva y nuestro comportamiento hacia y alrededor del dinero es a menudo incongruente con respecto a los valores, compromisos e ideales que más apreciamos –los que en conjunto llamo nuestra alma–. Cuando hablo de alma, no me estoy refiriendo a alguna interpretación religiosa. Cuando hablo de "nuestros" valores esenciales o compromisos de mayor nivel, no estoy sugiriendo que todos pensemos o sintamos lo mismo acerca de la política, la religión, la economía y todas las demás cuestiones, demandas y deseos que dominan nuestra época. Creo que en el fondo de todo esto, cuando vamos al meollo del asunto y ponemos al descubierto todo aquello que nos dicen que debemos creer, o las cosas con las que nos manipulan para creer, o incluso las cosas que elegimos creer, lo que en realidad importa a los seres humanos, *nuestros compromisos más profundos y valores esenciales más universales,* es el bienestar de la gente que amamos, de nosotros mismos y del mundo en el que vivimos.

En realidad queremos un mundo que funcione para todos. No queremos que los niños padezcan hambre. No queremos que la violencia y la guerra invadan cualquier lugar del planeta, incluso si se trata de un lugar distante. No queremos que la tortura, la venganza y el castigo sean los instrumentos del gobierno y los grandes líderes. Todos queremos una vida segura, tranquila, amorosa y estimulante para nosotros mismos y para quienes amamos y, en realidad, para todos. Todos queremos tener un planeta saludable, y que todos tengan la oportunidad de una vida sana y productiva.

También creo que aun con todos los miedos y enojos, incluso los más profundos, todos queremos amar y ser amados y hacer una diferencia en nuestras vidas. Hablando en términos espirituales y no específicamente religiosos, creo que las personas también quieren vivir una experiencia personal de divinidad, de conexión con la vida entera y con el misterio de algo que está más allá de nuestra comprensión. La cultura del dinero nos ha moldeado de muchas formas que no hubiéramos elegido si estuviéramos en un proceso de mayor profundidad de conciencia, haciéndonos actuar de manera involuntaria de tal modo que minamos y erosionamos aquellos valores humanos más profundos y aquellos compromisos de mayor nivel y, en ocasiones, hasta nos alejamos de aquellos a los que hemos declarado como los más cercanos a nuestro corazón.

El canto de la sirena del éxito

A principios de los años setenta cuando Bill inició su carrera en Administración y el canto de la sirena del dinero empezó a susurrar atractivamente en sus oídos, él y otros jóvenes egresados de maestrías en Administración de Empresas de las mejores escuelas de administración fueron reclutados por una célebre y prometedora empresa que se dedicaba a prestar servicios de arrendamiento a gran escala en transportación y equipo de cómputo. Bill y sus colegas recibían un porcentaje de las transacciones, en una época en que ese mercado estaba creciendo de manera fenomenal. El negocio comenzó a prosperar rápidamente y cada vez con mayor éxito, de tal modo que en cierto momento los ejecutivos de la empresa se fijaron el objetivo de llegar a ser la empresa que más rápido en la historia llegara a obtener un billón de dólares. En ese entonces, se trataba de un objetivo ambicioso, apasionante y completamente posible. Era tremendamente emocionante y todos, las esposas incluidas, nos dejamos seducir por ese propósito. Recuerdo que me emocionaba mucho que a Bill y a sus colegas les estuviera yendo tan bien, y al pensar que esto era fabuloso, yo misma animaba a Bill, y nunca interrumpí su costumbre de quedarse en la oficina más tarde y llegar más temprano al trabajo, y de tener que realizar viajes de negocios, incluso los fines de semana.

Nuestros tres hijos: Zachary, de un año de edad, Summer, de tres y Billy, de cinco, constituían el centro de nuestras vidas, o al menos eso creíamos. Nuestro matrimonio y la relación con nuestros hijos eran las cosas más importantes del mundo para nosotros, o eso decíamos. Sin embargo, si alguien nos hubiera filmado durante esta época y nos hubiera visto objetivamente, habría dicho -No, no les importan sus hijos. Los hijos se la pasan con la nana, la esposa está siempre fuera con el marido despilfarrando, comprando o entreteniendo a gente, y se están perdiendo de las etapas más importantes del desarrollo de sus hijos, como sus primeros pasos, o el estar ahí para leerles cuentos antes de dormir, dar los besos de buenas noches o la simple espontaneidad que va construyendo las relaciones. Pueden pagar para que cuiden de sus hijos y pueden comprarles juguetes y una gran casa pero, aun cuando están con ellos, sus cabezas no dejan de pensar obsesivamente en lo que necesitan hacer a continuación para lograr sus metas financieras o demostrar a sus amigos que saben cómo actuar hábilmente ante esta nueva experiencia de opulencia.

Sentíamos que estábamos sinceramente dedicados a nuestros hijos, pero si alguien hubiera observado honestamente como pasábamos el tiempo y como utilizábamos nuestra energía, hubiera visto que nuestras acciones no eran realmente congruentes con nuestras intenciones.

A mediados de los setenta, nos encontramos atrapados en esa lucha confusa. El dinero fluía y todo lo que adquiríamos o todo para lo que utilizábamos el dinero, nos conducía al deseo de la siguiente cosa, la siguiente compra o la siguiente razón para comprar más. Para que nos reconocieran socialmente como gente conocedora, sentimos que necesitábamos aprender sobre buenos vinos y, cuando lo hicimos, tuvimos la necesidad de adquirir una bodega de vinos. Compramos un auto deportivo que estaba de moda, después necesitamos otro auto, y luego una camioneta para cuando convivíamos con nuestros hijos. Teníamos una casa maravillosa, pero de algún modo parecía que le hacían falta obras de arte imponentes. Y tan pronto como empezamos a aprender de arte, ya queríamos hacer compras de alto nivel. Nuestros amigos comenzaron a tener casas de verano, por lo que ese parecía ser nuestro siguiente paso. Una vez que empezamos a comprar ropa más cara, empezamos a necesitar nuevos y mejores zapatos que combinaran con ella. Después, nuestros abrigos tenían que estar a la altura de la ropa que cubrían, y nuestros relojes de pulso tenían que estar en la misma línea. La lista de cosas por mejorar resultaba interminable. En nuestro círculo social, las vacaciones se convirtieron en una especie de medallas al mérito de ese acaudalado estilo de vida; si uno quería encajar con la mayoría de nuestro círculo social, lo mínimo que se esperaba era tomar vacaciones en algún lugar exótico. De pronto, un viaje en auto al parque nacional de Yosemite o simplemente irse de campamento ya no era suficiente. Había que irse a esquiar a Sun Valley o a navegar en Hawai. Una cosa llevaba a la otra y todo parecía ser muy importante. Sentíamos un impulso por algo y no nos deteníamos a cuestionarlo. Durante todo ese tiempo los niños estaban con la nana y con niñeras, creciendo muy bien atendidos y provistos de todo, pero sin nuestra presencia. Éramos padres amorosos, pero estábamos más ausentes de lo que en realidad queríamos, y aun así seguíamos dejándolos porque siempre parecía importante irnos, con la idea de que pronto regresaríamos a casa.

El lanzamiento de una iniciativa global para erradicar el hambre en el mundo, el Hunger Project, me hizo abrir los ojos. Cuando escuché por primera vez acerca de un compromiso para acabar con el hambre en el mundo, sentí que su misión se acoplaba a los profundos sentimientos que yo mantenía con respecto a hacer algo ante el sufrimiento humano. Recordé que cuando era niña, una niña feliz y satisfecha, llegó un momento en el que tomé conciencia de que en algún lugar había gente que tenía hambre, y eso me parecía absurdo. Me angustiaba pensar que un niño como yo, en algún lugar de la tierra, no tuviera suficiente comida. Recuerdo que pensaba que yo no permitiría que eso sucediera. Como niño, puedes tener un pensamiento como este y luego salir a jugar. Sin embargo, ese pensamiento permaneció y, décadas después, cuando escuché el mensaje del Hunger Project sobre la factibilidad de utilizar los recursos existentes para terminar con el hambre crónica y persistente en la tierra, este hizo eco en lo más profundo de mi corazón y me regresó al momento de mi infancia en el que me había dado cuenta de que algunas personas necesitaban ayuda y yo quería hacer algo al respecto. Sentí un llamado de mi alma, tan hondo y profundo, que no pude ignorarlo. En ese momento, comencé a dejar de correr tras del dinero.

Ahora, dos décadas y media después, puedo decir que uno de los inesperados regalos de mi participación en el Hunger Project fue que, al tomar una postura para eliminar el hambre en el mundo, tuve que reconocer y también enfrentar mi propia hambre interna, así como mi forma de vida inadecuada y carente de autenticidad. Fue entonces cuando ya conscientemente Bill y yo empezamos a dirigir nuestros recursos –nuestro tiempo, nuestra energía, nuestro dinero, la acumulación de riqueza material– hacia el anhelo de ayudar a los demás en nuestras vidas.

Aunque Bill seguía trabajando en su empresa, comenzamos a relacionarnos con todo de manera totalmente diferente. En lugar de acumular dinero interminablemente o de utilizarlo para adquirir más cosas, empezamos a considerar los recursos que Bill y sus socios estaban ganando como recursos que podíamos dirigir hacia otros, repartiendo el dinero a la gente, los programas y los proyectos que podían construir una mejor vida para todas las personas. Utilizando mi experiencia previa como maestra, decidí iniciar una escuela para padres solteros y trabajadores. Involucramos a nuestros amigos y a otras familias en actividades relacionadas con el desarrollo de comunidades y la recaudación de fondos. Nos dedicamos al trabajo de transformación personal y social, tomando nosotros mismos cursos y talleres, y alentando a otros a hacer lo mismo. Comenzamos a abrir nuestro círculo social, desde un grupo reducido de gente homogénea, cuyos objetivos se orientaban al éxito financiero y el estatus, hacia un conjunto de amigos y colegas con todo tipo de antecedentes, orígenes culturales y estilos de vida. Nuestro círculo se volvió más grande, adquirió un carácter multicultural y se conformó de gente proveniente de muchos segmentos sociales y de diferentes condiciones económicas.

Bill y sus socios crearon una fundación en donde todos experimentamos la dicha y el poder de contribuir, invirtiendo dinero en las cosas que más nos importaban, en programas que reflejaban nuestros más elevados compromisos. Nos dimos cuenta de que podíamos hacer una diferencia significativa mediante la inversión de nuestro dinero hacia la erradicación del hambre, y así lo hicimos al colaborar con el Hunger Project y al experimentar cierta plenitud que dio calidez y enriquecimiento a la relación entre cada uno de nosotros y con todos los demás. Nos dimos cuenta de que nuestra lucha anterior por acumular y por ascender en todo lo relacionado con nosotros y nuestra vida solo era otro tipo de hambre, y al enfrentarlo comprendimos que nuestra verdadera hambre correspondía a la búsqueda por obtener una vida con sentido. Estábamos hambrientos por hacer una diferencia y comenzamos a consagrarnos a esa causa. Algunos de nosotros enfocamos nuestras energías a iniciativas destinadas a combatir el hambre, otros a la educación, otros a la pobreza, otros a detener el abuso o a ofrecer refugio y alivio a las víctimas de abusos.

Este cambio de sentimientos trajo consigo un cambio en nuestra relación con el dinero. Una vez que comenzamos a alinear nuestras decisiones económicas con estos valores esenciales más profundos y con nuestros compromisos más elevados, experimentamos un cambio dramático, no solo en lo que hacíamos con nuestro dinero, sino también en cómo nos sentíamos con respecto a él, a nuestra vida y a nosotros mismos. Finalmente, llegamos a conocernos no por lo que teníamos o poseíamos, sino por lo que éramos capaces de dar; y no por lo que acumulábamos, sino por lo que repartíamos.

Percibimos una transformación similar entre muchos de nuestros amigos. Independientemente de sus recursos financieros, cuando entraban en contacto con su generosidad y compromiso, se sentían motivados a actuar de manera similar. Nos dimos cuenta de que si bien no podíamos cambiar la cultura del dinero, sí podíamos percibirla de manera más clara. Podíamos hacer elecciones más conscientes en cuanto a cómo nos relacionábamos con las circunstancias y cómo respondíamos a ellas. No nos sentíamos tan envueltos o atrapados por nuestros propios temores y expectativas en función del dinero, por lo que ir en busca de más comenzó a perder su encanto. Para cada uno de nosotros, el dinero se convirtió cada vez más en una vía para expresar el anhelo y la plenitud del alma.

Ganarse el pan honrando la vida misma

Cada uno de nosotros experimenta a lo largo de toda nuestra vida una lucha entre nuestros intereses económicos y el llamado de nuestra alma. Cuando nos encontramos en el terreno del alma, actuamos con integridad, somos considerados y generosos, tolerantes, valientes y comprometidos. Reconocemos el valor del amor y la amistad, admiramos la simplicidad de las pequeñas cosas bien hechas. Nos permitimos momentos de sobrecogimiento ante la presencia de la naturaleza y su no refinada belleza. Nos abrimos y nos volvemos vulnerables y sensibles. Tenemos la capacidad de conmovernos y la generosidad se nos da naturalmente. Somos confiables y confiamos en los demás, y nuestra capacidad de autoexpresión florece. Nos sentimos en paz con nosotros mismos y confiamos en que somos parte integral de una experiencia más vasta, más universal, de algo más grande que nosotros.

Cuando entramos en el terreno del dinero, con frecuencia se presenta una falta de conexión con la persona sensible que hemos llegado a reconocer en nosotros mismos. Pareciera como si de pronto fuéramos transportados a un campo de juego diferente en donde todas las reglas han cambiado. Bajo la influencia del dinero, aquellas maravillosas cualidades del alma parecen estar cada vez menos disponibles; nos empequeñecemos. Competimos para "obtener lo que nos corresponde". Frecuentemente nos volvemos egoístas, avaros, mezquinos, temerosos o controladores o nos sentimos confundidos, conflictivos o culpables. Nos percibimos a nosotros mismos como ganadores o perdedores, poderosos o indefensos y permitimos que esas etiquetas nos definan profundamente de maneras que resultan imprecisas, como si la riqueza financiera y el control indicaran una superioridad innata, y en cambio la ausencia de estos sugiriera una falta de valor o de potencial humano. Se disuelve la visión de un futuro con posibilidades, nos volvemos recelosos y desconfiados, protectores de lo pequeño que poseemos, o indefensos y sin esperanza. A veces nos sentimos motivados hacia una conducta que no es congruente con respecto a nuestros valores esenciales e incapaces de actuar de forma diferente.

El resultado es una división profunda en nuestra forma de ser, en nuestro comportamiento, y en la percepción de nuestro propio carácter e integridad. Esta dicotomía, esta ruptura en nuestra verdad, no solo nos confunde en lo relativo al dinero, sino que también nos impide integrar nuestros mundos interno y externo para sentir integridad en nuestras vidas, el momento exquisito en el que estamos en paz en el instante presente y somos una parte de la vida y uno mismo con ella. Esta experiencia silenciosa de integridad con el todo se ha perdido mayoritariamente dentro de nuestra cultura y ha sido rebasada por el ruido y la lucha en función del dinero. Esa brecha existe para todos —incluida yo misma— y se encuentra en el fondo mismo de las batallas más duras que libramos en la vida.

En *Your Money or Your Life*, Vicki Robin escribe acerca de las personas que en lugar de ganarse la vida con su trabajo más bien se dedican a "ganarse la agonía" con el y, en algunos casos, se matan con su trabajo. El trabajo que realizan resulta frustrante, quizás incluso perjudicial para su bienestar y el de los demás. O quizá se sienten avergonzados de su trabajo, lo odian, desearían no tener que hacerlo. Actúan como si no fuera importante pero, en verdad, su espíritu –o el de alguien más– está siendo destruido. Inmersos en la búsqueda del dinero, creen que se están ganando la vida cuando en realidad se están ganando la agonía o la muerte, pero simplemente no se dan cuenta o no pueden admitirlo.

El dinero en sí mismo no es el problema. El dinero en sí mismo no es ni bueno ni malo. El dinero en sí mismo no tiene poder; es en la interpretación que hacemos de él y nuestra interacción con él donde radica el verdadero problema y donde encontramos una verdadera oportunidad de autodescubrimiento y de transformación personal. Los relatos que voy a compartir a continuación, provienen de un recorrido que va de un extremo a otro, de circunstancias de asombrosa opulencia a otras de estremecedora pobreza, de gente y lugares que están a continentes de distancia de mi país. Sin embargo, también he visto las mismas lecciones representadas cerca de casa, en las luchas y decisiones diarias que tomamos respecto del dinero, y nuestras expectativas, sueños, temores y decepciones en torno a él.

Tal vez tendrán que ver con mucha atención para descubrir el hilo conductor del dinero en su propia historia, pero está ahí y tiene significado. Pueden empezar el proceso de análisis y transformar el misterio del dinero, así como el campo de juego que representa, en un lugar de naturaleza diferente. Su relación con el dinero puede ser un espacio en donde utilicen sus fortalezas y habilidades, sus aspiraciones más altas y sus más hondas y profundas cualidades. Independientemente de que seamos millonarios o que hayamos heredado una fortuna, en realidad podemos ser grandiosos con nuestro dinero así como grandiosos en nuestra relación con él.

En un mundo que parece girar alrededor del dinero, resulta vital que hagamos más profunda la relación con nuestra alma, la cual a su vez afectará positivamente nuestra relación con el dinero. A partir de esa unión y ese compromiso podremos crear una práctica espiritual nueva y profunda. Podremos tener una cultura del dinero que esté tanto equilibrada como nutrida por el alma. Nuestra relación con el dinero puede convertirse en un lugar donde, día tras día, podamos comprometernos con esta significativa práctica espiritual.

Los siguientes capítulos son una invitación para confrontar nuestros retos con el dinero, nuestros miedos en función del dinero, nuestra adicción y apego al dinero, nuestro remordimiento o arrepentimiento y heridas ocasionados por el dinero, y para aceptar todo esto como un ámbito de crecimiento personal, un espacio maravilloso en el cual podamos trabajar en nuestra propia transformación. Bajo ese compromiso le damos alma al dinero.

Capítulo 2

India: corazón del hambre, alma del dinero

Escucha tu vida. Percíbela desde el insondable misterio que es; en su hastío y en su dolor, no menos que en su entusiasmo y su gozo: toca, saborea, huele tu camino hacia su corazón sagrado y escondido porque, en última instancia, todos los momentos resultan claves, y la vida misma es un estado de gracia.

Frederick Buechner

Una noche, durante mi primer viaje a la India, mientras estaba de pie a la orilla del río Ganges, en Varanasi, me sentí intrigada al ver unas pequeñas balsas adornadas con flores y antorchas que flotaban suavemente sobre el agua oscura y aterciopelada. Se mecían suavemente en la corriente como piezas a la deriva de un delicado carnaval. Me cautivó su belleza y me pregunté qué festival se estaría celebrando: quería participar también. Le pregunté a un amigo, quien me informó que las hermosas balsas florales eran piras funerarias que mecían restos humanos en proceso de incineración, llevados río abajo hacia una ceremonia que terminaría con sus cenizas en el margen del río. A pesar de haberme sentido un poco conmocionada, fue una introducción apropiada al paisaje y a la cultura de la India.

La India es una tierra de sorpresas, un país de extraordinaria belleza al lado de un inimaginable sufrimiento. Podría decirse que la India es el capitolio del hambre en el mundo. Existen más personas con desnutrición crónica y hambre en aquel país que en ningún otro lugar del mundo, unos trescientos millones luchando por sobrevivir en todas partes, desde las calles de la ciudad y las alcantarillas de Calcuta, hasta el seco y árido desierto de Rajasthan, en donde cualquier manifestación de vida es una aberración.

Visité la India por primera vez en 1983, aproximadamente cinco años después de haber comenzado mi carrera como activista global y recaudadora de fondos para erradicar el hambre en el mundo. Ese trabajo me había llevado hasta entonces a diferentes partes de Estados Unidos, Canadá y Europa; sin embargo, este era mi viaje de iniciación en la India. Fui con la expectativa de aprender acerca de la realidad sobre la hambruna y la pobreza en sus dimensiones más impactantes. El resultado fue que ahí también descubrí verdades alarmantes sobre el dinero y la riqueza, sobre la naturaleza y el potencial humanos.

Un paseo con Ramkrishna Bajaj

Lo llamaban "el quinto hijo de Gandhi", a pesar de que Ramkrishna Bajaj no tenía ningún lazo sanguíneo con el gran Mahatma, líder del movimiento pacifista para lograr la independencia de la India a finales de los años treinta. Fue más bien el aprecio y la tradición hindú los que motivaron a que un Gandhi agradecido se ofreciera a criar a este pequeño niño. Ramkrishna era el hijo más pequeño de Jamlalal Bajaj, el gran industrial hindú que patrocinaría silenciosamente el movimiento de independencia.

Es difícil pensar que el movimiento de independencia liderado por Gandhi tuviera que haber sido financiado por alguien y, sin embargo, un individuo pagaría por todo: el viaje, los gastos básicos, el apoyo que hizo posible a Gandhi y a otros estar donde los necesitaban y tener lo que necesitaban para seguir adelante con la causa de la independencia. Jamlalal Bajaj fue ese hombre, el bolsillo sin fondo detrás de Gandhi y del movimiento independentista. Su inversión monetaria fue inmensa y catalizadora y, en gratitud por dicha inversión y en consonancia con la tradición hindú,

Gandhi ofreció criar al hijo menor de Jamalalal como si fuera propio. Gandhi ya tenía cuatro hijos, por lo que cuando adoptó a Ramkrishna, los hindúes lo llamaron "el quinto hijo".

Lo que comenzó como una expresión de gratitud probó ser una continua bendición para la India a medida que Ramkrishna iba creciendo hasta convertirse en un gran hombre de bien. Hacia los trece años de edad ya era el líder del movimiento organizado pacifista de jóvenes creado por Gandhi, el cual contaba con mucha gente joven en sus filas. Después de permanecer durante años al lado de Gandhi, algunas veces en prisión durante meses tanto por su resistencia pasiva como por su desobediencia civil, Ramkrishna llegó a ser un líder respetable y un patriarca del imperio industrial y financiero construido por su padre. La Bajaj Corporation o la House of Bajaj, como se le conoce en India, logró convertirse en una de las compañías más grandes del país. Como el nuevo patriarca, Ramkrishna mostró ser enormemente eficaz y generoso al establecer varias fundaciones que apoyaron miles de proyectos orientados hacia el bien común.

Me sentí privilegiada de tener a Ramkrishna Bajaj como mi guía y mentor durante aquellos primeros viajes a la India. Era una figura paternal y me cobijó bajo sus alas para instruirme acerca de este complejo país de extremos y opuestos, de extrema belleza y exquisita espiritualidad, y de miserable pobreza y terrible represión.

Recuerdo haberme bajado del avión en Bombay y haber sentido una ola de calor y humedad. El olor de miles de seres humanos tan pegados los unos a los otros bajo ese calor resultaba insoportable, como lo es para la mayoría de los occidentales en su primer encuentro con la India. En esa época, miles de personas, mendigos y otros, vivían en el aeropuerto y en las orillas de los caminos hacia este último, así como en las calles de Bombay, en las banquetas, en las puertas de las casas y en las escaleras; en suma, en todas partes. La gente usaba cualquier espacio en cualquier lugar para poner sus pequeñas ollas y cocinar chapatis en cuclillas, alrededor de la pequeña lata que les servía de fuego. Algunos dormían a la intemperie, otros tenían colchones hechos de papel y cajas, basura de la calle y cuerdas. En muchas ocasiones, familias de seis o más miembros se apiñaban dentro de estas chozas improvisadas.

Caminamos por el aeropuerto, y tan pronto como salimos del área de equipaje, fuimos abordados por mendigos. Nos jalaban y se nos acercaban, presionándonos para que les respondiéramos. Resultó insoportable para mí. Hacia el tercer día en la India me encontraba en una especie de conmoción. Una cosa era haber hablado públicamente acerca de erradicar el hambre en el mundo, y otra muy diferente estar físicamente presente ante la brutal hambre en la India. No me había percatado de la magnitud del trabajo por realizar ni de la inmensidad del mismo, y ahora me encontraba cara a cara frente a él.

Ese tercer día, caminé por las calles de Bombay con Ramkrishna, este hombre venerado como la encarnación del legado de Gandhi, este hombre tan celebrado como gran industrial, gran filántropo, gran líder espiritual, gran padre, gran alma, y conforme caminábamos a través de las calles de Bombay, pude atestiguar que la gente que sabía quién era se arrodillaba para besarle los pies. Al mismo tiempo, también fui testigo de que él ignoraba a los mendigos; era como si no los viera, como si no estuvieran ahí. Pasaba por encima de ellos, aparentemente inconsciente de su grave situación.

Cuando caminas en Bombay, especialmente en ciertas partes de la ciudad, tienes que caminar literalmente por encima de la gente que vive en las calles. Esta gente se acerca extendiendo sus manos deformes para pedir limosna o sosteniendo a sus bebés ciegos delante de la cara de uno, o jalan la ropa y gimen. Para un occidental como yo, es escandaloso ver algo así, doloroso atestiguarlo, por lo que me encontraba muy consciente de esta gente. No podía notar o pensar en ninguna otra cosa. No obstante, Ramkrishna no reaccionaba ante ellos.

Tampoco lo acosaban como lo hacían conmigo. Parecía que había algún acuerdo tácito o una armadura alrededor de él. Caminaba justo por encima de ellos sin ningún contacto ni comentario, y yo estaba pasmada ante la situación de que aquel gran hombre, ese hombre con tanta compasión, pudiera mostrarse ciego ante ellos. Fue mi primer reconocimiento de la luz y la oscuridad de la India, y de la luz y la oscuridad también de este gran ser humano quien, para poder desempeñarse, necesitaba no ver a esa gente, no comprometerse con ellos e, incluso, ni siquiera reconocer que estaban ahí.

Esta demoledora pobreza y este hambre contenían también otras verdades que condicionaron bajo una perspectiva diferente el comportamiento de Ramkrishna hacia los mendigos. La triste realidad es que el acto de mendigar constituye toda una industria en la India; también en otros países, pero especialmente en la India. Resulta difícil para nosotros verlo así, pero en la India es una industria organizada, y en muchos lugares existen jefes al estilo de la mafia que alientan a la gente a mutilar a sus hijos para que sean más eficaces como mendigos. Esta práctica asegura de manera efectiva que el acto de mendigar no solo se convierte en una profesión para toda la vida, también crea un linaje entre los mendigos.

En la actualidad, el sistema de castas ha perdido hasta cierto punto fuerza en la India, pero en 1983 todavía era muy fuerte. Dictaba la visión de la vida como un sistema cerrado en el cual, una vez que se era mendigo, nunca se podría dejar de serlo. Desde esta perspectiva, más valdría rezar para nacer de nuevo como un brahaman con mayores privilegios o renacer en otra encarnación, aunque en esta vuelta de la vida, uno sería siempre mendigo y sus hijos también. Y bajo ese supuesto, uno querría llegar a ser un mendigo tan eficaz como fuese posible.

Debido a que el éxito como mendigo depende de hacer que la gente se conmueva o sienta pena o culpa para dar dinero, los sindicatos y jefes debían encargarse de enseñarles a sus mendigos las formas para procurar que los niños inspiraran más lástima. Bajo esta presión, a veces los padres hacían algo para dejar una cicatriz en la cara de sus hijos o les cortaban una mano o una pierna para dejarles un muñón. Era un hecho que las familias mutilaban a sus hijos con el fin de aumentar su valor para conmocionar y hacerlos así más rentables como mendigos.

En mi propio país he visto muchas maneras bajo las cuales la gente se lastima entre sí por dinero: en divorcios y batallas de custodias o en la explotación de seres humanos y del ambiente. Resultaba fácil ser crítico con respecto a aquellas decisiones equivocadas hechas en nombre del dinero. Ahora bien, también me doy cuenta de que siempre había asumido que los pobres, sin dinero por el cual luchar, de algún modo estaban exentos de esa particular corrupción. Sin embargo, en la India presencié las crueles y autodestructivas decisiones que la gente pobre toma también con tal de conseguir dinero.

Dentro de este orquestado negocio de mendigar, aquellos que habían diseñado tal acto de deshonestidad y los que participaban en ello y lo perpetuaban, se encontraban coludidos en esta relación tácita y enferma. Las personas que daban dinero por sentirse impactadas o culpables estaban apaciguando su propia culpa y, al apoyar esta brutal industria, también se convertían en facilitadoras de manera inconsciente. Los niños eran las trágicas víctimas. Las necesidades de los mendigos eran profundas y reales, pero el dinero que ganaban no ayudaba en nada a romper el ciclo de la pobreza. De hecho, el dinero solo perpetuaba la perversa industria que demandaba la mutilación y el sacrificio de más niños.

Los días siguientes me dieron una lección tras otra, una sorpresa tras otra, en las cuales tantas de las imágenes mentales relacionadas con el dinero que siempre había sostenido, y las cosas que había asumido o pensado que sabía dieron un vuelco. Un nuevo conjunto de diferenciaciones empezó por completo a hacerse visible para mí en torno a la gente que llamamos pobre y a la gente que llamamos rica, y pude darme cuenta de que las opiniones y creencias que tenemos de los ricos y los pobres, de la pobreza y de la riqueza, provocan más oscuridad que iluminación.

Así se presentaba el drama y el teatro de los mendigos, un fraude en el que los indigentes hambrientos representaban la conmoción, la vergüenza y la culpa por todo lo que esto pudiera valer, y yo me sentía atrapada en tal situación. No se trataba de que no necesitaran dinero para alimentarse o sanar sus heridas, sino que en el acto de mendigar y recibir limosna existía un lado oscuro innegable y deshonesto.

Y este gran hombre, Ramkrishna, utilizaba su industria y riqueza de muchas maneras para romper con la atadura de la pobreza en su país y, a la vez, pasaba ciegamente y sin comentario alguno por encima de aquellos que se encontraban en el suelo ante él. La compañía de Ramkrishna contrataba decenas de miles de personas, se encontraba en la cima del estatus social hindú y mantenía tanto su rol empresarial como social con una enorme responsabilidad y compasión. Él era, de hecho, un gran filántropo cuya paternidad y generosidad eran legendarias. También percibí que, con el fin de mantener su visión, su propósito y su posición en esa sociedad, Ramkrishna tenía que desarrollar cierto tipo de ceguera en su diario encuentro con la abrumadora pobreza de las calles. Y así lo hizo.

Lo mismo ocurre con nosotros. Todos estamos de alguna manera ciegos en relación con el dinero, y permanecemos así. Quizá sea el miedo y la ansiedad de que, al percibir las consecuencias de la forma en que lo estamos ganando, o las consecuencias reales de las decisiones que tomamos en relación con nuestros gastos, tendremos que rediseñar nuestra vida entera. Si realmente miráramos, por ejemplo, la brutalidad del trabajo infantil, a menudo relacionada con los productos que compramos todos los días a bajo costo, provenientes de países extranjeros, quedaríamos impactados y paralizados. Si reconociéramos los verdaderos costos ambientales que pagamos por el regalo de la aparentemente ilimitada energía que se requiere para mantener nuestro confort, ¿qué cambios necesitaríamos llevar a cabo?. Si en realidad nos diéramos cuenta de las consecuencias y del impacto de casi cualquier industria que nos contrata o que satisface nuestros deseos y necesidades, la verdad es que quizá le pondríamos un alto a nuestro estilo de vida cotidiano. Y si en realidad examináramos nuestras creencias y suposiciones acerca de otras personas, en el contexto del dinero, necesitaríamos abrirnos nosotros mismos, así como abrir nuestros corazones y nuestras mentes a la gente a la que le hemos impedido el acceso a nuestro estilo de vida.

La Madre Teresa y la prisión de la riqueza

Crecí dentro de la religión católica y, a lo largo de mi vida, he sido inspirada profundamente por la Madre Teresa. Cuando era una estudiante de segundo año de preparatoria llegué a pensar seriamente en convertirme en monja. A pesar de que eventualmente amplié mi vida espiritual y mis planes de carrera en distintas direcciones, la Madre Teresa permaneció como el modelo a seguir más inspirador de mi vida. En los años setenta, cuando como madre y joven esposa comencé a adoptar completamente mi compromiso personal para erradicar el hambre en el mundo, pensaba mucho en ella y en el trabajo que realizaba entre los más pobres de los pobres en los barrios bajos de Calcuta, así como en lugares de pobreza y hambre en todo el mundo. En mi primer viaje a la India, cada vez que me sentía abrumada por la terrible pobreza que veía, pensaba en ella y en cómo se había posicionado durante toda su vida en medio del sufrimiento humano, convirtiéndose en un miembro de la comunidad de los más pobres entre los pobres, aun cuando era reconocida por los líderes más ricos y poderosos del mundo.

Tras muchos viajes de trabajo a la India y un creciente sentido de conexión con ese país, decidí buscar a la Madre Teresa. Quería conocerla. Poco tiempo después, descubrí que alguien en mi círculo de conocidos en Delhi, un colaborador cercano suyo, estaba dispuesto a ayudarme para ponerme en contacto con ella.

Era mayo de 1991, y me encontraba en Delhi para reunirme con funcionarios del Banco Mundial y tratar asuntos relacionados con la iniciativa para erradicar el hambre, cuando mi amigo me contactó temprano una mañana para decirme que la Madre Teresa podía verme esa misma tarde a las siete en punto. Me sentí abrumada; no podía creer que ese sueño largamente acariciado de estar con ella se volvería realidad en unas cuantas horas. Cancelé una de mis reuniones de la mañana y fui a escuchar misa en una iglesia de Nueva Delhi. Luego me dirigí a una librería y compré tres libros acerca de ella, pensando que necesitaba estar más informada de lo que estaba para cuando estuviera a su lado. Me inquietaba pensar qué hablaría con ella, así como qué ropa debía usar. Caí en un torbellino de preocupación, sobrecogimiento y emoción ante el privilegio que se presentaba ante mí. Asistí a otras reuniones que no pude cancelar, sin embargo me encontraba ausente. Mi mente y mi corazón estaban totalmente rendidos a la expectativa de una oportunidad que había anhelado toda mi vida.

Mi amigo hizo los arreglos para que un chofer que conocía el camino para llegar a las instalaciones donde se encontraba la Madre Teresa me recogiera en mi hotel en un auto privado a las seis en punto. Me llevaría hacia la vieja Delhi donde, en una parte muy oscura y pobre de la ciudad, las Misioneras de la Caridad albergaban el orfanato para niños abandonados y huérfanos menores de dos años. El chofer me recogió y recorrimos las calles de Nueva Delhi rumbo a la ciudad vieja. Después de unos cuarenta y cinco minutos de camino, bajamos por una calle muy estrecha hacia un sitio donde estaba colgado un letrero muy modesto en la entrada que indicaba que habíamos llegado al Old Delhi Orphanage de las Misioneras de la Caridad. El chofer se estacionó en el patio de enfrente y ahí me esperó. Al subir los tres escalones hacia el viejo portón, vi en el umbral un gran pedazo de papel periódico arrugado y me detuve para recogerlo. En medio de esta arrugada masa de papeles descubrí a un bebé, todavía respirando, todavía vivo. Era una niña, una niña recién nacida, frágil y muy pequeña. Impactada, la levanté con suavidad, retirándole el periódico que la envolvía y le servía de ropa para envolverla cuidadosamente con mi chal.

Al abrir la puerta de madera, entré en una habitación iluminada por dos bombillas colgadas de unos cables que salían del techo. El suelo de concreto limpio estaba pintado de azul y había treinta y nueve cunas (sí, las conté), cada una con uno o dos pequeños bebés adentro. Había tapetes adicionales acolchados en el piso con más críos pequeños acostados, arrullándose o jugando sentados. Aquí, con cincuenta bebés menores de dos años, cincuenta y uno con mi bulto de la puerta recién llegado, los únicos sonidos que se escuchaban eran los de los pequeños arrullándose o jugando, o los de las monjas y sus ayudantes platicando y cantando suavemente a los bebés y entre ellas.

Entregué la pequeña a la monja que me recibió. Vestía el típico sari azul y blanco de la orden de la Madre Teresa y parecía estar encantada de tener otra chiquilla que cuidar. Cuando me presenté y pregunté si podía ver a la Madre, la monja que supervisaba los cuneros me dijo que por el momento no se encontraba ahí. Había ido al pueblo a pagar la fianza para sacar de la cárcel a dos muchachas jóvenes que se habían dedicado a la prostitución. La Madre Teresa las traería al orfanato para que ayudaran con el cuidado de los bebés. Mientras tanto, me invitaron a lavarme las manos, ponerme un mandil y a unirme al personal de la guardería encargado de cuidar a estos pequeños. Entré de lleno a trabajar.

Primero, bañé a una bebé ciega. Debió haber tenido cerca de catorce meses de edad. Después me dieron a otra de tres meses, con una sola pierna en forma de muñón. Le canté mientras bañaba su pequeño y deforme cuerpo. Siempre me había sentido atraída por los necesitados y especialmente por los niños discapacitados o con algún tipo de carencia. Este lugar era una especie de paraíso para mí y me sentí en estado de gracia.

En algunas historias sobre la Madre Teresa, a menudo se le cita con la siguiente frase: "Para poder conocerme hay que conocer mi trabajo; yo soy mi trabajo", y ahora podía sentir su presencia conforme alimentaba y bañaba y me enamoraba de estos bebés. Me perdí en esta dichosa empresa y no supe cuánto tiempo había pasado cuando me sorprendió el suave golpeteo en mi hombro de una de las monjas para decirme: "la Madre Teresa la verá ahora".

Fui conducida a través de un corredor que se encontraba más allá de una capilla en la que había cerca de veinte monjas cantando la misa de vísperas. Se me pidió esperar en una silla al lado de una puerta. Frente a mí, se encontraba un vestíbulo austero y sin decoraciones. Había una mesa de madera muy sencilla con dos sillas colocadas contra la pared. Al sentarme y dirigir mi vista hacia aquel largo y oscuro pasillo, apareció una pequeña y curvada figura. Al instante supe que era la Madre Teresa.

Venía hacia mí desde las sombras, con su encorvada y familiar silueta. Estaba sonriendo y resplandeciente. Con ella iba un perro labrador negro, evidentemente dedicado a ella y que caminaba silenciosamente junto a ella. Ahí estaba la Madre Teresa, justo frente a mí. Sin poder emitir palabra alguna, me arrodillé y le besé el anillo que tenía en una de sus pequeñas y nudosas manos. Después instintivamente besé sus pies. Colocó sus manos sobre la parte superior de mi cabeza por un momento, después tomó mis dos manos entre las suyas y me pidió que me levantara y la acompañara donde estaban las sillas y la mesa y donde podríamos conversar. Nos sentamos una al lado de la otra, y apenas empecé a hablar se me escaparon las lágrimas por la emoción. Le dije que desde que tenía memoria, su ejemplo y compromiso habían sido una llama de inspiración para mí. Le dije que me había comprometido y dedicado por completo a la tarea de erradicar el hambre en el mundo y que de cierto modo este compromiso de vida se había originado a partir de su ejemplo y de la valiente manera en que había escogido vivir su vida. Le pedí que rezara por mi hijo de veinte años de edad, que estaba enfermo, y por mi mamá, que luchaba contra el cáncer. Después comenzamos a hablar acerca de mi trabajo.

Estaba enterada del Hunger Project y sabía de mí. Sabía que yo era una líder dentro de mi organización, y sabía también que una de mis responsabilidades era la recaudación de fondos. Me dijo que dicha recaudación constituía una gran labor y que me admiraba por el valor que implicaba el compromiso de conseguir dinero para el trabajo en la erradicación del hambre.

Modestamente se describió como "un lápiz de Dios", y me dijo que podía ver en mis ojos y por el trabajo que yo realizaba, que yo también era "un lápiz de Dios". Este reconocimiento me conmovió profundamente. En su presencia, sentí un amor incondicional y una conexión tan profunda con todo el mundo que no pude contener las lágrimas y, así, le hablé a través de ellas.

Nos encontrábamos enfrascadas en esta conversación íntima, cuando fuimos interrumpidas por el sonido de una riña y por fuertes voces provenientes del otro lado del vestíbulo.

Primero los olí, después los escuché: se trataba de una pareja hindú de mediana edad, un hombre y una mujer, los dos muy altos, enormes, exageradamente perfumados y evidentemente muy ricos. Apareció primero la mujer, tratando de aventajar a su marido, moviéndose agresivamente hacia nuestra pequeña mesa de reunión. Tenía diamantes incrustados en sus oídos y uno más en su nariz. Sus brazos estaban cubiertos de espléndidos brazaletes, aderezados con piedras preciosas. Estaba muy maquillada y vestía un sari blanco y azul cubierto con un opulento brocado bordado en oro y plata. Mostraba gran sobrepeso y su carne sobresalía en la descubierta parte media de su apretado sari.

Su esposo era más grande, más ancho y más ostentoso que ella. Usaba un turbante con un topacio en el centro, justo arriba de su frente, y una kurta blanca con brocado. Tenía un anillo en cada dedo de ambas manos. En medio del silencio de este pasillo, me parecieron monstruos que irrumpían en nuestra tranquila e íntima escena.

Sin saludarnos siquiera a mí o a la Madre Teresa, la enorme y escandalosa mujer bruscamente colocó una cámara en mi mano mientras que ella y su esposo levantaban a la Madre Teresa de su silla para colocarla contra la pared entre ellos dos. Después se apretujaron a cada lado de la Madre Teresa, como dos gigantes y grotescos portalibros, y demandaron que se les tomara una fotografía.

"¡No tenemos una fotografía con la Madre Teresa y necesitamos tener una!", se quejó a gritos la mujer, y luego me indicó con un gesto que tomara una fotografía con su cámara. Yo estaba furiosa. La belleza del momento vivido con la Madre Teresa se había hecho pedazos con la rabia que ahora sentía en contra de estos intrusos groseros y ostentosos. Mientras tomaba la fotografía, la altanera mujer obligó a la Madre Teresa a mirar hacia arriba para obtener una segunda toma. Debido a la osteoporosis y a la edad, la Madre Teresa tenía el cuello doblado hacia abajo; no obstante y sin titubear, la mujer puso su mano bajo la barbilla de la Madre y la levantó a la fuerza. Impactada de que alguien tratara así a la Madre Teresa, pero al mismo tiempo queriendo que esta pareja se fuera, tomé la segunda fotografía. La mujer me arrebató la cámara y ella y su marido, sin darnos siquiera un "gracias" a la Madre Teresa o a mí, desaparecieron de regreso por el vestíbulo, con ruidosa prisa.

La Madre Teresa regresó a su silla y continuó con la charla como si nada hubiera sucedido, retomando el tema de nuestra conversación anterior. Pero yo apenas podía escucharla a causa de mi enojo e indignación con aquella pareja. Sentía correr la sangre por mis venas y me sudaban las palmas de las manos. Llegó la hora del final de nuestra reunión y, entre lágrimas, le dije adiós. Me besó ambas manos y yo besé las suyas, nos abrazamos y nos despedimos.

Salí del orfanatorio hacia el auto que me aguardaba, y traté de calmarme durante los siguientes cuarenta y cinco minutos de regreso a casa. Estaba sudando y respirando agitadamente, repasando en mi mente una y otra vez la terrible escena de insulto y prepotencia que acababa de presenciar. Cuando recordaba el momento en que esa enorme mujer había forzado la barbilla de la Madre Teresa me volvía a enfurecer. Pensé las cosas más terribles de aquellos intrusos y sentí una furia intensa en contra de los ricos mandones, repulsivos y arrogantes. Mi cuerpo estaba tenso y sentía que me recorría el odio.

A lo largo del camino, quince o veinte minutos antes de llegar al hotel, comencé a calmarme. Me di cuenta, con algo de vergüenza, de cómo había podido rebajarme al odio y al prejuicio en presencia de uno de los seres espirituales más inspiradores del planeta. Reflexioné acerca de lo sucedido y me percaté de que la Madre Teresa no había tenido problema alguno con esta pareja adinerada. Para ella eran hijos de Dios, ni más ni menos que los huérfanos que cuidaba, y los había tratado con amor y respeto, y después con toda calma había continuado atendiendo nuestra reunión.

Siempre me había percibido a mí misma como una persona abierta y compasiva con todos y en todo lugar; sin embargo, ahora podía ver mi propia intolerancia, así como los límites de mi compasión. Percibí mi desagradable prejuicio en contra de los ricos y los poderosos. Esta no era mi gente. Esta era gente que yo no podía abrazar e integrar en mi círculo de amor. Eran groseros. Eran desagradables. Eran indignos. También me di cuenta de que este encuentro fortuito con la pareja adinerada que se había comportado de esa manera, me permitió confrontar e identificar por primera vez mi propio prejuicio. No hubiera podido imaginar el poder que esta lección llegaría a tener en mi vida.

Era tarde y estaba oscuro cuando regresé al hotel, exhausta por la montaña rusa emocional que había vivido durante el día, desde el momento en que me enteré temprano por la mañana que iba a tener la reunión con la Madre Teresa, hasta los momentos en los que estuve de hecho con ella, después la molesta interrupción y mi enojo y, finalmente, mi concientización y mi vergüenza. Encendí una vela y me senté a escribir una carta a la Madre Teresa. Le conté todo, incluyendo la desenfrenada furia, el odio y el resentimiento que sentí hacia sus visitantes. Le compartí qué tan impactada estaba de descubrir mi propio prejuicio y los límites de mi propia compasión, aun en su presencia. Le pedí tanto perdón como consejo.

Semanas después recibí una carta de ella escrita con su puño y letra. En su respuesta me reprendió, diciéndome que a lo largo de mi vida había expresado compasión por los pobres, los enfermos, los desamparados y los débiles, y que ese sería siempre el lugar donde mi autoexpresión y servicio florecería fácilmente. El círculo vicioso de la pobreza, según dijo, ha sido articulado con claridad y es ampliamente conocido. Lo que resulta menos obvio y pasa casi inadvertido, es el círculo vicioso de la riqueza. No se reconoce la trampa que a menudo representa la riqueza, ni el sufrimiento que ocasiona la misma: la soledad, el aislamiento, el endurecimiento del corazón, el hambre y la pobreza del alma que viene con la carga de la riqueza material. Me dijo que había otorgado muy poca, o prácticamente ninguna compasión hacia los fuertes, los poderosos y los ricos, cuando en realidad ellos necesitaban tanta compasión como cualquier otra persona en el mundo.

"Debes abrir tu corazón a ellos y convertirte en su alumna y maestra", señaló la Madre Teresa en su carta. "Abre tu compasión e intégralos. Es una parte importante del trabajo de tu vida. No les cierres la puerta. Ellos también son tu trabajo."

Esta fue una idea impactante para mí. Por supuesto que los ricos eran humanos y tenían sus propias aflicciones, aunque nunca había pensado en ellos como seres necesitados. Ahora podía empezar a percibirlo. Su dinero les compraba confort material y cierto nivel de protección ante las inconveniencias e imposiciones de una vida cotidiana más ordinaria. Sin embargo, su dinero y estilo de vida privilegiado también los distanciaba de la riqueza de la vida cotidiana, de lo más normal y sano en el dar y recibir, de las relaciones y del trabajo útil, de lo mejor de la experiencia humana. A menudo, su riqueza distorsionaba su relación con el dinero y solo ampliaba la brecha entre su vida sentimental y sus interacciones alrededor de este. El abuso sexual y psicológico, las adicciones, el alcoholismo, el abandono y la brutalidad eran parte del mundo disfuncional que se esconde detrás de comunidades amuralladas, mansiones y autos de vidrios polarizados. Rechazos dolorosos, demandas de custodia, batallas legales con el propósito de conseguir más y más dinero, endurecen a miembros de la misma familia y los alejan entre sí. El acceso al dinero y al poder en altos niveles puede amplificar estas situaciones y hacerlas incluso más letales y, sin lugar a dudas, que insoportablemente crueles.

La advertencia de la Madre Teresa y mi subsecuente trabajo de recaudación de fondos entre individuos muy adinerados me enseñaron que, sorprendentemente, la riqueza no nos protege del sufrimiento humano. Más tarde llegaría a aprender que las personas excesivamente ricas, no todas, pero sí muchas, luchan al vivir desvinculadas de las cualidades del alma. Viven atrapadas en la prisión del privilegio en la que el confort material resulta cuantioso, pero la carencia espiritual y emocional es real y dolorosa. En esa prisión pierden contacto con los valores del corazón. Pueden convertirse en la manifestación del lado más oscuro del dinero. Para muchos, la riqueza solo sirve como un arma que expande su capacidad para hacer daño.

Desde el día en que recibí su carta, me fijé el compromiso de abrir mi corazón y capacidad de compasión y amor a los ricos y poderosos, con la misma profundidad y devoción con las que me comprometo con los pobres y los hambrientos. Como recaudadora global, tengo muchas oportunidades de hacerlo y he llegado a ver de manera íntima el círculo vicioso de la riqueza y el daño que puede infligir en aquellos que se encuentran atrapados en ella. El dinero por sí mismo no garantiza una vida plena y las excesivas cantidades de dinero se convierten más frecuentemente en un obstáculo para alcanzarla.

El hambre ha sido mi maestra

En mis primeros días de trabajo en el Hunger Project, yo era un ejemplo brillante y visible del poder del compromiso debido a que en mi alma sabía (y todavía lo sé), que el hambre crónica y persistente podía erradicarse en el planeta. Es ahí donde me posiciono, y cuando tomas esa postura y trabajas desde ahí, se pueden llevar a cabo diferentes acciones que normalmente realizarías cuando crees que el hambre es inevitable y que el esfuerzo solo se orienta a tratar de hacerla "menos mala". Cuando sabes con certeza que las cosas no solo pueden ser diferentes sino que pueden resolverse por completo, te comprometes con el trabajo de manera más fundamental. No te preguntas "que pasaría si", sino que determinas "cómo lo hago". Percibes las causas fundamentales. Planteas diferentes opciones.

Me sentí devastada cuando, después de hablar y de conseguir a lo largo de cinco años recursos en Estados Unidos y Europa para erradicar el hambre, al llegar finalmente a la India pude confrontar por primera vez la escala y complejidad del hambre crónica. Me sentía enferma. Pero no había marcha atrás, no era el momento de decir: "Ahora que lo pienso mejor, ya no quiero seguir haciendo esto porque parece ser algo muy difícil". Eso ni siquiera se me ocurrió. En lugar de retirarse de una tarea de enormes proporciones o de retractarse de una situación que parecía imposible, o de poner en riesgo el proyecto original al decir que en realidad no se lograría, el Hunger Project extrajo su energía para la acción social de los principios de la transformación personal y de la inspiración hacia la búsqueda personal.

¿Quién necesito ser para cumplir con el compromiso que hice?
¿En qué tipo de ser humano necesito convertirme para que esto suceda?
¿Qué recursos necesito estar dispuesto a conseguir para aplicarlos en mí mismo, en mis colegas y en mi mundo?

El enfoque único del Hunger Project ha sido el complemento perfecto para mí, reflejando mi propio acercamiento a la vida. Sé por experiencia que si uno vive desde ese lugar, no puede fallar. Se convierte uno en un instrumento poderoso de lo que se requiere y se necesita para la afirmación de la vida humana. Uno logra profundizar en humildad y valentía cuando descarta su propia mezquindad, se centra en la integridad y busca la grandeza de su alma que siempre se encuentra ahí. Para mí, todo eso se tradujo en la recaudación de fondos. Sabía que podía hacerlo y que obtendría cualquier cantidad de dinero para llevar a cabo ese trabajo. La obtención de fondos con el fin de erradicar el hambre no era solamente para mí un trabajo o una moda pasajera o una declaración política. Era la expresión de mi propio compromiso conmovedor, y como tal, solo podía hacerlo de manera que invitara a la gente a conectarse de nuevo con un llamado más elevado o con los anhelos de su alma, para ser el tipo de gente que querían ser, para hacer el tipo de diferencia que querían hacer, y para averiguar cómo podían expresar todo esto con su dinero. Así que más allá de sentir que la recaudación de fondos era cuestión de conseguir que la gente diera su brazo a torcer para otorgar una donación o jugar con las emociones para manipular el dinero de los donantes, se convirtió para mí en un campo en el que yo era capaz de crear una oportunidad para que la gente se comprometiera con la grandeza de su alma.

Fue en esta dimensión de búsqueda del alma de la recaudación de fondos, y en estas íntimas conversaciones, como descubrí heridas y conflictos profundos en la manera en que la gente se relacionaba con el dinero. Muchas personas sentían que se habían vendido y convertido en alguien que ya no les gustaba ser. Algunas se estaban forzando a desempeñar un trabajo que ya no les resultaba significativo. Muchas se sentían esclavizadas por la experiencia de pagar impuestos de más al gobierno, o se sentían maltratadas por sus jefes o por la carga de tener que dirigir un negocio familiar o de contratar a otros. Su relación con el dinero estaba muerta, o, para ser más precisos, estaba llena de temor, y ahí había dolor. Había resentimiento. Había compromisos dolorosos, cierto tipo de crudeza. La gente estaba lastimada y se sentía maltratada. No todas, pero muchas personas se sentían muy inestables e incómodas y no sentían que lo mejor de ellas mismas pudiera surgir en su relación con el dinero. Sentían poca o ninguna libertad con el dinero, sin importar que tuvieran mucho o poco.

Esta deslucida relación con el dinero no era causada por falta de consejo o recomendaciones prácticas. Las estrategias para la administración del dinero eran abundantes, pero el concepto de transformación personal resultaba algo extraño en este punto.

Se hizo evidente que cuando la gente era capaz de alinear su dinero con sus más profundos y conmovedores intereses y compromisos, su relación con el dinero se convertía en un vehículo de transformación profunda y duradera. Su dinero, sin importar la cantidad, se convirtió en el conducto para ese cambio.

La mayoría de las conversaciones diarias acerca del dinero, de cómo lo ganamos, lo obtenemos, lo ahorramos, lo gastamos o lo invertimos, se convirtieron en un espacio abierto en el que la gente era capaz de enfocarse en su dinero y su vida de una forma completamente diferente e inspiradora. En ese espacio abierto, eran capaces de sentir la liberación de una avalancha de energía cuando concebían a su dinero como una manera de expresar sus compromisos más profundos y conmovedores.

No se trataba de una revelación ocasional. Ocurría de manera consistente, sin importar las circunstancias de su vida. No importaba qué tanto dinero tenían para expresar su compromiso. Era en el acto de verse de nuevo a ellas mismas en relación con su dinero y de expresar la integridad de su alma a través del dinero como medio, que experimentaban esa dichosa recompensa.

Así fue también que en la dramática belleza y severidad de la vida en la India, y en las conversaciones sobre la recaudación de fondos para erradicar el hambre, una por una todas aquellas equivocadas suposiciones que mantenemos acerca del dinero, del alma y de la brecha entre los dos, se aclararon para mí e hicieron surgir una verdad distinta sobre el dinero y el espíritu humano. Comencé a ver la forma en que la gente se podría liberar de la atadura del dinero, logrando así que el dinero fluyera hacia y a través de su vida bajo formas que los alimentarían a ellos y a su mundo. Pero era necesario confrontar algunos hechos y ficciones críticas, el primero y más importante: la mentira de la escasez.

Segunda Parte

Escasez y abundancia: la búsqueda de la prosperidad

Capítulo 3

Escasez: la gran mentira

Hay una ley natural de la abundancia que impregna el universo entero, y que no fluirá nunca a través del sendero de aquellos que creen en la escasez y en la limitación.

Paul Zaiter

Durante todos estos años he estado comprometida con la vida y las circunstancias de muchas personas que viven en condiciones devastadoras, donde la falta de comida, agua, techo, libertad y oportunidades condicionan toda acción y toda conversación. Otros, en todos los aspectos, tienen mucho más de lo que necesitan para satisfacer sus necesidades: más dinero, más comida, más autos, más ropa, más educación, más servicios, más libertad, más oportunidades, más de todo. Sin embargo, sorprendentemente en ese mundo de excesiva abundancia, la conversación también está dominada por lo que no se tiene y por lo que se quiere tener. No importa quiénes seamos ni cuáles sean nuestras circunstancias, todos nos enfrascamos en conversaciones sobre aquello de lo que no se tiene suficiente.

Lo reconozco en mí misma. Para mí, y para muchos de nosotros, el primer pensamiento del día es: "No dormí lo suficiente". El siguiente pensamiento es: "No tengo suficiente tiempo". Y sea esto cierto o no, ese pensamiento de no suficiente viene a nosotros de manera automática antes de siquiera pensar en cuestionarlo o analizarlo. Pasamos la mayor parte de las horas y los días de nuestra vida escuchando, explicando, quejándonos o preocupándonos acerca de lo que no tenemos suficientemente. No tenemos suficiente tiempo. No tenemos suficiente descanso. No hacemos suficiente ejercicio. No tenemos suficiente trabajo. No tenemos suficientes ganancias. No tenemos suficiente poder. No tenemos suficientes recursos naturales. No tenemos suficientes fines de semana. Por supuesto, nunca tenemos suficiente dinero. No estamos lo suficientemente delgados. Nunca somos lo suficientemente inteligentes, lo suficientemente hermosos o dignos o educados o exitosos o ricos. Aun antes de salir de la cama, antes siquiera de que nuestros pies toquen el suelo, ya nos sentimos insuficientes, como si estuviéramos al final de la fila, como perdiendo algo, como careciendo de algo. Y para cuando nos vamos a la cama en la noche, nuestra mente compite con una letanía de cosas que no obtuvimos o que no hicimos ese día. Nos vamos a dormir abrumados por esos pensamientos y nos despertamos bajo un ensueño de carencia.

Este mantra del no suficiente continúa todo el día y se convierte en una especie de escenario predeterminado para nuestro pensamiento en relación con todo, desde el efectivo que cargamos en nuestro bolsillo hasta la gente que amamos o el valor de nuestra propia vida. Lo que comienza como una simple expresión propia de una vida apresurada o incluso desafiante, se desarrolla en la gran justificación de una vida insatisfecha. Se convierte en la razón por la que no podemos tener lo que deseamos o ser quienes queremos ser. Se convierte en la razón por la que no podemos lograr las metas que nos hemos fijado, la razón por la que nuestros sueños no pueden hacerse realidad o la razón por la que alguien más nos decepciona; la razón por la que comprometemos nuestra integridad, por la que nos damos por vencidos o por la que descartamos a otros.

Lo mismo ocurre en los barrios marginados de las ciudades o en los suburbios, en Nueva York o Topeka o Beverly Hills o Calcuta. Ya sea que vivamos en circunstancias de pobreza o de riqueza, o incluso si estamos dotados de más dinero o bienes o cualquier otra cosa que pudiéramos soñar tener o necesitar, vivimos con la escasez como un supuesto que subyace en nuestro pensamiento. Se trata de una condición de vida incuestionable, y a veces tácita y determinante. Ni siquiera se trata de que necesariamente experimentemos una carencia de algo, pero dicha escasez, como una sensación crónica de insuficiencia con relación a la vida, se convierte en el mismísimo lugar desde el cual pensamos y actuamos y vivimos en el mundo. Moldea el sentido más profundo que tenemos de nosotros mismos y se convierte en la lente a través de la cual experimentamos la vida. A través de esta lente nuestras expectativas, nuestro comportamiento y sus consecuencias se vuelven una profecía autocomplaciente de insuficiencia, carencia e insatisfacción.

Esta condición interna de escasez, este escenario mental de escasez, viven en el corazón mismo de nuestras envidias, nuestra avaricia, nuestro prejuicio y nuestros argumentos con la vida, y están profundamente arraigados en nuestra relación con el dinero. Dentro del escenario mental de la escasez, nuestra relación con el dinero es una expresión del miedo, un miedo que nos conduce hacia una eterna e insatisfactoria búsqueda por algo más, o hacia compromisos que prometen una salida de dicha búsqueda o del malestar que nos provoca el dinero. En dicha búsqueda desenfrenada o en los compromisos que hacemos rompemos con nuestro sentimiento de totalidad e integridad naturales. Abandonamos nuestra alma y nos distanciamos cada vez más de nuestros valores esenciales y de nuestros compromisos más elevados. Nos encontramos atrapados en un ciclo de desconexión y de insatisfacción. Comenzamos a creer en los mensajes comerciales y culturales orientados a obtener ganancias, que sugieren que el dinero puede comprar la felicidad, y comenzamos a buscar la satisfacción fuera de nosotros mismos. En el fondo sabemos que no es así, sin embargo la cultura del dinero apaga la sabia voz interna, obligándonos a buscar hasta el más transitorio alivio y las comodidades que el dinero puede comprar.

Algunos pueden sostener que la escasez es la base real, natural e inevitable con la que establecemos nuestra relación con el dinero y sus recursos. Después de todo, las cosas se acaban. Hace más de doscientos años, alrededor de la época de la Guerra de Independencia de Estados Unidos, el filósofo y economista escocés Adam Smith sugirió que "el esfuerzo natural de cualquier individuo para mejorar su propia condición" era más poderoso que cualquier obstáculo que encuentre en el camino, y a continuación describió los principios que fundamentaban una moderna (para esa época) economía de "mercado libre", en donde "la mano invisible" del interés personal llegó a aceptarse como fuerza motora dominante y más natural.

Sin embargo, ¿qué tan natural y certera resultaba dicha premisa? El mundo de aquel entonces, es decir, el mundo de Adam Smith –un teórico caucásico europeo, educado tradicionalmente– era uno en el que la mayoría de las personas despreciaban a la gente indígena y a la de color, considerándolas "primitivas" y "salvajes", en lugar de valorarlas con todos sus recursos y sabiduría, como comenzarían a hacerlo las sociedades "civilizadas" en las generaciones posteriores. Las clases dominantes de raza blanca de aquella época, aceptaban y practicaban la discriminación racial, religiosa y sexual como un supuesto económico y moral. En aquellos días, los intereses propios y el nacionalismo todavía no estaban conscientes de que la interconexión global que actualmente reconocemos afecta profundamente nuestra riqueza y seguridad y necesariamente amplía las fronteras del interés personal para integrar el bienestar de toda la gente, en todo lugar. Los principios y las estructuras económicas fundamentales de esa época ya pasada se basaban en suposiciones defectuosas y pensamientos equivocados acerca de la naturaleza, el potencial humano y el propio dinero.

En su libro *Of Human Wealth*, el autor europeo contemporáneo Bernard Lietaer, ex-funcionario sénior del Banco Central Belga y uno de los principales arquitectos del euro como moneda, dice que la avaricia y el miedo a la escasez están programados; no existen en la naturaleza, ni siquiera en la naturaleza humana. Son productos del sistema monetario en el que nos movemos, y hemos estado inmersos desde hace tanto tiempo que esas sombras se han convertido en algo imperceptible para nosotros. Hemos aprendido a considerarlas como un comportamiento legítimo y normal. Concluye que el sistema económico de Adam Smith podría describirse de forma más precisa como la repartición de recursos escasos a través del proceso de avaricia individual. De hecho, todo el proceso de la "moderna" economía de Smith encuentra sus raíces en los miedos primitivos de escasez y avaricia, y la herramienta de implementación para todo esto, es decir, el proceso por el cual esto se hizo una realidad, fue el dinero. Cuando dejamos atrás la sombra de este sistema distorsionado y obsoleto, así como el escenario mental que genera, descubrimos lo siguiente: la escasez es una mentira. Independientemente de cualquier cantidad real de recursos, se trata de un sistema falso de supuestos, opiniones y creencias que no han sido cuestionados y desde el cual percibimos el mundo como un lugar en el que vivimos bajo el peligro constante de no satisfacer nuestras necesidades.

Sería lógico asumir que las personas con excesiva riqueza no tienen miedo a la escasez como una parte medular de su vida, y sin embargo he percibido que la escasez es tan opresiva en estos medios como lo es para las personas que viven al margen y que apenas satisfacen sus necesidades. Es tan ilógico que la gente que tiene una riqueza excesiva piense que no tiene suficiente, y aun así, a raíz de que me encontré con esta situación una y otra vez, comencé a cuestionar el origen de sus preocupaciones. Nada dentro de sus circunstancias presentes lo justificaba. Empecé a preguntarme si esta ansiedad de tener suficiente se basaba en un conjunto de suposiciones, más que en una serie de circunstancias. Mientras más analizaba estas ideas y más interactuaba con individuos provenientes de una amplia variedad de circunstancias y de culturas y de principios éticos, mayor cuenta me daba de que la suposición fundamental de la escasez era algo generalizado. Los mitos y el lenguaje de la escasez eran la voz dominante en casi cualquier cultura, a menudo haciendo caso omiso de la lógica y de la evidencia, y el escenario mental de la escasez creaba actitudes y comportamientos distorsionados, incluso irracionales, especialmente alrededor del dinero. Descubrí que no importa dónde nos encontremos en el espectro de los recursos políticos, económicos o financieros, los mitos y el escenario mental de la escasez crean un miedo subyacente de que nosotros y la gente a la que amamos, no tendrá lo suficiente para proporcionarnos una vida plena, feliz, productiva o hasta llevadera.

Este escenario mental de la escasez no es algo que hayamos creado de manera intencional o que queramos traer a nuestra vida de manera consciente. Estaba aquí antes que nosotros y de manera similar persistirá más allá de nosotros, perpetuado en los mitos y el lenguaje de nuestra cultura del dinero. Sin embargo, tenemos la opción de adoptar o no esta cultura y de dejar que gobierne o no nuestras vidas.

Los mitos tóxicos de la escasez

Los mitos y las supersticiones tienen poder sobre nosotros solo según creamos en ellos, pero cuando creemos en ellos, vivimos completamente bajo su hechizo y dentro de esa ficción. La escasez es una mentira, aunque nos ha sido heredada como si fuera una verdad, y con una poderosa mitología que insiste en ella misma, que demanda su cumplimiento y desalienta nuestras posibles dudas o cuestionamiento al respecto. En mi trabajo con gente que ocupa diferentes situaciones en relación con el amplio espectro del dinero y los recursos, descubrí que es posible deshacernos de este conjunto de creencias y suposiciones, esta forma dominante de ver la vida, así como distanciarse un poco de ella, liberarnos de su atadura y observar, cada uno de nosotros en nuestra propia vida, si es o no una manera válida de vivir. Cuando dejamos el escenario mental de la escasez, descubrimos tres mitos centrales que han venido a definir nuestra relación con el dinero y que bloquean el acceso a una relación más honesta y satisfactoria con él.

Mito tóxico número 1: no hay suficiente

El primer mito de la escasez que prevalece es que no hay suficiente. No hay suficiente para andar por ahí en la vida. No todos pueden lograrlo. Alguien se tendrá que quedar fuera. Hay demasiada gente. No hay suficiente comida. No hay suficiente agua. No hay suficiente aire. No hay suficiente tiempo. No hay suficiente dinero.

El no hay suficiente se convierte en el motivo por el que realizamos trabajos que nos hunden o por el que nos hacemos cosas unos a otros de las que no nos sentimos orgullosos. El no hay suficiente genera un miedo que nos conduce a asegurarnos de que no seamos nosotros ni las personas a las que amamos quienes resultemos lastimados, marginados o discriminados.

Una vez que definimos nuestro mundo como deficiente, la energía total de nuestra vida, todo lo que pensamos, todo lo que decimos y todo lo que hacemos, particularmente con el dinero, se convierte en la expresión de un esfuerzo por sobrellevar esta sensación de carencia y el miedo de perder o de quedar fuera. El asegurarnos de que nos hacemos cargo de los nuestros, quienesquiera que sean, se convierte en algo noble y responsable. Si no hay suficiente para todos, entonces cuidar de ti mismo y de los tuyos, aun a costa de los demás, parece algo desafortunado pero inevitable y de cierto modo válido. Es como el juego infantil de las sillas. Al faltar una silla correspondiente al número total de jugadores, nuestros intereses se enfocan en no perder y en no ser los que se quedan hasta el final de todo el barullo sin una silla. No queremos ser los pobres inocentes que nos quedamos sin silla, por lo que competimos para obtener más que el otro, determinados a mantener la delantera más allá de alguna inminente condena.

La deficiencia y el miedo se reflejan en la manera en que manejamos nuestras vidas, y en los sistemas e instituciones que creamos para controlar el acceso a cualquier recurso que percibimos como valioso o limitado. Como miembros de la comunidad global, nuestras respuestas basadas en el miedo a veces nos conducen —en la demanda de petróleo extranjero, por ejemplo— a colocar nuestros propios deseos materiales por encima de la salud, la seguridad y el bienestar de otras personas y de otras naciones. En nuestras propias comunidades, respondemos al miedo del no hay suficiente creando sistemas que nos favorecen o que excluyen a otros del acceso a recursos básicos como agua potable, buenas escuelas, cuidados de salud adecuados o vivienda segura. Y en nuestras propias familias, el no hay suficiente nos conduce a comprar más de lo que necesitamos o incluso queremos, a valorar, favorecer o adular a la gente en función del valor que tiene para nosotros con relación al dinero, más allá de sus cualidades de carácter.

Mito tóxico número 2: más es mejor

El segundo mito tóxico es que *más es mejor*. Más de cualquier cosa es mejor que lo que tenemos. Es la respuesta lógica si se teme que no hay suficiente, pero el *más es mejor* nos conduce a una cultura competitiva de acumulación, adquisición y avaricia que solo intensifica nuestros miedos y acelera el ritmo de la carrera. Y nada de esto hace la vida más valiosa. A decir verdad, la prisa por obtener más nos aleja de la capacidad de experimentar el profundo valor de lo que adquirimos o ya tenemos. Cuando comemos muy rápido o mucho, no podemos saborear ni siquiera un pedazo de nuestra comida. Cuando nos enfocamos constantemente en lo que a continuación vamos a adquirir –el siguiente vestido, el siguiente auto, el siguiente trabajo, las siguientes vacaciones, la siguiente mejora a la casa– difícilmente apreciamos los dones de lo que ya tenemos. En nuestra relación con el dinero, el *más es mejor* nos distrae de vivir más consciente y abundantemente con lo que tenemos.

El *más es mejor* constituye una persecución sin fin y una carrera sin ganadores. Es como la rueda de un hámster en la que saltamos, giramos y después olvidamos cómo detener. Eventualmente, la búsqueda por tener más se convierte en un ejercicio adictivo y, como cualquier adicción, resulta casi imposible detener el proceso cuando te encuentras atrapado en él. Pero no importa qué tan lejos llegues, o qué tan rápido, o a cuántas personas logres dejar atrás, nunca podrás ganar. En el escenario mental de la escasez, incluso cuando hay mucho, nunca es suficiente.

No tiene sentido para alguien que gana cuarenta mil dólares al año el que alguien que gana cinco millones de dólares al año discuta para asegurarse un paquete de beneficios, y que necesite al menos quince millones de dólares más. Algunas de las personas que cuentan con riqueza suficiente para tres vidas, pasan sus noches y sus días preocupándose por perder dinero en el mercado bursátil, por ser estafados o por no contar con lo suficiente para su retiro. Cualquier tipo de realización personal dentro de su vida privilegiada, en términos financieros, puede opacarse por completo por estos miedos monetarios y el estrés. ¿Cómo puede ser posible que las personas que tienen millones de dólares piensen que necesitan más? Creen que necesitan más porque ese es el mito prevaleciente. Todos pensamos así, por lo que ellos también piensan así. Incluso aquellos que tienen bastante no pueden renunciar a esta búsqueda. La búsqueda de *más es mejor,* sin importar cuáles sean nuestras circunstancias monetarias, demanda nuestra atención, mina nuestra energía y erosiona nuestras oportunidades de plenitud. Cuando nos creemos la promesa de que *más es mejor*, nunca podemos llegar a la meta final. Dondequiera que estemos, nunca será suficiente debido a que tener más es siempre mejor. La gente que sigue este credo, consciente e inconscientemente, y que hasta cierto punto somos todos nosotros, está condenada a una vida siempre insatisfecha; perdemos la capacidad de alcanzar una meta. Así que incluso aquellos que tienen bastante en esta cultura de la escasez no logran renunciar a la caza.

El *más es mejor* nos desorienta de un modo más profundo. Nos conduce a definirnos en base al éxito financiero y a los logros externos. Juzgamos a los demás de acuerdo a lo que tienen y a cuánto tienen, y nos perdemos de los infinitos dones interiores que pueden aportar a la vida. Todas las grandes enseñanzas espirituales nos dicen que busquemos en nuestro interior para encontrar la totalidad que anhelamos, pero la persecución de la escasez no nos deja ni tiempo ni espacio psíquico para ese tipo de introspección. En la búsqueda de tener más, ignoramos la plenitud y la integridad que viven ya en nosotros y que esperan ser descubiertas. Nuestro esfuerzo para aumentar nuestro valor *de ingresos netos* nos aleja del descubrimiento y la profundización de nuestro propio valor.

La creencia de que necesitamos poseer, o incluso poseer más que la otra persona o empresa o nación, es la fuerza motora que conduce la mayor parte de la violencia y las guerras, la corrupción y la explotación en el mundo. Bajo la condición de escasez, creemos que debemos tener más —más petróleo, más tierra, más poder militar, más participación en el mercado, más utilidades, más acciones, más posesiones, más poder, más dinero—. En la campaña para ganar, acostumbramos perseguir nuestras metas a cualquier costo, incluso a riesgo de destruir culturas y pueblos enteros.

¿Acaso los demás países necesitan la comida rápida estadounidense o los parques de diversiones o los cigarrillos, o que las compañías norteamericanas se expandan astutamente en sus mercados a escala internacional para aumentar sus utilidades, ignorando el impacto que ocasionan en las culturas locales, la agricultura, la economía y la salud pública, incluso frente a una época de protestas generalizadas en contra de su presencia? ¿Necesitamos o incluso realmente queremos toda la ropa, los autos, los comestibles y artefactos que traemos a casa de nuestros viajes de compras, o estamos actuando por impulso, respondiendo a la llamada de la cultura consumista y de la seducción firme y calculada de la moda, de la comida y de la publicidad para consumir productos? ¿Un niño de cinco años *necesita* más que unos cuantos regalos de cumpleaños elegidos con cariño para sentirse festejado? ¿A qué intereses estamos sirviendo cuando damos a nuestros hijos mucho más de lo que necesitan e incluso pueden apreciar?

La indiscutible y desenfrenada carrera para obtener más alimenta una economía, una cultura y un modo de ser insostenibles, los cuales han fallado al bloquearnos el acceso hacia aspectos más significativos y profundos de nuestra vida y de nosotros mismos.

Mito tóxico número 3: así son las cosas

El tercer mito tóxico es *así son las cosas* y no hay salida. No hay suficiente como para que alcance, más es definitivamente mejor, y la gente que tiene más es siempre gente diferente a nosotros. No es justo, pero más vale entrarle al juego porque *así son las cosas* y en este mundo sin esperanza, desamparado, disparejo e injusto, no hay modo de escaparse de la trampa. Pensar que *así son las cosas* es simplemente otro mito, aunque probablemente sea el que más atrapados nos tiene porque siempre se puede argumentar a favor de él. Cuando algo ha sido siempre de cierta manera, y la tradición, los supuestos y los hábitos lo hacen resistente al cambio, entonces parece lógico y propio del sentido común pensar que, así como es, seguirá siendo. Aquí es cuando y donde quedan establecidos la ceguera, la insensibilidad, el trance y sobre todo la resignación a la escasez. La resignación nos hace sentir desesperanzados, desamparados y cínicos. También nos mantiene en la fila, incluso al final de la fila, donde la falta de dinero se convierte en una excusa para evitar el compromiso y para no contribuir con lo que sí tenemos –tiempo, energía y creatividad– con el fin de marcar una diferencia. La resignación nos aleja del cuestionamiento acerca de qué tanto nos comprometeremos o explotaremos a los otros para obtener el dinero que estará a nuestra disposición en un empleo o carrera, una relación personal o una oportunidad de negocio.

El *así son las cosas* justifica la avaricia, el prejuicio y la inactividad fomentada por la escasez en nuestra relación con el dinero y el resto de la raza humana. Durante generaciones, este tercer mito protegió el antiguo comercio de esclavos en Estados Unidos, con el que la mayoría de la clase privilegiada construyó granjas, pueblos, imperios empresariales y fortunas familiares, muchas de las cuales sobreviven hasta el día de hoy. Y en las siguientes generaciones este mito protegió e incentivó el racismo institucionalizado, la discriminación sexual, así como la social y económica en contra de otras minorías étnicas y religiosas. A lo largo de la historia, e incluso en la actualidad, ha permitido que tanto negocios deshonestos como líderes políticos exploten a otros en busca de su propia ganancia financiera.

A nivel mundial el mito del así son las cosas es tal que aquellos que tienen más dinero ejercen el mayor poder, sintiendo que valen más y que tienen el derecho de sentirse así. Por ejemplo, Estados Unidos, con un 4% de la población mundial, genera el 25% de la contaminación que contribuye al calentamiento global. De acuerdo con Geo 2000, un reporte ambiental de las Naciones Unidas de 1999, el consumo excesivo de la minoría con mayor riqueza de la población mundial y la constante pobreza de la mayoría constituyen las dos causas más importantes de la degradación ambiental. Mientras tanto, las naciones en vías de desarrollo que adoptan los modelos económicos occidentales, duplican patrones que, incluso en las democracias políticas, depositan un poder desorbitado en manos de unos cuantos ricos, diseñan instituciones sociales y sistemas que los favorecen, y no logran abordar satisfactoriamente las desigualdades y consecuencias inherentes que socavan la salud, la educación y la seguridad para todos. Decimos que nos sentimos mal por estas y otras desigualdades en el mundo y, debido a que los problemas parecen estar tan profundamente enraizados, al grado de ser insalvables, nos resignamos al así son las cosas, declarándonos incapaces de cambiarlas. En esa resignación abandonamos nuestro propio potencial humano y la posibilidad de contribuir a crear un mundo próspero, equitativo y sano.

El así son las cosas representa una de la piezas más difíciles en la transformación de nuestra relación con el dinero debido a que si no podemos abandonar la caza del dinero y sacudirnos la incapacidad y el cinismo que esto llega a generar, entonces quedaremos atrapados. Y si no estamos dispuestos a cuestionárnoslo, entonces resultará difícil desbancar ese pensamiento que nos tiene atrapados. Debemos estar dispuestos a dejar ir el así son las cosas, aunque sea por un momento, para considerar la posibilidad de que no existe un así es o así no es. Existe la manera en que elegimos actuar y en que elegimos crear nuestras circunstancias.

Las "sentencias de vida" siempre limitan nuestras posibilidades

En toda cultura los mitos comunican lecciones morales, y los mitos de la escasez han producido un legado de creencias o "sentencias de vida" que adoptamos como sabiduría popular o verdades personales. Cuando era niña mi abuela solía decir a sus nietas: "Cásate con el dinero y el amor vendrá después". Nos reíamos cuando decía eso y ella soltaba una risita y nos guiñaba el ojo, pero en realidad creía en ello. Era lo que había hecho. Cuando se casó alrededor de 1900, lo hizo con el hombre más rico que pudo encontrar y después encontró una forma de amarlo.

Quería transmitirnos este consejo y, a pesar de que nos reímos de sus comentarios, estos nos dejaron huella. Más tarde, todas las nietas tuvimos que romper con ese sistema de creencias para sentirnos libres con el fin de encontrar compañeros amorosos poseedores de una carta de presentación más profunda que su cuenta bancaria.

Dentro del escenario mental y la mitología de la escasez, cada uno de nosotros luchamos con nuestras sentencias de vida con relación al dinero. Algunas nos llegan en forma de frases populares como la de mi abuela, con instrucciones incompletas o deficientes: No te gastes tu capital. Si tienes que preguntar por el precio, es porque no puedes comprarlo. El dinero no es un objeto. No es de buena educación hablar de dinero. A veces es importante estar dispuesto a gastar el capital en causas que tengan sentido; considerar el precio como un principio personal, aun cuando se tenga más de lo suficiente para pagarlo; ser directo y abierto con relación a los asuntos del dinero en lugar de permanecer inseguro o reservado.

Otras sentencias de vida son personales, de nuestra propia creación y están expresadas en patrones de comportamiento conscientes o inconscientes alrededor del dinero. A principios de mi carrera como recaudadora de fondos, comencé trabajando casi por completo en el esquema de voluntariado, y solamente me sentía bien al pedir dinero para los demás. Dentro de mi vida personal me sentía feliz al dejar que mi esposo administrara las finanzas familiares, liberándome de los detalles prácticos de tal responsabilidad. Sin embargo, con el tiempo me di cuenta a través de las lecciones que sin querer aprendí, que las sentencias de vida que estaba creando, las cuales se volvieron limitantes, se referían al hecho de que yo no podía esperar ganarme la vida con mi trabajo y de que yo no era una compañera total, responsable y participativa en la vida financiera de mi propia familia. Todavía brindo mi tiempo y energía sin reservas, y todavía le confío a mi marido las finanzas familiares, pero también he ampliado mi experiencia para poder integrar la satisfacción de ganar dinero y tener más responsabilidad al administrarlo. Esto ha sido una cuestión de crecimiento personal para mí, un paso hacia la creación de una relación más honesta con el dinero.

Quizás aquellas sentencias de vida le resulten familiares. O tal vez ha trabajado por dinero la mayor parte de su vida, y se ha mostrado renuente a pedir aumentos aunque sean muy merecidos, o ha permanecido en un trabajo sin perspectivas en lugar de invertir el tiempo y la energía en buscar uno nuevo o en capacitarse para realizar uno diferente. Quizá disfrute de una herencia y se sienta con el derecho de disponer de la riqueza familiar, o tal vez se sienta culpable por ello. Quizás evite poner al día su chequera o pagar sus cuentas debido a que la realidad de esos números con lujo de detalle le dicen algo que no quiere escuchar. Tal vez tiene miedo a hacerse respetar en una relación por cuestiones de dinero, debido a que teme las repercusiones; o quizá sus miedos a las cuestiones financieras evitan que siquiera se dé a respetar.

La mayor parte de nuestras sentencias de vida alrededor del dinero son producto del lenguaje limitante de la escasez en nuestra cultura. En este lenguaje la palabra éxito implica que una persona está generando dinero en exceso. Un empresario exitoso es simplemente alguien que gana mucho dinero. Y dentro de este juicio no se toma en cuenta la calidad del producto, el lugar del trabajo, las compensaciones de los empleados, y el estilo de dirección o las prácticas generales de la compañía en materia de asociaciones y contribución social. En el lenguaje de la escasez, aquellos que generan grandes ganancias a partir de negocios explotadores o prácticas empresariales insostenibles, aparecen como más "exitosos" que, digamos, los maestros o los servidores públicos que ganan menos pero que trabajan para que nuestras comunidades sean lugares iluminados, amorosos y compasivos en donde vivir y trabajar.

La palabra riqueza tiene sus raíces en el principio básico del bienestar y supone una connotación que describe no solo la posesión de grandes cantidades de dinero, sino también un estilo de vida rico y satisfactorio. Contrariamente, el exceso de dinero es el que a menudo crea condiciones de prepotencia y distanciamiento que disminuyen nuestra posibilidad de acceder a la genuina riqueza de la conexión e interacción humanas.

Los términos pobre y pobreza describen circunstancias económicas y ambientes, aunque muy frecuentemente se utilizan para rebajar la naturaleza humana y el potencial de los individuos que tienen poco dinero.

La sentencia de vida del "artista muerto de hambre" nos ha hecho aceptar que en nuestra sociedad la creatividad se encuentra subestimada. Sugiere que aquellos de nosotros que confiamos en el talento creativo para ganarnos la vida solo podemos esperar recibir una mala paga, mientras que los otros tenemos derecho a explotarlos o a defraudarlos en términos monetarios, así como a subestimarlos en términos personales.

Estas y otras sentencias de vida basadas en la escasez son meras construcciones del lenguaje que se han arraigado en nuestro pensamiento, y al permanecer ahí refuerzan los mitos de la escasez y le otorgan al dinero un enorme poder destructivo. A lo largo de toda la vida el flujo de mensajes provenientes de los medios de comunicación, la publicidad, la mercadotecnia, así como de nuestros padres, abuelos y amigos, refuerza y se enraíza profundamente en nuestro pensamiento, lo cual nos lleva a creer en no hay suficiente, tienes que conseguir lo que te corresponde, y más es mejor y, por lo tanto, a formar parte de ese juego.

Buckminster Fuller y el mundo del tú-y-yo

Fue en mi trabajo para erradicar el hambre y en el compromiso que despertó dentro de mí, que comencé a percibir todo este concepto de la escasez y su dominante mitología, lenguaje y sentencias de vida. Me di cuenta de cómo llenaba mi vida, así como la vida de mis amigos y familia, y la vida de la gente con quien llegué a trabajar en países tan pobres como Bangladesh y tan ricos como Francia, Inglaterra o Estados Unidos. Lo que resultó ser un punto decisivo para mí fue el tener la oportunidad de escuchar al gran futurista y humanista R. Buckminster ("Bucky") Fuller. En los años setenta, Bucky hablaba ampliamente sobre mitos en la ciencia básica que nos bloqueaban e impedían la posibilidad de tener una visión acertada del mundo y su capacidad de ofrecer una vida próspera para todos.

Más tarde, Bucky llegó a convertirse en un amigo y mentor personal, pero la primera vez que lo oí hablar, solo lo conocía como un genio controversial –un diseñador, ingeniero y arquitecto– que estaba dando una serie de conferencias alrededor del mundo, tituladas Días de Integridad. Me encontraba de voluntaria en su plática en San Francisco y en un auditorio con una audiencia de cerca de dos mil asistentes; recuerdo haberme sentado en la penúltima fila para observar a este hombre mayor, bajito, elocuente y radiante, desenvolverse en el escenario con gran exuberancia al expresar sus reflexiones y revelaciones sobre la manera en que trabaja el mundo. Sus ideas no eran solo elocuentes y hasta provocadoras; para mí eran completamente revolucionarias y transformadoras.

Estaba cautivada por su plática y las distinciones que señalaba, aunque el momento que cambió mi vida fue cuando dijo que por cientos o quizá miles de años hemos vivido con la creencia de que no hay suficiente para todos, y que necesitamos pelear y competir para atesorar aquellos recursos que nos corresponden. Quizá había sido una apreciación válida en alguna época, o tal vez no lo había sido, dijo Bucky, pero en este momento de la historia, los años setenta, ya éramos capaces de hacer mucho más con mucho menos, y como familia humana habíamos alcanzado claramente el punto donde en realidad había suficiente para todos, en todos los lugares, al grado de satisfacer e incluso superar las necesidades para tener una vida razonablemente saludable y productiva. Y agregó que este momento representaba un dramático avance en la evolución de la civilización y de la humanidad.

Dijo que sin importar si se trataba del reconocimiento de algo que ya era cierto o de un momento de transformación en el estado de las civilizaciones, de cualquier manera podía ser el punto decisivo más significativo en nuestra evolución porque significaba que podíamos movernos de un mundo del tú-o-yo –un mundo en donde o tú o yo podemos salir adelante, y donde necesitamos competir y pelear para ver quién gana– hacia un mundo del tú-y-yo, en donde todos nosotros podemos salir adelante. En ese mundo del tú-y-yo, todos tenemos suficiente comida, suficiente agua, suficiente tierra, suficiente vivienda, suficiente de las cosas fundamentales necesarias para que cada uno de nosotros lleve una vida plena y productiva.

Este nuevo umbral cambia completamente el juego, y se necesitarían cincuenta años, según predijo Bucky, para realizar los ajustes necesarios en nuestro mundo con el fin de poder movernos de un paradigma de tú-o-yo hacia el de tú-y-yo, un paradigma que dice que el mundo puede trabajar para todos sin dejar a nadie ni a nada fuera. Añadió que nuestro sistema monetario, y nuestro sistema de recursos financieros necesitarían ajustarse para reflejar la realidad y que nos tomaría décadas realizar dicho ajuste, pero si lo hiciéramos y en el momento en que lo hiciéramos, entraríamos en una era, en un tiempo y en un mundo en el cual las formas más fundamentales de percibirnos a nosotros y al mundo en el que vivimos cambiarían a tal grado que se volverían irreconocibles.

Esta declaración, esta visión tan poco común y la revelación del cambio basada de la manera en la que nos relacionamos entre unos y otros, me atraparon por completo, pusieron mi mundo de cabeza. Recuerdo que me corrieron las lágrimas al pensar en las implicaciones de lo que estaba diciendo. Recuerdo haber pensando que no se trataba tan solo de un punto interesante en medio de una erudita conferencia. Se trataba de un momento de exquisito y profundo reconocimiento de algo que mi corazón había sabido desde siempre, y a lo que le estaba dando voz aquel venerado científico y futurista, alguien que tenía el conocimiento y las credenciales, y quien había llevado a cabo una investigación para respaldar este tipo de pensamiento. Ese momento de profundo reconocimiento nunca me ha abandonado.

Bucky también estaba trabajando desde una visión cambiante del mundo que había comenzado a surgir a raíz del primer aterrizaje del hombre en la luna, realizado por la tripulación del Apollo 11 en el verano de 1969. Las históricas e imponentes fotografías de la Tierra tomadas desde la luna ofrecieron a la humanidad la primera vista clara de nuestro planeta como una completa y total "nave espacial Tierra", como la llamaba Bucky. En ese momento dejamos de ser parte de un sistema para ir más allá, lo suficientemente lejos, fuera del sistema, con el fin de contemplar a la Tierra como un todo y poder así ver su fragilidad, su belleza, su totalidad, su exquisita integridad. Me aventuraría a decir que este fue el comienzo de una sociedad global, de una conciencia global, de una humanidad global y, desde ahí, el reconocimiento de los recursos finitos pero suficientes de este planeta para todos los que aquí vivimos —humanos, plantas y animales por igual— se convirtió en la realidad potencial del futuro.

Fue con esta visión global de nuestra comunidad, y con las reflexiones y la inspiración de Bucky, que me comprometí con la tarea de erradicar el hambre.

El misterio del hambre y nuestra lucha contra la escasez

El hambre y la escasez parecerían estar obvia e inexorablemente ligadas. ¿Cómo podía trabajar de manera tan estrecha en lugares donde la comida y el agua son tan escasas, e insistir en que la escasez es una mentira? Solo puedo decir que las duras y sorprendentes realidades de esa experiencia fueron precisamente las que me obligaron a ver más allá de lo obvio. He luchado para comprender la tragedia del hambre. El hambre no es una enfermedad misteriosa, no es un gen mutante o una fuerza salvaje de la naturaleza. Sabemos qué hacer cuando un niño tiene hambre, sabemos lo que necesita una persona que se está muriendo de hambre: ambos necesitan comida. No hay nada en el panorama de los recursos globales que explique por qué una quinta parte de la humanidad tiene hambre y está desnutrida. El mundo está repleto de comida. Actualmente, tenemos más comida en el mundo de la que necesitamos para alimentar a todos varias veces. El desperdicio abunda. En varios países, incluyendo Estados Unidos, a los granjeros se les paga para que no siembren comida. El ganado criado para la matanza consume recursos que bastarían para alimentar a todos los niños y adultos hambrientos.

En 1977, cuando me comprometí por primera vez con la labor de erradicar el hambre en el mundo, supuse que la gente moría de hambre porque no tenían suficiente comida y que, si sencillamente conseguíamos comida para la gente hambrienta, podríamos resolver el problema del hambre crónica en el mundo. Todo parecía tan lógico. No obstante, si la solución se encontraba en igualar las reservas de comida en el mundo con la cantidad de gente hambrienta en el mundo, en dónde se hallaba la explicación a las persistentes y trágicas estadísticas y realidades con relación al hambre, que parecerían mostrarnos incapaces de resolverla. ¿Cómo es posible que en un mundo con más que suficiente comida para repartirla a todos, existan 41,000 personas, la mayoría niños menores de cinco años de edad, muriéndose cada día de hambre o por causas relacionadas con el hambre?

¿Será porque a nadie le importa? Cuando los niños hambrientos lloran por hambre, no lo hacen como bangladesíes o italianos, o como los niños de la parte pobre de nuestra comunidad, lloran como seres humanos, y es a ese nivel de nuestra humanidad que necesitamos responder. ¿Acaso no podemos escuchar esos llantos y responder como miembros amorosos de la familia humana? ¿Qué nos mantiene a muchos de nosotros ciegos y sordos ante el llanto de un niño y por qué elegimos mejor encargarnos de "los nuestros", aun cuando hay bastante comida para "los nuestros" y también para los demás?

Aun así, si ser solidario fuera la respuesta, ¿cómo es posible que hasta las donaciones masivas de comida y de dinero que algunas personas realizan, no conduzcan a una solución duradera?

¿Podría ser la distribución el problema? ¿Cómo es eso posible si las bebidas gaseosas de Estados Unidos están prácticamente al alcance de la mano para todos en todo el mundo?

¿Podría tratarse de la logística? ¿Cómo es eso posible cuando las naciones más poderosas, como nuestro país, cuentan con las habilidades logísticas para lanzar misiles y bombas y realizar ataques militares precisos en cualquier parte del mundo?

¿Podría ser la política? ¿Podríamos ser tan cínicos y convenencieros como para permitir que un niño muriera de hambre debido a que como adultos no somos capaces de ponernos de acuerdo en relación a nuestras ideologías políticas y económicas?

¿Qué es lo que nos permite escuchar el llanto y aun así no responder de manera eficaz?

Entre más tiempo conviví con la gente que vive con hambre y con la gente que trabaja o da dinero para alimentarla, más claro percibí que la causa del hambre crónica no solo era la ausencia de comida. Lo que ocasiona el hambre y la inanición es algo más fundamental que eso, porque no se resuelve el problema por la cantidad de comida –por mucha que sea– que lleves del punto A hacia el punto B, aunque, por supuesto, eso marque una enorme diferencia para numerosas personas durante cierto tiempo. La Historia nos enseña esa lección. La afluencia de ayuda que llegó a Etiopía en 1985 alimentó a mucha gente durante un tiempo, pero no resolvió el asunto de la hambruna en ese país. Etiopía se mantiene como un país hambriento y en pobreza extrema. La ayuda alimentaria que se envió a Somalia durante las crisis de 1993 y 1994 alimentó a unos cuantos, pero de hecho exacerbó la violencia y la corrupción que se estaba viviendo durante la guerra civil local. La ayuda alimentaria que inundó a Biafra durante la guerra que lo golpeó, y a Camboya durante la crisis en ese país, no fueron en sí algo malo ya que algunas personas fueron alimentadas; sin embargo, tampoco resolvió a largo plazo el problema crónico y persistente del hambre.

En esos eventos de inyección masiva de ayuda alimentaria, una y otra vez, hasta el punto de convertirse en rutina, el suministro de comida fue robado y revendido por los poderosos y corruptos intermediarios quienes hacen prosperar la avaricia y el soborno de por sí abundantes en esos países asediados. Peor aún, las cantidades masivas de comida desinflaron el mercado local, lo cual significó que aquellos granjeros que habían sembrado granos no pudieron seguir vendiéndolos porque había comida gratis en todos lados, al menos durante algún tiempo, mientras se llevaba a cabo el pleito por acapararla y controlarla. El desastroso ciclo de ayuda, corrupción, mercados afectados y desastrosas inversiones agrícolas se convirtió en parte del problema en lugar de una solución. Este ciclo solo perpetuó las causas fundamentales de la crisis.

En última instancia, el impacto social de una ayuda masiva de esta índole fue que la gente, aun aquellos que habían obtenido alguna ración de alimentos, llegó a quedarse hasta con menos recursos y más empobrecidos que antes. Se sentían incapaces y desamparados por el hecho de que no podían hacerse cargo de sí mismos y se habían convertido en receptores de la beneficencia, endeudados con los forasteros que los sacaban de apuros una y otra vez. Se sentían disminuidos y debilitados, y el futuro prospecto de su propia autosuficiencia solía ser suprimido y reducido por el comportamiento que necesitaban exhibir en esas situaciones para obtener comida "gratuita". Una y otra vez, cuando el dinero o la ayuda fluían en las comunidades a través de sistemas basados en esas suposiciones de escasez, el alivio tenía una vida corta, y aquellos que se encontraban en ambos lados de la transacción terminaban sintiéndose ineficaces.

Luché con esta pregunta durante años, así como les ha sucedido a otras personas comprometidas con el trabajo para erradicar el hambre y que buscan respuestas a esta tragedia. Cuando consideré las creencias subyacentes que la mayoría de la gente tiene en común en todos los lugares –todo sistema, toda institución, todo punto de vista, incluyendo el de aquellos que padecen hambre–, percibí que había suposiciones fundamentales que invalidaban casi cualquier esfuerzo por resolver el problema. Todas ellas podían ligarse con los mitos y el escenario mental de la escasez.

Sin importar cuáles sean nuestras circunstancias económicas:

Cuando creemos que no hay suficiente, que los recursos son

escasos, entonces aceptamos que algunos obtendrán lo que necesitan y otros no. Nos mentalizamos con la idea de que a alguien siempre le tocará la peor parte.

Cuando creemos que más es mejor y equiparamos el tener más con ser más –entiéndase más listo, más capaz– suponemos que la gente a la que le toca la peor parte de esos recursos es menos inteligente, menos capaz, incluso menos valiosa como ser humano. Sentimos que tenemos permiso para subestimarla.

Cuando creemos que así son las cosas, entonces asumimos una postura de impotencia por pensar que el problema no tiene solución. Aceptamos que en nuestra propia familia humana, ni los miembros ricos en recursos ni los miembros pobres en recursos tienen suficiente dinero, suficiente comida o suficiente inteligencia o el ingenio necesario para generar soluciones duraderas.

El Hunger Project, al desafiar sistemáticamente las falsas suposiciones sobre el hambre crónica y la ayuda alimentaria, pudo exponer el mito de la escasez y abrió nuevas vías de búsqueda y posibilidades, eventualmente logrando el éxito mediante la contribución significativa hacia la erradicación del hambre al darle los medios necesarios a la gente para convertirse en los autores de su propia recuperación. En cada situación, ya sea a nivel individual o de las grandes poblaciones, el descubrir la mentira y los mitos de la escasez ha sido el primer y más poderoso paso en la transformación que va de la impotencia y la resignación hacia la posibilidad y la autosuficiencia.

Acostumbramos filosofar sobre las grandes preguntas de la vida aún sin respuesta. Es tiempo de que en lugar de ello analicemos las respuestas sin pregunta, y la respuesta sin pregunta más importante de nuestra cultura se refiere a nuestra relación con el dinero. Es ahí donde mantenemos vivos, a un alto costo, la llama y los mitos de la escasez.

Capítulo 4

La suficiencia: la sorprendente verdad

Cuando dejas de intentar obtener más de lo que necesitas, se libera un océano de energía que hace la diferencia con lo que sí tienes. Cuando haces la diferencia con lo que tienes, esto se multiplica.

Han pasado casi diez años desde mi primer encuentro con el pueblo indígena achuar de Ecuador, pero todavía recuerdo la experiencia de conocerlos y estar entre ellos por primera vez, una experiencia completamente diferente comparada con mi primer encuentro con el hambre y la pobreza de la India. En la selva tropical con los achuar, vi a gente que era próspera de un modo natural. No tenían ningún tipo de ventaja competitiva que los hiciera prosperar. No era gente próspera a expensas de alguien más. No habían vencido a nadie en nada. Eran prósperos en la manera de tratarse a sí mismos y a los demás, viviendo de manera congruente con las leyes verdaderas, las leyes invariables del mundo natural que en última instancia nos gobiernan a todos.

La suya era una cultura en la que no había dinero. El dinero fue algo que encontraron cuando se aventuraron a salir de la selva. Para ellos era una cosa rara, una cosa auxiliar que no formaba parte de su vida diaria, ni siquiera de su conciencia. Sin dinero, sin posesiones, sin acumulación de bienes y sin tener ninguna de las comodidades de nuestro estilo de vida occidental, aun así no parecía que tuviesen algún tipo de escasez, carencia o miedo de que no hubiese suficiente de lo que necesitaban. No había afán para conseguir más, ni resignación o creencia de que estaban viviendo vidas de estrechez. Vivían (y todavía lo hacen) en la experiencia y la expresión del tener bastante, lo que yo llamo suficiencia. En lugar de buscar más, ellos apreciaban y administraban de manera razonable lo que ya tenían. De hecho, en la actualidad, sus esfuerzos consisten en proteger lo que existe, la selva tropical como un recurso para todos nosotros. Para los achuar, el bienestar consiste en presenciar la plenitud y la riqueza del momento y en compartirlas.

Es posible para quienes vivimos en culturas fundadas en el dinero encontrar la misma ecuanimidad y libertad en nuestro propio ambiente y con el dinero. Algunas de las más grandes y sorprendentes lecciones que he aprendido acerca de la suficiencia y de nuestra relación con el dinero las aprendí de gente con poco o ningún dinero, como los achuar, o de gente que enfrenta tremendas dificultades para sobrevivir en situaciones que difícilmente podemos imaginar. Una de estas lecciones tuvo lugar en una aldea de Senegal.

Senegal es un pequeño país costero en la punta occidental más extrema del continente africano. En los primeros tiempos del comercio de esclavos era una próspera colonia francesa, y todavía podemos apreciar los históricos castillos de los propietarios de esclavos con sus calabozos, ahora atracciones turísticas y monumentos melancólicos al salvajismo humano y económico de la época.

Gran parte de Senegal está cubierta por el ancho desierto del Sahel, el cual se expande cada año más hacia el mar. El Sahel es un territorio muy duro, no propicio a la vida, ni siquiera a las plantas y animales que viven típicamente en ambientes desérticos. La arena es fina, como polvo, de un tono anaranjado pálido. Es tan fina y penetrante que prácticamente cubre todo lo que se encuentra a las orillas del desierto: las calles, las casas, las plantas, los caminos e incluso la gente.

Nos encontrábamos ahí, dieciocho entre donantes y dirigentes del Hunger Project, para reunirnos con la gente de una aldea ubicada en el desierto a varias horas de distancia, con el propósito de hablar sobre su necesidad de encontrar una nueva fuente de agua o bien un nuevo lugar donde vivir. A medida que nuestros choferes conducían los vehículos hacia el pueblo y se internaban en el desierto, nos fuimos cubriendo de esta finísima arena que se iba depositando en nuestros pulmones a cada respiración. Conforme avanzábamos en el difícil camino y nos internábamos en aquel viento anaranjado, veíamos cada vez menos gente, plantas y vida animal y muy pronto no quedó nada más que tierra árida. Hacía calor y el clima era seco, cerca de 95 grados Fahrenheit.[2] Yo llevaba un sombrero y me tapaba la cara con un pañuelo para no respirar la arena. El desierto era tan inhóspito que parecía inconcebible que alguien pudiera vivir en ese clima.

Anduvimos por un camino irregular y sin asfaltar durante un rato. Luego el camino desapareció entre la arena y nuestros choferes, senegaleses, comenzaron a manejar en pleno desierto guiados tan solo por una brújula. Conocían bien el desierto. Llegó un momento en que su jefe , cuyo vehículo encabezaba la caravana, se detuvo y apagó el motor. Luego, los dos que lo seguían hicieron lo mismo. Nos paramos a escuchar y después de un rato pudimos percibir el débil sonido de unos tambores. Nuestro jefe de los choferes sonrió, encendió el motor y comenzó a manejar dirigiéndose hacia el sonido de los tambores. Conforme avanzábamos, los tambores se oían cada vez más fuerte y pronto pudimos ver en el horizonte unas pequeñas figuras que se movían. Al aproximarnos, nos pareció que se trataba de algún tipo de animal. Finalmente, al estar más cerca vimos que se trataba de niños, docenas de niños corriendo hacia nuestros vehículos, llenos de entusiasmo.

Aquí estábamos, en un lugar que no mostraba señales de vida, recibidos por niños eufóricos y animados, desbordantes de vitalidad y energía. Lágrimas brotaron de mis ojos y pude ver que mis compañeros de viaje estaban igualmente conmovidos por esta jubilosa bienvenida. Los más pequeños seguían corriendo hacia nosotros y más allá de ellos, a la distancia, había dos grandes baobabs, solos en medio de esa desolada vastedad. El baobab es un árbol que puede crecer casi sin agua y que ofrece sombra y un refugio contra el viento para la gente que vive en el desierto.

Frente a nosotros, bajo la sombra de los dos baobabs, se encontraban reunidas cerca de ciento veinte personas. Unos tamborileros

---

2. 95 grados Fahrenheit corresponden a cerca de 35 grados centígrados (N. del T.).

estaban en el centro, rodeados por la muchedumbre y pudimos ver que dentro del círculo algunas mujeres estaban bailando. A medida que nos acercábamos, los tamborileos llenaron el aire con vibrante energía y la celebración cobró mayor intensidad. Recogimos algunos niños y les dimos un paseo en nuestros autos; otros nos acompañaron corriendo. Parecía que esta increíble escena había surgido de la nada y, sin embargo, ahí estaban hombres, mujeres y niños bailando, tocando los tambores, animando, aplaudiendo y gritando saludos de bienvenida a nuestra pequeña delegación.

Salimos de nuestros vehículos y docenas de mujeres corrieron hacia nosotros vestidas con hermosa ropa tradicional de Senegal, con tocados y largos boubous de algodón, que son unos vestidos largos, sueltos y coloridos. Los tambores redoblaban, los niños gritaban, las mujeres chillaban de alegría, los hombres cantaban. Fue una bienvenida como ninguna otra.

Parecían saber que yo era la líder y me jalaron hacia el centro del círculo donde las mujeres bailaban a mi alrededor y conmigo. Me llevó la energía de ese momento, y movía mi cuerpo en sintonía con los de las mujeres en un ritmo natural y liberador. Me aclamaron y aplaudieron. Mis compañeros de viaje nos alcanzaron y bailamos y aplaudimos y reímos juntos. El tiempo y el espacio parecían haberse detenido. El clima ya no se sentía ni caliente ni seco. No había más viento ni arena. Todo eso desapareció y nos vimos envueltos en la celebración. Éramos uno.

De pronto, los tambores pararon. Era tiempo de que empezara la reunión. La gente se sentó en la arena. El jefe se presentó y me dirigió sus comentarios. Con la ayuda de nuestro traductor, el jefe explicó que su aldea se encontraba a varios kilómetros de distancia y que se habían trasladado a ese punto del desierto para darnos la bienvenida y agradecer nuestra oferta de colaboración. Dijo que eran gente fuerte y capaz y que el desierto era su hogar espiritual. Pero ellos y otras dieciséis aldeas situadas más al este se encontraban en una situación en la cual los escasos recursos de agua los estaban llevando al límite de sus posibilidades. Su pueblo solo conocía la vida en ese desierto; era gente orgullosa de su tierra, pero sabían que no podían continuar si no se solucionaba la situación del agua.

Los servicios del gobierno no llegaban a esos pueblos, ni siquiera en tiempos de crisis. Era gente analfabeta que no estaba registrada en el censo, ni siquiera podían votar. Tenían poco o ningún reconocimiento de parte de su gobierno. Poseían una tremenda resiliencia, pero sus pozos estaban ya casi secos y sabían que debían cambiar su manera de pensar actual si querían superar la siguiente temporada de sequía.

Eran musulmanes y, al sentarnos en un círculo a discutir la situación, fueron los hombres quienes hablaron todo el tiempo. Las mujeres no se encontraban en el círculo principal sino en un segundo círculo donde podían escuchar y ver, pero no hablar. Podía percibir el poder de las mujeres que estaban detrás de mí y tuve la sensación de que iban a resultar fundamentales en la resolución del problema. En esta tierra árida y anaranjada encontrar una solución parecía imposible, aunque la actitud, la resiliencia y la dignidad de esta gente atestiguaban algo diferente. Debía haber una manera de salir de esa situación y la descubriríamos juntos.

Luego pedí reunirme a solas con las mujeres. Resultaba una petición extraña para esta cultura musulmana en la que los mulás y los jefes tenían el poder para hablar en nombre de todos; no obstante lo permitieron. Las mujeres de mi grupo y las mujeres de la tribu se reunieron sobre la tierra caliente y se acercaron las unas a las otras. Nuestro traductor era un hombre y los mulás permitieron que se uniera a nosotras.

En este círculo de mujeres tribales, varias asumieron el liderazgo y hablaron de inmediato, diciendo que les quedaba claro que había un lago subterráneo debajo de esa área desértica. Podían sentirlo, sabían que estaba ahí. Lo habían percibido en visiones y necesitaban nuestra ayuda para obtener el permiso de los hombres con el fin de cavar un pozo lo suficientemente profundo y llegar así hasta el agua. Los hombres no lo habían permitido hasta ahora ya que no creían que hubiera agua ahí y tampoco querían que las mujeres realizaran ese tipo de trabajo. En sus tradiciones solo se permitía cierto tipo de labores a las mujeres. Tejer y trabajar la tierra estaban permitidos, planear y escavar pozos no.

Las mujeres hablaban con fuerza y vitalidad convincentes. Me quedaba claro que sabían lo que sabían, y que se les podía confiar la tarea de encontrar agua. Todo lo que necesitaban era el permiso de los hombres para seguir su instinto. Esa era la ayuda que necesitaban del exterior. Eso era lo que necesitaban de nosotros.

Había una avalancha de energía colectiva y de compromiso. Miré a mi alrededor. El calor era abrasador. Había cientos de moscas. Tenía barro en la boca y en los pulmones. Era el lugar más incomodo que hubiera podido imaginar y, aun así, recuerdo que no sentía ni sed ni malestar, solo un fuerte sentimiento de lo posible en medio de estas valientes y hermosas mujeres.

Al salir rumbo al desierto del Sahel, temía encontrar gente desesperada, hambrienta, enferma y pobre. Esta gente definitivamente necesitaba más comida y agua, pero no eran "pobres". No era gente resignada, estaban ansiosos de encontrar una solución a este desafío y ardía en ellos el fuego de lo posible. Eran un pozo de fuerza, un tesoro de perseverancia e ingenio. Querían nuestra colaboración, no limosnas, ni dinero, ni comida, y lo que nosotros les trajimos fue respeto y una colaboración igualitaria.

Después de mucho deliberar tanto con los hombres como con las mujeres, acordamos con los mulás y los jefes del pueblo que comenzaríamos el trabajo con las mujeres puesto que ellas habían tenido la visión., los hombres estuvieron de acuerdo en permitir que las mujeres comenzaran a cavar el pozo, con nuestra colaboración. Durante el siguiente año, la comunidad racionó cuidadosamente sus reservas de agua, mientras las mujeres cavaban usando herramientas con sus manos así como el equipo simple que les ofrecimos. Cavaban cada vez más hondo, cantando, tocando los tambores y cuidando unas a otras a los hijos mientras trabajaban, sin dudar jamás de que allí había agua.

Los hombres observaban escépticos, no obstante permitieron que el trabajo continuara. Las mujeres, en tanto, tenían todo menos dudas. Estaban seguras de que si cavaban lo suficientemente hondo encontrarían el agua. ¡Y así fue! Lograron alcanzar el lago subterráneo de sus visiones.

Desde entonces, los hombres y las mujeres han construido un sistema de bombeo y una torre de agua para su conservación. Y en la actualidad, no solo una, sino diecisiete aldeas cuentan con agua. Toda la región se transformó. Los grupos encabezados por las mujeres se convirtieron en centros de acción en todas esas aldeas. Hay sistemas de riego y granjas de pollos. Hay clases de alfabetización y negocios de batik. La gente está prosperando y son miembros activos de su país. Actualmente enfrentan nuevos desafíos y lo hacen con la misma dignidad y compromiso. Las mujeres son ahora una parte respetada de la comunidad, tienen más acceso al liderazgo y la tribu está orgullosa de que su propia gente, su propio trabajo y la tierra en la que viven hayan sido la clave para su propia prosperidad.

La suficiencia: reclamando el poder de lo que ya existe

Bajo cualquier circunstancia, cada uno de nosotros es libre de dar un paso atrás y abandonar el escenario mental de la escasez. Y una vez que abandonamos la idea de la escasez, descubrimos la sorprendente verdad de la suficiencia. Por suficiencia no me refiero a la cantidad de las cosas. La suficiencia no se encuentra dos pasos más allá de la pobreza o a uno menos de la abundancia. No se trata ni de lo casi bastante ni de lo más que bastante. La suficiencia no es una cantidad en lo absoluto, es una experiencia, un contexto que generamos, una declaración, una certeza de que hay bastante y de que somos suficientes.

La suficiencia reside en cada uno de nosotros y podemos exteriorizarla. Se trata de ser conscientes, atentos y de elegir intencionalmente la manera en que pensamos en lo que concierne a nuestras circunstancias. En nuestra relación con el dinero, consiste en usar el dinero de modo que exprese nuestra integridad, de usarlo de una forma que exprese el valor y no que lo determine. La suficiencia no es un mensaje acerca de la sencillez ni acerca de renunciar o disminuir nuestras expectativas. La suficiencia no significa que no debamos esforzarnos o tener aspiraciones. La suficiencia es un acto generativo, de discernimiento que nos revela el poder y la presencia de los medios que poseemos y de nuestros recursos internos. La suficiencia es un contexto que sacamos de nuestro interior, que nos recuerda que si miramos a nuestro alrededor y dentro de nosotros mismos, encontraremos lo que necesitamos. Siempre hay suficiente.

Cuando vivimos en el contexto de la suficiencia, encontramos una libertad y una integridad naturales. Actuamos en la vida desde el sentido de nuestra propia integridad, más que desde un anhelo desesperado de sentirnos completos. Nos sentimos naturalmente llamados a compartir los recursos que fluyen a través de nuestras vidas –nuestro tiempo, nuestro dinero, nuestra sabiduría, nuestra energía, a cualquier nivel que fluyan– para servir a nuestros más altos compromisos. En el contexto de la suficiencia y el flujo de los recursos que fluyen hacia, a través y desde nosotros, los intereses de nuestra alma y del dinero se funden para crear una vida rica, satisfactoria y llena de significado.

La suficiencia es la verdad. La suficiencia puede ser un lugar en donde pararse, un contexto que genera una relación completamente nueva con la vida, con el dinero y con todo lo que el dinero puede comprar. Me parece que hay suficiente en la naturaleza, en la naturaleza humana y en las relaciones que compartimos unos con otros para tener una vida próspera, satisfactoria, sin importar quienes seamos o dónde nos encontremos en el espectro de los recursos. Me parece que si estamos dispuestos a abandonar la carrera para adquirir o acumular siempre más y soltar esa manera que tenemos de percibir el mundo, entonces podremos tomar toda esa energía y atención e invertirlas en lo que tenemos. Cuando hagamos esto, descubriremos tesoros inimaginables y una riqueza de una profundidad y diversidad sorprendentes y deslumbrantes.

Vivir desde la perspectiva de la suficiencia, pensar desde ese lugar y generar este marco de referencia para la vida, resulta muy poderoso e importante para nuestra época. En nuestra relación con el dinero podemos seguir ganando, ahorrando, invirtiendo y proveyendo para nosotros y para nuestras familias, siempre y cuando reestructuremos la relación hacia lo que ya tenemos con un renovado reconocimiento y agradecimiento. A través de esta nueva manera de ver, el flujo de recursos en nuestras vidas en lugar de estar siempre escapándose o disminuyendo, se convierte en un diluvio de dicha y en algo de lo que tenemos el privilegio de ser temporalmente administradores. Nuestra relación con el dinero deja de ser una expresión de miedo y se convierte en una expresión de posibilidades emocionantes. El contexto de suficiencia puede transformar nuestra relación con el dinero, con nuestros recursos y con la vida misma.

No estoy sugiriendo que haya abundante agua en el desierto o comida para los mendigos de Bombay. Lo que estoy diciendo es que incluso en presencia de una real escasez de recursos, el deseo y la capacidad de autosuficiencia son innatos y suficientes para enfrentar los retos. Es precisamente cuando volcamos nuestra atención hacia estos recursos internos -de hecho, solo cuando lo hacemos-cuando podremos comenzar a ver con mayor claridad la suficiencia en nosotros mismos y su disponibilidad, logrando así empezar a generar respuestas eficaces y sustentables ante cualquier limitación de recursos que se nos presente. Cuando soltamos la búsqueda por tener más y examinamos y experimentamos de forma consciente los recursos que tenemos, descubrimos que nuestros recursos son más profundos de lo que sabíamos o imaginábamos. Alimentados por nuestra atención, nuestros activos se expanden y crecen.

Esto resulta especialmente cierto en nuestra relación con el dinero y el poder de nuestro compromiso sincero para expandir y aumentar nuestra riqueza. Y también resulta especialmente cierto cuando observamos las luchas en torno al dinero que nos abaten, y la profunda liberación que experimentamos cuando alineamos el dinero con nuestra alma.

La lucha por la suficiencia no tiene nada que ver con la cantidad de dinero que poseemos, sino con la relación que establecemos con él. Una de las más grandes lecciones que he aprendido acerca de la lucha por la suficiencia proviene de gente que cuenta con más dinero del que la mayoría de nosotros veremos en el transcurso de toda nuestra vida, y quienes sin embargo viven una vida que no los satisface. Agobiados por el exceso o destrozados en la lucha por conseguir más, se han perdido de la estimulante experiencia de la suficiencia y de lo bastante.

Las mujeres de Microsoft: pasando por alto la suficiencia

En 1998 fui invitada a hablar frente a un grupo de ejecutivas de alto nivel de Microsoft, en aquel entonces la compañía de más rápido crecimiento y una de las compañías más rentables del mundo, si no es que la más. Estaba entusiasmada por ir, y ya había planeado hablar acerca del estatus de la mujer en los países en desarrollo. Acababa de regresar de la cuarta edición del World Women's Conference en Beijing y estaba ansiosa por compartir lo que había aprendido de los innumerables reportes y de las historias inspiradoras de las mujeres que habían asistido a dicha conferencia. Algunas de ellas venían de países en pobreza extrema, donde son subyugadas más allá de todo lo imaginable.

En el vuelo de San Francisco a Seattle, Microsoft me había reservado un lugar en primera clase —un ambiente definitivamente más acogedor que mi asiento usual en clase económica— y, al observar los cómodos asientos y los elegantes pasajeros que los ocupaban, me di cuenta de que estaba entrando a un mundo exclusivo y que hablaría ante mujeres que vivían y trabajaban a diario en ese tipo de ambiente. Las mujeres que asistirían a la serie de conferencias se encontraban en los niveles ejecutivos más altos de la compañía. En una sesión informativa previa aprendí que la fortuna de cada una de ellas equivalía aproximadamente a 10 millones de dólares, que su edad media era de treinta y seis años y que más de la mitad de ellas tenía familia. Me di cuenta de que iba a encontrarme con el núcleo principal de una compañía que se encontraba a la vanguardia de la tecnología en el mundo y de que estaría hablándole a un grupo de personas que estaba moviendo los hilos en ese campo, y que además en su propia vida eran mujeres notablemente ricas y exitosas que, por ser todavía tan jóvenes, tenían una larga carrera por delante.

Pensando en ellas durante el recorrido en limusina que me llevaba a las instalaciones de Microsoft, me fui dando cuenta de que tenía la posibilidad de crear un cambio positivo muy importante en sus vidas, conectándolas con las mujeres más pobres del mundo, una población que se cuenta en cientos de millones. Pensé en lo que esta conexión podría significar para ambos grupos y lo privilegiada que me sentía de poder caminar en estos mundos.

En cuanto llegué al centro corporativo de Microsoft, fui llevada a una sala de conferencias de un elegante edificio de oficinas para tomar el té de la tarde con un pequeño contingente de mujeres que asistirían a la charla de la noche. Yo misma había solicitado esta pequeña reunión previa porque quería tener más información acerca de ellas y entender cómo podría conectarme mejor con estas mujeres que llevaban un estilo de vida y una experiencia profesional tan fuera de lo común.

Durante el té, estas diez mujeres, dinámicas y muy seguras de sí mismas, compartieron un poco acerca de su hogar y su vida laboral. Siete tenían marido e hijos, y cuando les pedí que me describieran un día normal en su vida, hablaron todas de rutinas altamente estresantes: se levantaban temprano, a menudo entre las 5:30 o 6 de la mañana, y para la mayoría de ellas el desayuno era, con suerte, la única comida que compartían con sus hijos. Tenían niñeras y colaboradoras que vivían con ellos. Seis estaban casadas con hombres que también trabajaban en Microsoft. La mayoría dijo que alimentaba, cuidaba y vestía personalmente a sus hijos en las mañanas, y los mandaba a la escuela con la niñera o los llevaban ellas mismas para después irse al trabajo y ser operacionales desde las 8 de la mañana. Muchas de ellas no descansaban a la hora del almuerzo y seguían trabajando hasta las 9 o, a veces, hasta las 10 de la noche. Regresaban a casa, cenaban tarde con sus maridos, daban el beso de las buenas noches a sus hijos y después de cenar se volvían a conectar al trabajo, a veces hasta la 1 de la mañana. Al día siguiente, que para muchas era apenas unas cuantas horas después, esta rutina se repetiría. Muchas alimentaban un remordimiento silente. Cada día prometían regresar a casa más temprano, dormir más horas, hacer más ejercicio, hacer las cosas de las que se estaban perdiendo en su vida, y cada día fallaban y no lograban progresar con respecto a esos compromisos. A continuación les pregunté sobre sus fines de semana. La mayoría pasaba los sábados en la oficina. Algunas veces se tomaban un descanso para asistir al recital de danza o al partido de fútbol de sus hijos; pero, de no ser así, normalmente permanecían en la oficina hasta la 5 o 6 de la tarde. Les pregunté sobre los domingos. La mayoría dijo que se quedaba en casa, aunque admitían sentirse atraídas por la computadora más que por cualquier otra actividad y que a menudo trabajaban por lo menos la mitad del día. Cada día, cada semana, cada mes prometían a sí mismas, a sus maridos y a sus hijos que, una vez acabado el siguiente proyecto o cumplido con la siguiente fecha de cierre, estarían más tiempo en casa, serían más disponibles, y tendrían relaciones más cariñosas con sus hijos. Sin embargo, esto rara vez ocurría y estas promesas incumplidas alimentaban una creciente frustración.

Este patrón de vida en el trabajo y en la familia era más la norma que la excepción entre sus colegas, según dijeron. Todas tenían mucho dinero y podían pagar cualquier tipo de servicios para atender a sus hijos y a su familia y eso era lo que hacían más frecuentemente, aunque no les gustara admitirlo. Dijeron que lamentablemente el formar parte del juego competitivo dentro de esta poderosa empresa demandaba una tal dedicación que el trabajo se había vuelto la prioridad en sus vidas. Por lo tanto, sus familias quedaban en segundo lugar. En todos los casos se sentían molestas y decepcionadas consigo mismas por cómo llevaban su vida familiar.

Luego les pregunté sobre su conocimiento acerca del mundo, quiénes eran sus amigos y qué tipo de conversaciones sostenían fuera del trabajo. Una tras otra, cada una de estas mujeres me confesó que su vida se reducía a la pantalla de la computadora. La mayoría de sus conversaciones tenían lugar en internet y trataban acerca del desarrollo de un nuevo software o de cómo alcanzar objetivos de eficiencia y productividad. Poco sabían de lo que estaba pasando en el mundo, que se tratara de Seattle o de Estados Unidos, y definitivamente no sabían nada sobre la gente de las naciones en desarrollo o de mujeres en otras partes del mundo. Se entusiasmaron al oír que esa noche les hablaría sobre las mujeres del tercer mundo, sin embargo ese tema no formará parte de sus temas de conversación habituales y menos de su realidad. No tenían el tiempo ni el espacio mental suficiente para incluir a alguien o algo diferente en lo que tenían que hacer momento tras momento.

Hablamos acerca de sus patrimonios. Aparte de sus bienes materiales, que tenían poco tiempo para disfrutar, sacaban poca satisfacción del dinero. Muy pocas de ellas donaban dinero, y casi ninguna iba de vacaciones. Su riqueza, y el uso que le daban para comprar cuidados para sus hijos y servicio para sus casas, solo les servía para trabajar más duro y más tiempo; no les otorgaba la libertad o vitalidad que alguna vez habían pensado poder tener y se prometían que lo lograrían algún día: llegaría el momento en que se jubilarían y vivirían felices para siempre.

Esa noche había cerca de cien mujeres en la cena ofrecida a las dirigentes. La autora e historiadora Riane Eisler fue la primera en hablar y lo hizo sobre los últimos mil años de historia de las mujeres, enfocándose principalmente en las distinciones que había desarrollado en su libro *The Chalice and the Blade: Our History, Our Future*. Describió lo que ella llama el modelo de acción dominante en el que prevalecen los hombres y los principios masculinos tradicionales, y lo comparó con lo que para ella es el modelo de asociación caracterizado por principios más femeninos de cooperación y colaboración. Luego llegó mi turno.

Inspirándome en la investigación académica de Eisler y en su perspectiva histórica, mi plática se basó en los detalles de la vida cotidiana y la experiencia de mujeres que vivían en condiciones de pocos recursos en Senegal o Bangladesh. Son mujeres que trabajan, como las mujeres de Microsoft, dieciséis a dieciocho horas al día, cuyas vidas consisten en proveer sustento a sus hijos y familias, y cuyas relaciones entre ellas hacen soportable la severa realidad de su vida. A las mujeres de Microsoft les sorprendió aprender que representaban la punta del iceberg del 1% de las mujeres en el mundo que tienen la opción y la oportunidad de utilizar los recursos financieros como ellas lo desean y moldear así su vida familiar. Las invité a conectarse con el billón de mujeres que subsistían con dos a cinco dólares al día.

Compartí con ellas lo que sabía y había visto sobre el compromiso que las mujeres del tercer mundo tenían con sus familias, los cantos y los bailes que las sostenían, su capacidad de involucrar a sus hijos no solo en la adversidad, sino también en la celebración de la vida y en el amor. Les platiqué acerca de las enormes dificultades a las cuales se enfrentaban en su vida, acerca de la represión, la marginación y la subyugación que experimentaban y acerca de la valentía con la que vivían a lo largo de sus días. Y les hablé de cómo estas mujeres se centraban en la apreciación, la gratitud y el reconocimiento de lo poco que tenían, y de la riqueza de las relaciones que compartían, nacidas de la necesidad. Bajo estas duras circunstancias, todo giraba básicamente alrededor de la comunidad y alrededor del interés de los unos hacia los otros. Todo estaba centrado en la colaboración, el compañerismo y la atención a que todos tuvieran una oportunidad. Con esta conexión y solidaridad, estas mujeres no solo sobrevivían, también experimentaban su verdadera riqueza.

Las ejecutivas respondieron reflexionando sinceramente sobre su propia vida y considerando la posibilidad de que la desenfrenada búsqueda de avances en el trabajo les hubiera implicado un costo más alto de lo que habían previsto o incluso hubieran aceptado de haberlo sabido antes: el tiempo perdido y la experiencia irremplazable de los primeros años de vida con sus familias, o las relaciones significativas con la gente y la vida a su alrededor y más. La revelación de que quizás estaban verdaderamente dejando pasar la vida de largo se volvió algo palpable en el ambiente.

No las estaba alentando a dejar su empresa, solo quería que realizaran esta conexión y aprendieran de sus hermanas de otras partes del mundo. Sin embargo, nuestra discusión sobre estas mujeres que vivían en condiciones difíciles e implacables, nuestra atención sobre ellas, creó la condición propicia para que estas ejecutivas diesen un paso atrás y observaran la lucha desenfrenada que vivían cada día, y consideraran si querían participar en ella ciega y totalmente como lo habían hecho hasta ahora.

La pausa de reflexión resultó significativa para muchas de las personas ahí reunidas. En ese momento fueron capaces de suspender su indiscutida lealtad a la búsqueda de más —más dinero, más estatus en la compañía, más logros— y de examinar la resignación que sentían respecto al dominio que esta búsqueda tenía sobre sus vidas. Ese momento también les dio la oportunidad de reflexionar acerca de la verdadera satisfacción que su trabajo y sus familias les brindaban, de la apreciación de sus propios talentos y logros, y del hecho de que la compañía las reconociera y celebrara como líderes. Experimentar conscientemente la satisfacción que obtenían de sus familias y de sus carreras profesionales resultó algo nuevo para ellas.

Recuerdo que, al haber estado parada frente a ellas, vi sus rostros reflejar la experiencia de plenitud en lugar de carencia. Recuerdo sus expresiones de regocijo cuando las invité a que se reunieran con otra compañera y se tomaran el tiempo para hacer la lista de todas las cosas que valoraban y agradecían de sus familias y de las relaciones inmediatas que tenían en el trabajo y en su hogar. Hubo una abrumadora sensación de plenitud en la sala conforme cada una se levantaba y compartía el reconocimiento de totalidad y suficiencia en su propia vida, y notaba lo ausente que había estado esa experiencia previamente en esa búsqueda de tener más.

Estas mujeres se encontraban en la cumbre de sus carreras profesionales, así como de su acaudalado estilo de vida familiar, pero el juego al que estaban jugando les había robado todo sentido de victoria o satisfacción, y las reglas del mismo se basaban en el concepto de escasez: tenían que adquirir más y ese más nunca era suficiente. Percibí en sus casos, que aun cuando nos prometemos a nosotros mismos que nos detendremos en algún punto, esa promesa es parte de la falacia, una falsa justificación para seguir en el juego, una ronda más, una transacción más, uno más de lo que sea. También percibí la belleza y el poder de crear un ambiente en donde se puede salir del escenario mental de la escasez, aunque fuera solo por un momento, y ver que no es más que un escenario mental. No resulta inevitable, ni ineludible, ni imposible. No es simplemente un así son las cosas. Aprendí que incluso la gente más determinada puede detenerse y mirar y, al hacerlo, aunque sea solo por un momento, crear un impacto profundo y duradero en la manera en que continúa con su propia vida.

Durante los siguientes años, varias de estas mujeres me escribieron para decirme que renunciaban a su trabajo en la compañía y me compartieron algunas de las reflexiones y experiencias que surgían a partir de dicha decisión. Algunas me escribieron para hacerme saber que habían dado una nueva dimensión a su manera de trabajar en la empresa y que estaban viviendo básicamente la misma vida, pero desde la óptica de la plenitud y la gratitud, más que del miedo, la competencia y la sobrevivencia. Otras se comprometieron profundamente en el activismo social y viajaron a países en desarrollo con sus familias durante las vacaciones. Algunas tomaron conciencia de la alegría que representa contribuir e invertir dinero en sociedades filantrópicas para vencer situaciones de hambre y pobreza o de una brutal desigualdad. Otras dejaron de trabajar en la compañía para ocupar algún puesto en la entonces naciente Bill and Melinda Gates Foundation, actualmente una de las fundaciones más grandes e innovadoras del mundo.

Aquella velada constituyó un encuentro que nunca olvidaré. Esas mujeres tenían tanto, no solo riqueza económica, si no que también una profunda capacidad de preocuparse y conectarse con los demás, conexión que había permanecido inaccesible para ellas durante mucho tiempo en el contexto de su estilo de vida apresurado y opulento.

El deseo de estas mujeres de establecer relaciones con su familia, con otras mujeres que necesitaban su capacidad de colaboración e incluso simplemente con sus propios anhelos de marcar la diferencia, constituyó una poderosa expresión de la energía del alma y de la capacidad que existe en todos nosotros. Aquella noche, el despertar de estas mujeres fue un tesoro que colmó mi propio corazón.

La suficiencia siempre está disponible

¿Qué es suficiente? Cada uno de nosotros lo determina por sí mismo, aunque rara vez nos permitimos tener esa experiencia. ¿Cuál es el punto en el que estamos satisfechos, en el que tenemos todo lo que queremos y necesitamos, sin excesos? Muy pocos de nosotros podemos recordar los momentos de nuestra vida en que hemos sentido eso. Igual que las mujeres de Microsoft, superamos el punto de la suficiencia como si no existiera. Hay un nivel en donde tener más de lo que necesitamos se convierte en una carga. Estamos compensados de más, sobrecargados de cosas, nadando en el exceso, buscando la satisfacción en formas y maneras cada vez diferentes. La experiencia que ansiamos de sentirnos satisfechos en nuestra vida no puede encontrarse en la persecución del éxito o en la búsqueda por tener más.

Cada uno de nosotros, a través de nuestra relación con el dinero, con los otros y con la vida, puede reclamar este territorio de suficiencia, donde no falta nada. Podemos volver a descubrir la plenitud y la satisfacción. La mejor maestra de suficiencia es la naturaleza y las leyes naturales de la tierra, leyes que no tienen enmiendas, leyes que no se discuten en el senado. Estas son las leyes bajo las cuales vivimos, las aceptemos o no.

La gran ambientalista Dana Meadows dijo que una de las principales leyes en el mundo es la ley de lo suficiente. La naturaleza, escribió alguna vez, dice que tenemos "justo lo que hay y nada más. Esta cantidad de tierra, de agua, de luz solar. Todo lo que nace de la tierra crece en su justa medida y después se detiene. El planeta no se hace más grande, se mejora. Sus criaturas aprenden, maduran, se diversifican, evolucionan, crean asombrosas bellezas, novedades y complejidades, pero viven dentro de límites absolutos".

La naturaleza nos ofrece ejemplos en todos lados, alrededor de nosotros, disponibles en todo momento para enseñarnos lo que necesitamos aprender con el fin de avanzar en nuestra relación con la vida para que esta resulte sustentable. Este contexto de suficiencia nos permite transformar nuestra cultura actualmente no sustentable en una sustentable.

¿Podemos de manera individual y colectiva, en nuestra relación con el dinero y los recursos, cambiar nuestra concepción de que tener más, no importa de qué, es lo mejor que hay? ¿Podemos reconocer que lo mejor no consiste en tener más, sino en profundizar la experiencia que tenemos de lo que ya está allí? En lugar de que el crecimiento sea un factor externo generado por la adquisición y la acumulación de dinero o de cosas, ¿podemos redefinirlo como el reconocimiento y la apreciación de lo que ya tenemos?

Sugiero que la suficiencia es algo bien definido. Lo suficiente es un lugar al que puedes llegar y en donde te puedes quedar. Muy a menudo pensamos en la "suficiencia" como el punto en el cual sabremos que ya hemos llegado al éxito, aunque la abundancia seguirá escapándose si pensamos encontrarla en el hecho de tener una cantidad excesiva de algo. La verdadera abundancia sí existe, fluye desde la suficiencia hacia una experiencia de belleza e integridad con relación a lo que es. La abundancia es un hecho de la naturaleza. Es una ley fundamental de la naturaleza que dice que hay suficiente y que lo que hay viene en una cantidad definida. El hecho de que su existencia sea cuantitativamente determinada no constituye ninguna amenaza sino que genera una relación más precisa que demanda respeto, reverencia, y que requiere que dichos recursos sean administrados con el reconocimiento de que son valiosos y que deben procurar el mayor beneficio al mayor número posible de personas. Puedo ver en el movimiento ambientalista que la búsqueda de la sustentabilidad podría encontrarse de una forma más correcta si tomáramos conciencia y reconociéramos que tenemos lo que necesitamos, en lugar de denunciar que lo que tenemos está desapareciendo y que tenemos que salvarlo. Sería más correcto reconocer que tenemos lo que necesitamos, ni más ni menos de lo que nos hace falta y que, por lo tanto, debemos utilizar estos recursos para mejorar las cosas. Debemos saber que se trata de recursos preciosos que vienen en cantidades limitadas, pero suficientes.

Esta manera de ver las cosas, congruente con las leyes de la naturaleza, ofrece un nuevo conjunto de principios o suposiciones para crear toda una nueva cultura alrededor del dinero. Nos enseña cómo ser gestores del dinero en lugar de ser personas que solo lo acumulan. Nos enseña cómo llevar calidad e inteligencia al uso de nuestros recursos financieros bajo formas que reflejan nuestra riqueza interna, en lugar del vistoso despliegue de riquezas externas. De esta forma, independientemente de que uno sea billonario estadounidense o campesino guatemalteco, madre soltera o gerente de clase media, la experiencia de tener bastante, de la suficiencia y de la gestión respetable de los recursos financieros y de otro tipo, redefine la vida de tal forma que la suficiencia y la plenitud se vuelven disponibles para todos. No hay sacrificio en esto: hay satisfacción. La suficiencia, como forma de ser, nos ofrece una enorme libertad personal y muchas posibilidades. En lugar de que los mitos de la escasez nos digan que la única manera de percibir el mundo es no hay suficiente, más es mejor y así son las cosas, la verdad de la suficiencia afirma que hay bastante para todos. Y el saber que hay bastante nos inspira a compartir, colaborar y contribuir.

Puede que por la forma en que administramos nuestra vida y el mundo no experimentemos esto todo el tiempo, pero la verdad es que sí hay bastante y que la abundancia o la riqueza real no fluye del exceso, sino del reconocimiento de la suficiencia, de la conciencia de que hay bastante. Como dijo Buckminster Fuller en los años setenta, este es un mundo que puede funcionar para todos, sin dejar fuera a nadie ni a nada, y hoy tenemos el poder y los recursos para crear el mundo del tú-y-yo en lugar del mundo del tú-o-yo. Hay bastante para todos. Sin embargo, para acceder a esta experiencia debemos estar dispuestos a dejar ir las lecciones y las mentiras acerca de la escasez que hemos escuchado toda la vida.

En el moderno cuento popular *Hershel and the Hannukah Goblins* de Erik Kimmel, una horda de horripilantes duendes está empeñada en destruir la fiesta de celebración de un pequeño pueblo, pero Hershel se encargará de burlarlos a todos, uno por uno. Hershel ofrece a un duende avaro un pepinillo de un frasco, y cuando el duende, ávido, mete la mano dentro y agarra todo un puñado de ellos, la mano queda atorada. Furioso por haber sido atrapado, el duende monta en cólera contra Hershel, quien finalmente le dice:

"¿Quieres que te diga cómo romper el hechizo?"

"¡Sí!" -grita el duende. "¡Ya no aguanto más!"

"Suelta los pepinillos" responde Hershel. "Tu codicia es el único hechizo que te tiene prisionero."

No somos monstruos tontos y codiciosos, pero el miedo a la escasez hace que estemos siempre buscando agarrar más, acumular más. Siempre y cuando nos aferremos a ese miedo, estaremos atrapados por él, con las manos llenas pero con el corazón temeroso e insatisfecho. Cuando dejamos ir al miedo y a la constante búsqueda por tener más, nos liberamos: hacemos una pausa para considerar cómo estamos viviendo con lo que tenemos, y observamos si el uso que hacemos del dinero está sirviendo a nuestros compromisos espirituales o no.

Cuando dejamos de intentar obtener más de lo que no necesitamos, liberamos una enorme cantidad de energía que estaba atorada. Podemos volver a enfocar y a reubicar esa energía y esa atención para apreciar lo que ya tenemos, lo que ya estaba allí, y utilizarlo para bien. No se trata solo de percibirlo, sino de utilizar lo que ya tenemos para marcar la diferencia a nuestro alrededor. Cuando hacemos el bien con lo que tenemos, este se expande.

Anne Morrow Lindbergh comprendió la maravillosa particularidad de lo suficiente cuando escribió en su libro *Gift from the Sea*: "Uno no puede recolectar todas las hermosas conchas de la playa, solo puede quedarse con unas cuantas, y resultan más hermosas si son pocas. Una concha de un tipo particular es más impresionante que tres… Poco a poco uno… se queda con el espécimen perfecto, no necesariamente una concha rara, sino una concha perfecta en su género. Uno la ve como algo separado, rodeada de espacio, como una isla. Porque únicamente enmarcada por el espacio florece la belleza. Solo tomados separadamente los eventos, los objetos y la gente son únicos, significativos y, por lo tanto, hermosos".

Durante todos los años en los que he trabajado e interactuado con la gente del mundo de la recaudación de fondos, independientemente de que fuesen personas ricas o de clase media o con menos medios económicos, la experiencia de plenitud y suficiencia se vuelve accesible a ellas cuando toman los recursos que tienen, a cualquier nivel que estén, para hacer algo bueno con ellos. Cuando utilizan lo que tienen para mantener sus más altos ideales y compromisos, para expresar sus valores más profundos, se expande la experiencia de su propia y real riqueza.

El negocio de la suficiencia

Solía pensar que el mundo de los negocios se encontraba muy distante de mí y de mi trabajo, a pesar de que sentía que los principios de suficiencia debían ser igual de válidos y valiosos en el contexto de los negocios como lo eran en la filantropía, en las iniciativas socioeconómicas globales o en el contexto de la transformación personal. El mundo empresarial parecía estar colocado "más allá" que "justo aquí". En mi trabajo de recaudación de fondos, trataba casi exclusivamente con individuos y rara vez me acercaba a empresas o a fundaciones respaldadas por corporaciones. Nuestros caminos no se cruzaban.

Al mismo tiempo, había sido testigo de que cuando la energía de los negocios y las empresas está fundada en los principios de la suficiencia, conduce al éxito y al crecimiento sustentables, mientras que los fracasos notorios de los años recientes –Enron, por ejemplo– ofrecían amplia evidencia de que los negocios arraigados en el obtengo-lo-mío-y-lo-obtengo-rápido, propio de la mentalidad de la escasez, solo crean inestabilidad financiera y finalmente resultan insostenibles, aun cuando las ganancias a corto plazo parezcan altamente rentables.

Mientras escribía este libro me di cuenta de que muchas de las personas que me alentaban e incitaban a hacerlo, se encontraban entre los emprendedores, líderes corporativos y mentes empresariales más exitosos del mundo. Algunos eran billonarios, multimillonarios, y otros eran altamente reconocidos por su sabiduría en materia de negocios, economía y dinero. Nuestras vidas se intersectaban fuera del campo empresarial a través de intereses mutuos como activistas y filántropos y nos considerábamos amigos.

Con el paso de los años, a veces en calidad de consultora o simplemente de observadora, he sido testigo del extraordinario éxito de negocios donde la suficiencia había sido adoptada como principio rector, donde el uso de los recursos se hacía de manera creativa y eficaz, combinando la responsabilidad social con el compromiso profundo de servir y ofrecer calidad. Estoy hablando de negocios en países como Japón, Inglaterra, Suecia, Alemania, Estados Unidos y en otros ambientes altamente competitivos que no han abandonado la búsqueda del beneficio ni su compromiso de aumentar su participación de mercado. Simplemente han perseguido sus metas con una atención consciente a la integridad en el estudio de productos, en la producción, en la política de precios, el trabajo y la gestión, así como en la experiencia del consumidor.

Paul Dolan, presidente de Fetzer Vineyards and Winery, es un fabricante de vinos, ya de una cuarta generación, que ama ese sector, la tierra y el mundo de la comida y el vino. Es un ejecutivo notable y un líder innovador en cuanto al desarrollo de prácticas sustentables para su compañía y su industria además de ser un filántropo activo y un socio comprometido con nuestro trabajo de preservar las selvas tropicales.

Paul invitó a varios de nosotros, todos socios al igual que él, en el trabajo que realiza The Pachamama Alliance en relación con la preservación de las selvas tropicales, a que lo visitáramos un día en los Fetzer Vineyards, en Hopland, California. Quería enseñarnos la extraordinaria transformación que estaba teniendo lugar en su compañía, cambios que actualmente están haciendo eco en la industria vinícola en los Estados Unidos.

Paul y sus colegas tienen una posición muy clara respecto a su relación con el dinero como un negocio socialmente responsable y rentable. La misión de la compañía incluye los siguientes compromisos: "Somos cultivadores, productores y comercializadores de vinos de la más alta calidad y valor con una conciencia ambiental y social. Trabajando en armonía y con respeto por el espíritu humano, estamos comprometidos a compartir información acerca del placer de disfrutar la comida y el vino con moderación y responsabilidad. Estamos dedicados al crecimiento y desarrollo continuos de nuestra gente y nuestro negocio".

Esta misión se palpa en cada centímetro de la propiedad de Fetzer y en cada una de las personas que trabajan ahí. Más que nunca, Fetzer constituye una operación ambientalmente sustentable que cultiva sus uvas de manera orgánica, demostrando a la industria que el uso de los pesticidas, los químicos y la manipulación de la tierra a través de medios no naturales ya no resulta necesario, ni siquiera viable. En campos donde las tuzas solían ser un problema, se construyeron casas para lechuzas. Las lechuzas limitan la población de tuzas de manera natural y generan belleza en toda la región con su sola presencia. En donde sea que se haya presentado algún problema con algún tipo de insectos, Fetzer ha elaborado un hogar tentador para su depredador natural.

La compañía ha prestado esta misma atención a la seguridad ambiental y sustentable en cada aspecto de su negocio. Desde la elaboración de vino y el mantenimiento hasta la flota de camiones eléctricos y las carretillas utilizadas para remover la tierra, la compañía lucha para operar dentro de un concepto de integridad ambiental. En cada fase del proceso para llevar el vino al mercado, Paul y sus colegas están creando prácticas ambientalmente sustentables que honran la tierra, y que también están produciendo espectaculares vinos de excelencia y buen gusto. Su amor por la tierra, la gente y la industria y su compromiso hacia la responsabilidad y la moderación para los ciudadanos que disfrutan del vino, inspiraron a todas las personas de nuestro grupo. El espíritu con el que dirigía el negocio era deslumbrante y lo que resultaba todavía más poderoso era su compromiso absoluto en demostrar la suficiencia de la tierra, las plantas, los animales, los insectos y todo el ciclo natural si se le honra, cuida y comprende. Finalmente, lo que llama realmente la atención de sus colegas y competidores, y del mundo, es el creciente éxito financiero de Fetzer Vineyards. Los viñedos son el país de las maravillas de las prácticas ambientales sustentables, los vinos son de la más alta calidad y cada año los ingresos satisfacen y exceden las expectativas.

Paul está ahora comprometido en utilizar el ejemplo de sus tan premiados vinos y sus rentables prácticas empresariales para transformar toda la industria en Estados Unidos y en el mundo.

Al convivir con este hombre amable y fino, pude percibir la profundidad con la que abraza los principios de la suficiencia, y cómo está creando un espacio y un diálogo en la industria en la que esos principios se funden con la rentabilidad.

En la actualidad, las empresas socialmente responsables se encuentran por doquier, son pioneras y demuestran nuevas prácticas para ganar dinero de manera honorable, sin agotar irrevocablemente los recursos del mundo: Odwalla Juice, ropa y materiales para actividades al aire libre Patagonia, los helados Ben & Jerry, la compañía telefónica Working Assets, Body Shop, Esprit, Interface Carpet, y la lista continúa. La inversión socialmente responsable es el tipo de activo de mayor crecimiento en Estados Unidos. En todos lados existen oportunidades para vivir en el ámbito de la suficiencia y elegir conscientemente productos y servicios que respetan los recursos y honran el concepto de suficiente.

¿Podría ser que la sorprendente verdad, la reveladora verdad de nuestro tiempo, sea que nuestra relación con el dinero está basada en un conjunto de suposiciones no analizadas, no cuestionadas, que constituyen mitos y mentiras, y que nos llevan a actuar bajo formas que nos roban la satisfacción y la plenitud que buscamos en nuestra vida? ¿Podría ser que la clave para transformar una economía y una cultura desenfrenadas y no sustentables, así como una época casi aterradora de nuestra civilización, radica en confrontar y adoptar la sorprendente verdad de que hay suficiente, de que tenemos suficiente, de que somos suficiente, y de que en el corazón de cada circunstancia existe esa posibilidad y esa oportunidad?

En los siguientes capítulos estableceremos los principios de la suficiencia y los pasos hacia una vida basada en ella. En ese contexto, veremos al dinero de una nueva forma, lo veremos como un flujo, como agua, en lugar de verlo como una cantidad estática de algo que tenemos que acumular. Veremos el poder de lo que realmente hace que las cosas crezcan en valor –profundidad, calidad y plenitud– a través de la acción y la potencia de la apreciación. Veremos cómo los recursos existentes, cuando se unen a través de la colaboración, crean una nueva fuente de prosperidad. Y veremos cómo los principios o las verdades de la suficiencia que resultan congruentes con las leyes de la naturaleza y los instintos más profundos del hombre, pueden ser los nuevos principios rectores de nuestro tiempo.

Tercera parte

Suficiencia:

las tres verdades

Capítulo 5

El dinero es como el agua

El dinero es una corriente, un portador, un conducto para nuestras intenciones. El dinero lleva el sello de nuestra alma.

Conocí a Gertrude en el sótano de una iglesia de Harlem, y fue de Gertrude, una mujer que la mayoría de la gente llamaría relativamente pobre, de quien aprendí algunas de las lecciones más impactantes sobre el dinero. Gertrude me enseñó que el dinero es como el agua.

En el año de 1978, aun al empiezo de mi vida de recaudadora de fondos en el Hunger Project, unos líderes de esa comunidad me solicitaron realizar un evento para recaudar fondos en Harlem. No estaba muy segura de que fuera una buena idea intentar recaudar dinero en Harlem, sin embargo me habían pedido que fuera y les dije que lo haría un cierto miércoles por la noche. Más tarde recibí una llamada telefónica donde me pedían reunirme temprano por la mañana de ese mismo día con el presidente ejecutivo de una compañía de productos alimenticios muy importante en Chicago. Era una compañía muy conocida, uno de los gigantes de la industria, y a pesar de que me vería apretada con el tiempo por tener que volar de Chicago hacia Nueva York, acepté asistir a ambas reuniones.

Una vez resuelto en mi mente el problema de los horarios, me dediqué a otros asuntos importantes. Comencé a pensar en la junta con el hombre de la compañía de productos alimenticios, posiblemente el donante potencial más grande al que me hubiera acercado. Lo que más me preocupaba de manera inmediata era cómo vestirme. ¿Qué imagen quería proyectar? ¿Mi ropa afectaría de forma negativa mi misión? Me estaba haciendo preguntas que normalmente nunca pasaban por mi mente. La manera en que estaba abordando esta entrevista me hacía sentir incómoda y muy ajena a mi misma. Y la situación iba a empeorar.

Todavía recuerdo la sensación que experimenté al entrar al elevador en ese edificio de Chicago. Era un rascacielos altísimo y no se podía llegar a las oficinas de la compañía tomando un solo elevador. Había que usar varios, yendo de un conjunto a otro. A medida que iba subiendo, me ponía más y más nerviosa, y comencé a transpirar. Entre más alto subía, más separada me sentía del resto del mundo. Incluso, cambió la calidad del sonido y del aire hasta convertirse en una atmósfera sobrecogedora y ricamente silenciosa. Sentí como si estuviera haciendo una peregrinación hacia la cima de una montaña. El aire parecía más fino y me sentí a punto de desmayar.

No me habían dado muchos detalles sobre esta donación, aunque sí me habían aclarado que la compañía de productos alimenticios había sufrido recientemente unos reveses en sus relaciones públicas, resultando culpable de algunas acciones desagradables que le causaban un problema de imagen por lo que los dirigentes de la empresa sentían que haciendo una donación al Hunger Project y apareciendo como colaboradores en la erradicación del hambre en el mundo, podrían ayudar a limpiar su imagen.

Me llevaron hasta la oficina del presidente ejecutivo. Ahí se encontraba, sentado detrás de su escritorio y yo sentada frente a él. A sus espaldas había ventanales de piso a techo que desplegaban una vista espectacular del horizonte de la ciudad, pero la luz que se proyectaba detrás de él apenas me dejaba ver su cara. Solo contaba con quince minutos de su tiempo por lo que hablé rápidamente sobre la misión y el trabajo de nuestra organización, así como de los retos de erradicar el hambre en el mundo. Hablé de la valentía de la gente en situación de hambre y de la colaboración que todos necesitábamos aportar para ayudarlos a cumplir con el valeroso compromiso de alimentarse ellos mismos y a sus hijos, así como para crear las condiciones de una vida saludable y productiva.

Cuando terminé e hice mi solicitud de donativo abrió el cajón y sacó un cheque pre-impreso por 50 000 dólares que me extendió.

Estaba claro que quería que me fuera lo más rápido posible. La forma desinteresada de su presentación y el tono de su voz me indicaron que no tenía un interés genuino en nuestro trabajo, en entrar en contacto con gente de bajos recursos o en erradicar el hambre en el mundo. Se trataba únicamente de una estrategia. Quería librarse de la culpa y la vergüenza ocasionadas al consumidor por los errores que había cometido la compañía. Y deseaba que esta tuviera una buena imagen en los medios. En términos estrictamente financieros, se trataba de una simple transacción; al extenderme este cheque por 50 000 dólares, compraba una oportunidad para que su empresa enmendara su reputación. Sin embargo, a medida que me deslizaba el cheque sobre el escritorio, sentía cómo la culpa de la compañía me llegaba junto con el dinero. Así, me entregó el dinero y la culpa de la compañía.

Nuestra entrevista me pareció rara, sin embargo yo era una recaudadora de fondos, además novata en aquel entonces, y debía tomar mi vuelo a tiempo. Guardé el cheque en mi portafolio, le agradecí y, un tanto aturdida, regresé por el laberinto de habitaciones internas y externas y bajé por los varios conjuntos de elevadores.

Conforme bajaba, sentí una sensación extraña en la boca del estómago y sabía que no era por el descenso del elevador. No me sentía contenta, a pesar de sentir que debería estarlo. Este cheque representaba la cantidad de dinero más grande que había recibido hasta la fecha de un solo donante y sabía que los miembros del Hunger Project estarían emocionadísimos. Sin embargo sentí que junto con el dinero me llevaba el sentimiento de culpa y vergüenza de la compañía. Me sentía sucia y tenía náuseas. Bajé por el último conjunto de ascensores y detuve a un taxi que me llevó al aeropuerto, quedándome con una sensación de inquietud con respecto a todo lo que había pasado e insegura acerca de qué otra cosa hubiera podido hacer.

Llegué a Nueva York en medio de una tormenta y me dirigí hacia una vieja iglesia de Harlem. Bajé las escaleras hacia el sótano, donde cerca de setenta y cinco personas se habían reunido para el evento. El ambiente no hubiera podido ser más diferente al de la oficina del penthouse que había dejado unas cuantas horas antes. Estaba lloviendo y había goteras por toda la sala en la que estábamos reunidos. Había cubetas estratégicamente colocadas alrededor de las paredes para recolectar el agua. Se escuchaba un constante ruido de fondo ocasionado por la lluvia que caía afuera y el plink, plink, plink en el interior por las paredes y el techo que goteaban. Me sentí aliviada y a la vez apenada, aunque más cómoda con esta concurrencia que en la suite corporativa, y también consciente de que era la única cara blanca ahí, y pensé que el vestido de seda que había escogido para impresionar al presidente ejecutivo ahora se veía extravagante y absurdo. Al mirar a la audiencia, supe que las personas ahí sentadas no tenían mucho dinero que dar. Les hablé del compromiso del Hunger Project en África, porque pensé que sería lo más pertinente en relación a su vida y herencia cultural. Cuando llegó el momento de pedir las donaciones me sudaban las palmas de las manos y empecé a preguntarme si estaba haciendo lo correcto. Sin embargo, seguí adelante e hice la solicitud de donación, entonces el cuarto se quedó en absoluto silencio.

Después de una pausa que se sintió como una eternidad, una mujer se levantó. Estaba sentada en el pasillo, en una fila cerca de la parte trasera. Tendría unos sesenta o setenta y tantos años, el cabello canoso, peinado de raya en medio y recogido en un moño bien arreglado. Cuando se levantó vi que era alta, esbelta, erguida e imponente.

"Chica," me dijo "me llamo Gertrude y me agrada lo que has dicho y tú me agradas". "En este momento, no tengo chequera ni tarjetas de crédito. Para mí, el dinero se parece mucho al agua. Para cierta gente el dinero corre por su vida como un río caudaloso. A pesar de que a mí me llega como un chorrito, quiero darlo a otros para que haga el mayor bien a la mayor cantidad de gente posible. Veo esto como mi derecho y mi responsabilidad; también como algo que me produce dicha. Tengo cincuenta dólares en mi bolso que me gané lavándole la ropa a una mujer blanca y quiero dártelos a ti."

Avanzó por el pasillo y me entregó sus cincuenta dólares. Venían en billetes de cinco, diez y un dólar. Después me dio un gran abrazo. Conforme regresaba a su asiento, otras personas comenzaron a acercarse para hacer sus propias contribuciones en billetes de uno, cinco, diez y veinte dólares. Estaba tan conmovida que me puse a llorar. No podía sostener todos los billetes en mis manos, por lo que en cierto momento abrí mi portafolio y lo puse sobre la mesa para que sirviera de canasta para el dinero. Estos momentos, con esta gente acercándose una tras otra a dar su dinero, parecían una ceremonia. Había una sensación de integridad y sensibilidad. La cantidad que recibimos, unos 500 dólares cuando mucho, resultó más valiosa para mí que ninguna otra donación antes. Me di cuenta de que en el fondo de ese mismo portafolio, debajo de esos billetes, estaba el cheque de 50 000 dólares. También me di cuenta de que los cincuenta dólares de Gertrude eran más valiosos para mí y que, en última instancia, harían más para erradicar el hambre en el mundo que el cheque por una cantidad mil veces mayor.

El dinero de Gertrude llevaba la energía de su compromiso para marcar la diferencia en el mundo –el sello de su alma– y, conforme aceptaba el dinero, me sentí inspirada por ella y renovada por la manifestación de su integridad y resolución. Sentí confirmados los principios y programas de mi organización, no solo por sus cincuenta dólares, sino también por su contribución de espíritu. El dinero de Gertrude provenía del alma y no de una cuenta bancaria cuyo fin pueda ser el de aminorar la culpa o comprar respeto. Esa noche, ella estableció el estándar para todos en la sala, y sentí que el dinero que donaban era "dinero bendito". La cantidad y lo mucho o poco que se podría comprar era una cuestión secundaria en relación con el poder de ese dinero entregado en un acto de donación con propósito, intención y energía espiritual. Gertrude me enseñó que el poder del dinero deriva realmente de la intención con la que lo damos y de la integridad con la que lo dirigimos al mundo. El regalo de esa mujer fue grandioso y su claridad me ayudó a recobrar la mía.

Al día siguiente envié de vuelta por correo el cheque de 50 000 dólares al ejecutivo de la compañía de productos alimenticios y me quedé más tranquila al sentir que estaba devolviendo la culpa y la vergüenza que este cheque también llevaba. Sentí que mi carga se aligeraba. Junto con el cheque envié una carta en la que sugería al presidente ejecutivo elegir una organización con la que sí se sintiera comprometido y le agradecía habernos tomado en cuenta. En aquel entonces no volví a saber nada de ese hombre. Sin embargo, años después volvería a encontrarme con él bajo circunstancias que llevarían nuestra primera e incómoda transacción a un soprendente y hermoso desenlace, el cual compartiré más adelante en este capítulo.

Escasez *versus* suficiencia: ¿cómo sentimos el flujo?

Gertrude me enseñó que el dinero es como el agua. Fluye a través de nuestras vidas, a veces como un río caudaloso y a veces como un chorrito. Cuando está fluyendo, puede purificar, limpiar, generar crecimiento y alimento espiritual. Pero cuando está estancado o guardado por mucho tiempo, puede bloquear el crecimiento e intoxicar a aquellos que lo retienen y lo acaparan.

Como el agua, el dinero es un portador. Puede llevar energía bendita, posibilidad e intención, o puede llevar control, dominio y culpa. Puede ser una corriente o una moneda de amor, un conducto para el compromiso o un portador de daño y dolor. Podemos estar inundados de dinero y ahogarnos en su exceso, y cuando lo contenemos innecesariamente, lo mantenemos fuera de circulación en detrimento de otros.

En esta condición de escasez, el dinero se muestra no como un flujo sino como una cantidad, algo para acumular y aferrarnos a ello, algo que almacenar. Medimos nuestro propio valor a través de nuestro valor neto, y la idea de que más es mejor es lo único que siempre es válido. Cada caída en nuestro balance financiero se vive como una pérdida que nos hace sentir menos.

Fundamentados en la suficiencia, los movimientos del dinero dentro y fuera de nuestra vida se sienten como algo natural. Podemos ver ese flujo como saludable y verdadero, y dejar que fluya en lugar de ansiarlo o acapararlo. En la suficiencia reconocemos y celebramos el poder del dinero para hacer el bien –nuestro poder de hacer el bien con él– y podemos experimentar satisfacción al dirigir su flujo hacia nuestros principales ideales y compromisos. Cuando percibimos el mundo como un lugar donde hay suficiente y donde somos suficiente para hacer que dicho mundo funcione para todos, en cualquier lugar, sin dejar a nadie fuera, nuestro dinero lleva esa energía y genera relaciones y asociaciones en las cuales todos se sienten capaces y valiosos, independientemente de las circunstancias económicas.

La Madre Teresa de Calcuta nunca tenía efectivo guardado. Cuando la visité en su orfanatorio en la India, le pregunté si tenía algún consejo que darme sobre la recaudación de fondos. Me contestó que su método de recaudación era rezar y que Dios siempre la había provisto de lo que necesitaba, nunca más, nunca menos. Su administración no contaba con reservas, confiaba siempre en que Dios proveería; y en su propia experiencia Dios siempre lo hizo. Dirigía más de 400 centros en 102 países y siempre parecían tener exactamente lo que necesitaban. Sin exceso, nada más, tampoco nada menos.

La mayoría de nosotros no podemos imaginarnos vivir de esa manera y ni siquiera lo estoy sugiriendo, aunque el saber que la Madre Teresa dirigía una exitosa operación multimillonaria de esa manera, nos hace pensar de forma diferente sobre el dinero y su flujo.

Repartir *versus* acumular

Hace años, mi colega y mentora Joan Holmes, presidente del Hunger Project, propuso a los donantes el reto de "ser conocidos por lo que repartían y no por lo que acumulaban". Nunca olvidé esas palabras y comencé a concientizarme de los patrones y hábitos que veía en la gente que seguía este consejo y el impacto que producía en su vida, incluyendo la mía. En los sistemas de economía indígenas, los principios fundamentales son aquellos relacionados con la sustentabilidad y la suficiencia. Los valores orientados a compartir, distribuir y repartir, y no a acumular, constituyen su forma de vida. El concepto de "lo comunitario" y su protección para el uso de todos predomina por encima de la propiedad individual y "los bienes" personales. En estas culturas todo se transfiere y comparte de una persona a otra, todo se vuelve a dar, se vuelve a recibir, y se pasa a los demás, siempre aumentando su valor.

Los mitos de la escasez que rigen la cultura y la sabiduría populares promueven la posesión, la propiedad, el acopio y la acumulación. En el contexto de la suficiencia, la acumulación que va más allá del límite de lo suficiente impide que el flujo de recursos encuentre su camino hacia usos más elevados. Irónicamente, la condición de escasez engendra acumulación en exceso, lo cual solo disminuye el valor de lo que poseemos en cantidad excesiva. Nuestro exceso se vuelve una gran carga, desordena nuestro pensamiento y nuestra vida. Nos apegamos a nuestras posesiones y, en cierto modo, comenzamos a pensar que somos lo que tenemos, y se vuelve cada vez más difícil compartir algo porque dentro del caudal del exceso todo va perdiendo valor. Así es como nos vamos sintiendo menos valiosos y con la sensación de que debemos adquirir más.

La riqueza verdadera o el bienestar no pueden encontrarse en un balance económico estático, sin importar qué tan grande sea la acumulación de activos financieros. La riqueza se manifiesta en el acto de compartir y dar, de repartir y distribuir, de alimentar y regar los proyectos, la gente y los propósitos en los que creemos y que nos importan, utilizando los recursos que fluyen hacia nosotros y a través de nosotros. La acumulación con moderación, a través del ahorro de dinero, es parte de un acercamiento responsable a las finanzas personales. Pero cuando "retener" nos impide usar el dinero de forma significativa, positiva, entonces se convierte en un fin en sí mismo y en un obstáculo para el bienestar.

Así como la sangre debe fluir por todas las partes del cuerpo para mantener la salud, también el dinero se vuelve útil cuando se mueve y fluye, cuando se dona y comparte, se dirige e invierte en actividades que sostienen la vida. Cuando la sangre disminuye su velocidad y comienza a coagularse, el cuerpo se enferma. Cuando el agua disminuye su velocidad y se estanca, se vuelve tóxica. Acumular y retener grandes cantidades de dinero puede tener el mismo efecto tóxico en nuestra vida.

Como lo demostró con toda claridad Gertrude, el dinero fluía en su vida, no de una manera en que se pudiera indicar como algo finito, no de una manera en que hubiera podido acumularlo, sino de un modo en que ella era capaz de recibirlo y orientarlo conformemente a sus compromisos y valores. Cuando concebimos al dinero como algo que fluye a través de nuestra vida y del mundo, nos damos cuenta de que en realidad no le pertenece a nadie, o podríamos decir que le pertenece a todos y podemos dejar que este recurso, como el agua, se mueva a través del mundo de modo que nutra a la mayoría de las personas y sirva a los más altos propósitos.

Podría decirse que un gran recaudador de fondos es un intermediario para la energía sagrada del dinero, que ayuda a la gente a usar el dinero que fluye en sus vidas de la forma más útil posible y que resulte congruente con sus aspiraciones y esperanzas para la humanidad. Podría decirse que el mejor consejero financiero es realmente aquel que logra inspirar al cliente a hacer lo mismo: invertir el dinero de tal forma que contribuya a alcanzar una vida significativa y plena. Podría decirse que cada uno de nosotros tiene la oportunidad de administrar el flujo de dinero en su vida, independientemente de la cantidad en que se nos presente.

Hay un dicho en Haití: "Si tienes un pedazo de pastel y te lo comes todo, te sentirás vacío. Si tienes un pedazo de pastel y compartes la mitad, te sentirás satisfecho y además realizado." La gente más feliz y dichosa que conozco es aquella que se expresa a través de la canalización de sus recursos –con dinero si es que lo tienen– hacia sus más altos compromisos. El suyo es un mundo donde la experiencia de la riqueza radica en compartir lo que tienen, en dar, repartir y expresarse de forma auténtica con el dinero que ponen en movimiento.

El dinero lleva en sí la energía del alma

Así como Gertrude describió su chorrito de dinero como algo que le daba orgullo compartir, y quería hacerlo circular para "procurar el mayor bien al mayor número posible de personas", para cada uno de nosotros el dinero, en cualquier cantidad, actúa como un vehículo de energía e intención.

La gente y las familias de muy pocos recursos financieros, al igual que aquellos con enormes fortunas, han cambiado el flujo de sus finanzas hacia causas y compromisos que hacen que sus corazones canten con alegría, y que su dinero sea portador de la misma energía de dicha y positividad hacia el mundo con el fin de hacer el bien. Estas personas no están viviendo con el miedo de perder lo que tienen o de que no haya suficiente y de que nunca lo habrá. Están experimentando la bendición de los recursos, la apreciación y el reconocimiento de tener solo lo que necesitan o más de lo que necesitan, para enfocarse en hacer del dinero un medio o expresión de su gratitud y propósito. Algunas de las instituciones sociales y transformaciones catalíticas más importantes del mundo han sido financiadas por estas personas llenas de luz, muchas de las cuales cuentan con recursos modestos.

También he trabajado de cerca con familias e individuos que poseen grandes fortunas, algunos de los cuales han resultado profundamente heridos por su riqueza. Contrariamente a lo que creemos, muchas de estas vidas se fundan en el exceso y en la superficialidad. Donde la riqueza y el privilegio son condiciones prevalecientes, y donde el dinero define la vida y el carácter, el miedo a perder suele ser profundo. La gente vive a la defensiva e incluso de forma desesperada con el fin de retener el dinero, de obtener más y más, y de utilizar lo que tienen para satisfacer su necesidad de controlar a otros. La vida se convierte en un juego que deben ganar a cualquier costo y el dinero que controlan amplifica su habilidad de conquistar, menospreciar y humillar a otros para mantenerse en la cima. Su relación con los demás, basada en las tácticas y la desconfianza, puede volverse dura, llevándolos a conflictos internos desgarradores y a luchas de poder. El abuso de drogas y de alcohol son desenfrenados en familias ricas consideradas parte de la "buena sociedad". Así, las traiciones y atentados a la intimidad se manifiestan en abusos sexuales y violencia. Estas familias acaudaladas no son nada ajenas a los abusos más insidiosos amparados por la cultura del dinero.

Sanar una familia:
la valiente elección de Bárbara

Una y otra vez, he visto que, al donar su dinero, la gente se libera de la trampa de la acumulación y la adquisición, y se abre a una nueva experiencia de vida. Bárbara, una mujer inglesa de casi setenta años, era la heredera de una fortuna que se había mantenido en la familia durante cinco generaciones. Esa fortuna había definido a su familia desde hacía tanto tiempo que nadie, dentro o fuera de esta, solo podía verla relacionada con el dinero. Desde que tenían memoria, habían vivido bajo la discreta sofisticación del "dinero antiguo", y no llevaban una vida ostentosa típica de los estándares contemporáneos propios de la riqueza. Los miembros de la familia vivían para servir a la fortuna, para protegerla, representarla y utilizarla para promover su posición intachable y superior ante los demás. En la elección de su ropa, escuelas, amigos e incluso matrimonios, se esperaba que vivieran en deferencia a la fortuna y a aquellos parientes que la controlaban. El valor de cada miembro de la familia se medía según su lugar en la jerarquía de poder, prestigio y acceso a dicha fortuna.

Para Bárbara y sus dos hermanas, esta herencia se convirtió en una especie de maldición: el alcoholismo incapacitó a toda una generación para guiar de manera responsable a la siguiente e, incluso, produjo otra generación de niños ricos disfuncionales.

Cuando conocí a Bárbara a principios de los años noventa, se estaba recuperando de su alcoholismo y luchaba para ayudar a sus tres hijos adultos a enfrentar sus propias adicciones así como otros problemas. Bajo la presión familiar de conservar la fortuna, y con miedo de despilfarrarla, Bárbara y sus familiares prácticamente no habían donado dinero y, en cambio, este había sido utilizado para responder a las crisis constantes que enturbiaban su fachada de gente bien, educada en las más prestigiosas universidades estadounidenses. Los desastres personales y financieros eran temas constantes para muchos de los familiares de Bárbara y de sus hijos. Veía ella cómo se gastaba y mermaba el dinero familiar bajo formas que la angustiaban y drenaban no solo su fortuna, también su espíritu.

Nuestra primera conversación nació por el interés de Bárbara en convertirse en financiadora del Hunger Project. En dicha charla habló de su deseo de traer algún significado a su vida y de utilizar su fortuna de tal modo que pudiera ser más significativa para el mundo. Hizo su primera donación de manera anónima, sabiendo que su familia se enojaría por donar lo que consideraban en última instancia como "su dinero". Sin embargo, a medida que su compromiso y generosidad crecieron, se atrevió a revelar sus actividades y donaciones a los miembros de su familia. Tal como ella lo predijo, al principio se enojaron. Pero después de un tiempo, logró reunirlos e invitarlos a integrarse con gente que, de forma no muy distinta de la de ellos, estaba luchando para lograr la auto-suficiencia bajo circunstancias de vida difíciles.

Uno a uno, sus hijos y otros miembros de la familia abandonaron la vida egocéntrica que llevaban y entraron al más amplio mundo de las experiencias que aquellas asociaciones ofrecían de manera auténtica. Pudieron conocerse a sí mismos de manera diferente bajo una colaboración altruista con otras personas y como compañeros útiles, productivos y capaces de marcar una diferencia. La transformación en su vida individual y dentro de la condición familiar fue notable. Bárbara logró cambiar la energía y el flujo del dinero familiar. Lo invirtió con la intención de sanar y construir familias fuertes, tanto la suya como las de otros, y el dinero llevó energía y sanación a todos.

Conocer el flujo:
la verdad sobre el destino del dinero

¿Conocen el flujo del dinero en su vida? ¿Están conscientes de la forma en que llega a ustedes? ¿Están repartiéndolo conscientemente donde quieren que esté? Cuando son capaces de ver el camino que sigue el flujo del dinero a través de su vida, adquieren el poder de ver dónde se encuentran en su relación con él y adonde quieren llegar con el mismo.

Si desean una imagen clara de las prioridades en su vida, quiénes son y qué es lo que verdaderamente les importa, revisen sus chequeras, las cuentas de su tarjeta de crédito y estado de cuenta bancario. Ahí es donde pueden ver el flujo en blanco y negro. Quizás el dinero se está yendo en autos y ropa, o tal vez en educación o en viajes.

La forma en que el dinero fluye hacia nosotros y a través de nosotros hacia otros propósitos es muy indicativa de nuestra vida. ¿El dinero llega a nosotros a través del trabajo, de las relaciones o quizá de una riqueza ya existente que lleva la energía de compromisos y valores revitalizadores y generativos? ¿O llega a nosotros a través del trabajo o de las relaciones que nos merman o que son perjudiciales para nosotros, otras personas o el ambiente? Una relación poco saludable con la forma en que adquirimos el dinero es algo que puede reprimir nuestra vida. La forma en que lo ganamos y lo gastamos crea un efecto. Importa. Hace la diferencia. Llevar esa conciencia a nuestra relación con el dinero, sanear el curso de ese flujo, es una práctica enriquecedora e importante que requiere de mucha valentía.

Conocer el flujo consiste en realizar un examen sin recriminación. Podemos ser testigos de cómo el dinero llega a nosotros, de cómo lo gastamos, lo ahorramos, lo invertimos, lo damos a los demás, y en esta misión personal de detectar hechos financieros comenzamos a ver el flujo como una representación de nuestros valores. Algunas veces lo que descubrimos encaja con quienes creemos ser y otras veces no. Cuando no ocurre así, entonces surge la oportunidad de reexaminar el flujo y la forma en que lo administramos y dirigimos activamente. Sin juicio alguno, conocer este flujo nos da el autoconocimiento necesario para realizar elecciones conscientes que alinean nuestros gastos con la visión que tenemos de nosotros mismos y de nuestros principales compromisos.

Dirigir el flujo: nuestro poder como consumidores

No se necesita tener una fortuna familiar para enviar al mundo dólares que lleven la fuerza de sus compromisos e integridad. Durante los años en que colaboré con Bárbara, y en última instancia con otros miles de donantes, he percibido este poder transformador del dinero en cualquier cantidad. Cada uno de nosotros como individuos otorgamos al dinero ese poder generativo cuando realizamos intencionalmente incluso las elecciones más rutinarias. Podemos colocar dinero de forma consciente en las manos de proyectos, programas, compañías y vendedores que respetamos y en los que confiamos, e incluso acercarnos al pago de impuestos como una manera de expresar nuestro compromiso e inversión como ciudadanos.

Tenemos mucho más poder del que pensamos para dirigir nuestros recursos financieros de maneras que apoyen, fortalezcan y expresen aquello en lo que creemos. Se necesita valor para dirigir el flujo, pero con cada elección invertimos en el mundo según lo visualizamos. Podemos escoger conscientemente, por ejemplo, gastar nuestro dinero en productos o entretenimientos que resultan violentos y destructivos para la mente de nuestros hijos, o invertirlo en actividades que enriquezcan su experiencia de la vida y profundicen su apreciación de ella. Podemos elegir entre comprar para mantener una imagen de éxito o de estilo, o invertir nuestro dinero de forma que alimente nuestra vida interior. Podemos utilizar el dinero para ratificar a aquellas compañías cuyos productos y gente apoyan el bienestar de nuestros hijos y nuestras comunidades, o podemos quedarnos atrapados en la situación de gastar para obtener más, simplemente porque podemos hacerlo, y terminar acumulando cosas que finalmente solo nos agobian, desordenan nuestros hogares y terminan en un basurero. Lo sé porque yo misma lo he hecho.

De compras para Ayah: mi descubrimiento

Cuando nació mi primera nieta, Ayah, en 1999, estaba eufórica por tener una nieta. Tenía tantas ganas de ir a comprarle cosas. Cada tienda de bebés y cada anuncio publicitario capturaban mi imaginación transportándome hacia un mundo de hermosos tesoros rosas para una bebita. Cuando Ayah tenía tres meses de edad, mi nuera Halima y yo decidimos ir a comprarle ropa. Toda la que le habían regalado al nacer comenzaba a quedarle chica y era tiempo de comprar cosas nuevas. Debido a nuestras múltiples ocupaciones, planeamos ocupar un fin de semana, cuando podíamos dedicarle todo un día a las compras. Acordamos encontrarnos en un gran centro comercial en Marin County, ubicado como a media hora de mi casa. Halima vendría de Oakland con la bebé y mi hija Summer viajaría desde Sausalito. Tres mujeres y una bebé, ¡iba a ser un poderoso viaje de compras! Poco después de salir de casa sonó el teléfono. Era mi hijo Zachary, el papá de Ayah. Por el tono de su voz percibí que quería decirme algo importante: "Mamá," dijo, "sé que hoy van a ir de compras con Halima y quiero decirte que para nosotros es muy importante comprar cosas para nuestra hija que estén producidas y fabricadas de tal forma que podamos sentirnos bien al respecto."

Después me nombró las tiendas en las que no querían que compráramos nada. Una cadena nacional de moda era conocida por contratar mano de obra infantil en Indonesia. Otra respetada tienda departamental no tenía ninguna política en contra del uso de pigmentos tóxicos, por lo que Zachary y Halima no querían apoyar a esa compañía con su dinero.

Zachary continuó, amable pero firme, pidiéndome no comprarle a Ayah más de lo que necesitaba, no querían empezar a generar un patrón de exceso. Y me dijo que adquiriera cosas solo en aquellas tiendas que tuvieran las marcas que garantizaban una manufactura sustentable y natural, bajo prácticas laborales justas. Según me dijo él y Halima querían que las cosas que compraran, y las cosas que yo comprara para su hija, fueran congruentes con sus valores. Y nombró algunas tiendas donde podríamos encontrar probablemente dichas marcas.

Recuerdo haberme quedado pasmada ante esa conversación. Sus palabras no encajaban con la idea de las compras compulsivas que había ocupado mi mente. No se me había ocurrido pensar de esa manera. Mi educación, mi formación, mi manera de ver la vida y de relacionarme con esta nueva bebé estaban fundadas en las voces de mi cultura y de mi historia familiar, y no me había dado cuenta de que estaba completamente enganchada con ello. Me había dejado atrapar por la última moda de la mercadotecnia dirigida a las abuelas que me había captado perfectamente. Caí por completo. Ahí me tenían, una activista social, que trabajaba para detener la explotación laboral de niños en los países en desarrollo y para sanear el medio ambiente, completamente ciega ante el hecho de que estaba dispuesta a comprar lo que fuera para mi adorable nieta, sin ninguna conciencia de la procedencia de los productos, de cómo estaban fabricados y de cualquier consecuencia derivada de ello.

También me di cuenta de que hubiera comprado mucho más de lo que mi nieta necesitaba. Lo que desfilaba a través de mi mente era una serie interminable de vestidos rosas, zapatitos y gorritos, un absurdo desfile que llegó a su fin con la conversación con mi hijo. Yo sabía que él tenía razón. Halima me había comunicado también los mismos estándares en conversaciones anteriores. Y aun así, que fácil me resultaba dejarme llevar por el impulso de comprar y dejar mis hábitos de consumidora concienzuda para otro día. Toda mi formación en la práctica, todo aquello que atestigüé sobre las condiciones de crueldad y las fábricas clandestinas en Asia, todo mi compromiso, se habían desvanecido frente al regocijo que me procurarían estas compras maratónicas para mi nieta. Necesité de aquel llamado de mi hijo para cobrar conciencia, para darme cuenta de que nunca había aplicado esas lecciones en la vida real; no en mi propia vida, y seguramente no ahora.

Ruborizada, pero muy agradecida, le prometí a mi hijo respetar su petición. Me reuní con mi hija y mi nuera en el centro comercial y realizamos las compras con una atención y conciencia desconocidas hasta entonces para mí. Revisamos etiquetas e hicimos preguntas. Aprendimos sobre telas y el origen de los materiales. Elegimos tiendas donde la gente conocía bien el trabajo de los artesanos que realizaban los productos que vendían y compramos la cantidad exacta de ropa para unos cuantos meses en la vida de la pequeña Ayah.

Para cuando terminamos, ya no me sentía desalentada por lo que había parecido una serie de limitaciones impuestas a mi espíritu de compradora. ¡Estaba emocionada! La dicha de comprar para mi nieta cosas hermosas incluso aumentó por el placer de haber invertido mi dinero en los productos de compañías y artesanos que habían tejido los suéteres o fabricado una colcha. Me sentí bien al pagarles a los empleados de la tienda por sus amables y atentos servicios. Terminamos nuestro viaje de compras con un sentido de satisfacción y plenitud, no sobrecargadas con más de lo que Ayah podía usar, sino con una cantidad apropiada de ropa y productos necesarios para los siguientes meses de su joven vida. Fue satisfactorio dirigir el flujo de mi dinero e invertirlo bajo mis propios valores, repartiéndolo entre gente y lugares que me hacían sentir bien.

La recaudación de fondos: una ventana hacia el flujo y el alma

Pedir dinero a la gente es algo que me encanta. La recaudación de fondos es una vocación para mí, no una tarea pavorosa ni una obligación molesta, como a veces se supone. Es un trabajo duro, aunque también creo que es un trabajo sagrado. Ofrece la oportunidad extraordinaria y privilegiada de tener una conversación íntima con otra persona sobre la naturaleza de sus compromisos y valores. Estas charlas les permiten, en cierta forma, llevar el dinero que fluye a través de su vida hacia dichos compromisos. La recaudación de fondos está totalmente centrada en el flujo: en liberarlo, compartirlo, canalizarlo, y permitir que la gente experimente la esencia de ese flujo, en todas sus etapas.

Al recaudar fondos de gente de todo el mundo, he descubierto que todos, en todo lugar, quieren donar su dinero para hacer el bien en el mundo, sin importar que solo tengan unas cuantas rupias hindúes o unos cuantos kwachas zambianos o millones de yenes o cientos de miles de dólares. Cuando todo está dicho y hecho, ellos quieren hacer que su dinero fluya. A cualquier nivel, la filantropía permite a la gente retomar el contacto con esa relación con el dinero. En las interacciones filantrópicas, podemos regresar al alma del dinero: al dinero como un conducto de nuestras intenciones; al dinero como energía y al dinero como una moneda para el amor, el compromiso y el servicio; al dinero como una oportunidad de alimentar aquellas cosas que más nos importan.

Cuando nos encontramos en los dominios del alma imbuimos al dinero que fluye a través de nuestra vida con esa energía. Este tipo de parentesco espiritual crea un flujo de lo que llamo dinero bendito, dinero que tiene un sorprendente poder. A pesar de que he hecho muy poca labor de recaudación en corporaciones y fundaciones, sé que en última instancia, en esas entidades las decisiones también son tomadas por personas y, cuando la gente está comprometida espiritual y auténticamente, los compromisos que hacen con su dinero pueden alimentar, y de hecho alimentan, al mundo. Además del privilegio de estar en este tipo de interacción íntima e inspiradora con otros, como recaudadora de fondos también he visto a la gente acceder a su riqueza. Me refiero a experimentarla profundamente y en muchos casos por primera vez. Esto ha sucedido aun con gente que se encuentra por debajo de cualquier nivel de pobreza imaginable en cualquier país del planeta y ha ocurrido también con gente que se encuentra entre los billonarios del mundo. La experiencia de la verdadera riqueza proviene del compartir. Esta bella cita del poeta hindú Rabindranath Tagore expresa la experiencia de suficiencia:

> *Vivía en la parte oscura de la*
> *calle y observaba los jardines de mis vecinos*
> *del otro lado del camino regocijarse bajo el sol.*
>
> *Sentía que era pobre, e iba de puerta*
> *en puerta con mi hambre.*
>
> *Entre más me daban de su*
> *indiferente abundancia,*
> *más cobraba conciencia de mi*
> *tazón de mendigo.*
>
> *Hasta que una mañana desperté de mi*
> *sueño con el abrirse repentino de*
> *mi puerta, y tú entraste y*
> *me pediste una limosna.*
>
> *Con desesperación levanté la cubierta*
> *que envolvía mi pecho y me quedé sorprendido*
> *al ver mi propia riqueza.*

La recaudación de fondos me ha dado la oportunidad de ubicarme en medio del flujo, entre ríos y chorritos de dinero, y ayudar a dirigirlo hacia esfuerzos que abrazan las necesidades y aspiraciones más profundas de la vida en el planeta. Erradicar el hambre. Mejorar la salud y la alfabetización. Cuidar a los niños. Atender a los enfermos y a los moribundos. Proteger la tierra y administrar sabiamente los recursos naturales. Crear comunidades saludables y prósperas que apoyen y sostengan la vida en todo el mundo.

Mucha gente como yo hace de esto el trabajo de su vida, para organizaciones que ofrecen una estructura que permite que el flujo de dinero y el compromiso vayan de aquí para allá y de regreso. Aunque, en última instancia, todos –usted, yo, sus amigos y vecinos y el hombre que está delante de usted en la fila de la tienda de abarrotes y la mujer que está en el auto detrás de usted– todos nosotros existimos en este flujo de dinero y tenemos la oportunidad de dirigirlo. Y todos podemos descubrir en ese flujo nuestra propia suficiencia, nuestra propia prosperidad, nuestro propio sentido de cuando es suficiente, y nuestra propia riqueza.

El negocio inconcluso
de un presidente ejecutivo

Nunca me olvidé de Gertrude. Su recuerdo permaneció conmigo en cada interacción de recaudación de fondos que realicé desde aquella noche de 1978 cuando convivió conmigo en la iglesia de Harlem. Las lecciones que aprendí de ella se mantienen vivas en mi bajo formas que no hubiera podido imaginar. El impacto de ese día hubiera en todos casos cambiado mi vida aunque el resultado final hubiera sido diferente, pero varios años después la otra parte de ese día tuvo un sorprendente desenlace.

El Hunger Project había crecido hasta convertirse en una organización más grande y visible y nuestro historial de éxitos se había hecho más sustancial, mes tras mes y año tras año. Cinco o seis años después de mi incómoda reunión en Chicago con el ejecutivo de aquella gran compañía de productos alimenticios, y de mi decisión de regresarle el cheque después del momento de revelación que tuve en Harlem, recibí una carta de él. Se había jubilado y había recibido un muy lucrativo paquete de liquidación por su trabajo como jefe de la compañía. En su carta compartió que estaba viviendo con una retribución que iba mucho más allá de sus necesidades. Dijo que nuestra entrevista de años atrás hubiera podido olvidarse fácilmente de no haber sido por la carta que le escribí y el dinero que le devolví. Al jubilarse, había observado en retrospectiva su larga y fructífera carrera y una de las cosas que sobresalía para él, era nuestro encuentro y la devolución de ese cheque por 50 000 dólares con la carta que explicaba que nosotros buscábamos colaboradores comprometidos. Fue un momento trascendente para él, en el que todas las reglas corporativas aprendidas de manera tan profunda, que consistían en hacer todo lo que fuera necesario para aumentar las ganancias, se habían roto por culpa de alguien externo a su mundo que le devolvió el dinero de su compañía.

En sus reflexiones sobre los pasados momentos significativos, se dio cuenta de que él en realidad sí quería hacer su parte para erradicar el hambre en el mundo. Quería que el dinero que estaba bajo su control marcara la diferencia y pudo ver que ahora estaba en condición de realizar una donación significativa para erradicar el hambre en el mundo. Así que de su propio bolsillo, y como reafirmación de su propio compromiso, hizo una contribución personal al Hunger Project mucho mayor que la de los 50 000 dólares que habían sido devueltos. Lo hizo desde su alma y, según dijo, para él fue el cumplimiento de algo que había quedado incompleto. Era su manera de completar esta parte del negocio inconcluso.

En cuanto a mí, nunca olvidaré el momento de abrir esa carta, ver el cheque y darme cuenta una vez más del poder del dinero cuando está imbuido de propósito, de integridad y cuando está alineado con nuestra alma. ¡Fue un triunfo! Un triunfo para Gertrude, un triunfo para la recaudación de fondos y un triunfo para este hombre que hablaba con una profunda generosidad sobre aquella entrevista que le había dado un estímulo a su vida.

No importa qué tanto dinero fluya en sus vidas, cuando orientan ese flujo con un propósito espiritual, se sienten ricos. Se sienten vibrantes y vivos al poder utilizar su dinero en un modo que los representa, no solo como una respuesta a la economía de mercado, sino también como una expresión de quiénes son. Cuando dejan que su dinero se mueva en función de las cosas que les interesan, su vida se ilumina. Para eso es para lo que sirve el dinero realmente.

Capítulo 6

Lo que se aprecia aumenta en valor

En el contexto de la suficiencia, la apreciación se convierte en una práctica poderosa e intencional para crear nuevo valor a través de nuestra atención deliberada al valor de lo que ya tenemos.

Lo que se aprecia aumenta en valor. Esto es cierto en nuestra cultura del dinero, donde una casa bonita en un vecindario bonito crece de valor año tras año. Es verdad en nuestras relaciones personales, donde nuestra apreciación de las cualidades especiales de alguien hace que estas se desarrollen aún más ante nuestros ojos. Es verdad en los negocios, donde el compromiso de una compañía con sus empleados fomenta el orgullo y la excelencia en su trabajo. Y este simple pero poderoso acto que llamamos apreciación expande la libertad, la creatividad y, en última instancia, el éxito que experimentamos, particularmente en nuestra relación con el dinero. La apreciación es el corazón palpitante de la suficiencia, en el contexto de la cual se convierte en una práctica poderosa e intencional para crear nuevo valor a través de nuestra atención deliberada al valor de lo que ya tenemos. Nuestra atención engrandece y enriquece nuestra experiencia de lo que está ante nosotros.

Tenemos la oportunidad de dirigir nuestra atención hacia la manera en que nos relacionamos con el dinero, y cuando lo hacemos esto nos da poder. Nos convierte en lo que somos y en aquello para lo que estamos hechos. Cuando permitimos que los celos, la envidia, el resentimiento e incluso la venganza se conviertan en el foco de nuestra atención e intención, nos volvemos personas celosas, envidiosas, resentidas y vengativas con nuestro dinero. Cuando dirigimos nuestra atención hacia la creatividad, la valentía y la integridad, nos convertimos en expresiones de estas cualidades en todo lo que hacemos en nuestras interacciones con el dinero.

Cuando nuestra atención se centra en lo que falta y es escaso – en nuestra vida, en nuestro trabajo, en nuestra familia y en nuestra ciudad– entonces esto acaba pasando realmente. Esa es la canción que cantan, la visión que generan. Se comprometen con la carencia y con el anhelo de lo que no está, y atraen a otros hacia la misma experiencia. Si su atención se centra en los problemas y las crisis con el dinero, o en el pensamiento de la escasez que dice que no hay suficiente, que más es mejor y que así son las cosas, ahí reside entonces su conciencia. Dichos pensamientos y miedos crecen con la atención que les otorgan y pueden llegar a tomar control sobre sus vidas. No importa cuánto dinero tengan, nunca será suficiente. Ninguna cantidad de dinero les comprará la tranquilidad verdadera. Expanden la presencia y el poder de la escasez y fortalecen su apego al mundo.

Si su atención reside en la capacidad que tienen de mantenerse a ustedes mismos y a su familia, y contribuyen de una manera significativa en el bienestar de otros, entonces la experiencia de lo que tienen se nutre y crece. Aun en la adversidad, si pueden apreciar su capacidad de enfrentarla, aprender y crecer con ella, entonces crean valor donde nadie lo hubiera imaginado. A la luz de su apreciación, su experiencia de prosperidad crece.

Podemos utilizar nuestra apreciación, nuestra atención e intención conscientes, para desarrollar cierta maestría en el campo del dinero y para transformar nuestra relación con él en un espacio abierto de crecimiento y liberación. Esa es la verdad y la aprendí primero de la gente dicha pobre. La aprendí en lugares alrededor del mundo donde casi no hay agua ni comida y no se entiende cómo la gente sobreviva siquiera.

Los Fantásticos Siete

Bangladesh es un país asiático de más de 130 millones de habitantes en una área terrestre del tamaño de Iowa. Alguna vez fue una tierra abundante con selvas tropicales, diversidad de plantas y especies animales y una generosa cantidad de recursos naturales. En la primera década del siglo XX la tierra fue despojada de sus bosques por intereses extranjeros que iban y venían, y asimismo fue arrasada por una guerra y las consecuencias de políticas deficientes en cuanto a la ocupación de la tierra. Sin los árboles y la vegetación que alguna vez habían prosperado, las inundaciones ocasionaron aún más estragos en la tierra y la gente. Considerada por las Naciones Unidas como el segundo país más pobre del mundo a finales de los años setenta, Bangladesh se convirtió en el receptor de otro tipo de inundación, una inundación de ayuda, y en poco tiempo se volvió completamente dependiente de los recursos provenientes del exterior. Bangladesh comenzó a tener una reputación global de país necesitado e incapaz, una nación semejante a un tazón gigante para mendigar, y su gente también llegó a verse de esta manera. Los bangladesís se convencieron de que eran personas sin esperanzas, incapaces, dependientes de otros, incluso para una mínima sobrevivencia.

En lo que se había convertido en un ciclo común de desintegración de aldeas y comunidades, la gente de los pueblos cercanos al distrito de Sylhet estaba dándose por vencida, hacía planes para abandonar la región y buscar un trabajo para subsistir en algún otro lugar, o planeaba mandar a los hombres a aldeas y ciudades más grandes para que buscaran ahí trabajo y mandaran dinero a sus hogares con el fin de mantener a sus familias indigentes.

Sylhet se encuentra en la región montañosa al norte de Bangladesh, lo suficientemente alta como para escapar a las inundaciones que cada año sumergen periódicamente las tierras bajas de los alrededores. Las áridas montañas se habían rendido desde hacía mucho tiempo a una maleza invasiva de un tipo de arbusto espinoso cuya fruta es una baya venenosa. Las plantas se enredaban entre sí y creaban una masa espinosa, inaccesible, peligrosa y densa. Un terreno lleno de maleza era considerado propiedad del gobierno y era zona vedada para los agricultores. Sin embargo, la espinosa y venenosa planta que crecía ahí siguió extendiéndose e invadiendo las pequeñas parcelas de tierra que los aldeanos cultivaban, apoderándose de las cosechas y envenenando la tierra.

Durante generaciones los aldeanos habían conseguido subsistir gracias a las pequeñas parcelas que el gobierno les había dado, pero hasta eso se estaba convirtiendo en una labor imposible. Los jóvenes habían recurrido a mendigar en los caminos y a robar. El crimen había aumentado más que nunca. Por todo ello, los aldeanos renunciaron a su difícil e improductiva tierra y estaban listos para tomar una medida drástica. Muchos estaban decididos a abandonar la aldea y llevar a sus familias a cualquier otro lado, o incluso a abandonar la esperanza de poder mantener a la familia unida y mandar a los hombres a otro lugar en busca de trabajo. El diálogo entre los aldeanos resultaba urgente y pragmático. ¿A dónde podían mudarse o mandar a los hombres para que se les permitiera cultivar o ganar lo suficiente para proveer a sus familias? También se había hablado de pedir ayuda financiera a los Estados Unidos, una ayuda que les permitiría comprar comida y otros bienes sin trabajar en absoluto. Se habían rendido. Estaban cansados y resignados. Sentían que la respuesta debía estar en algún otro lugar y con alguien más. Sentían que no podían salir adelante por ellos mismos.

En aquella época, el Hunger Project estaba comenzando a trabajar activamente en Bangladesh. Ya habían muchas agencias independientes de ayuda en Bangladesh llevando a cabo un trabajo heroico e inspirador, aunque lo que parecía estar haciendo mejoras en la sustentabilidad eran las iniciativas provenientes de los mismos bangladesís. El ahora famoso Grameen Bank, creado por el doctor Muhammed Yunus, es un programa de microcréditos que ofrece préstamos para pequeños negocios a mujeres trabajadoras con pocos recursos. Y BRAC, una iniciativa para el desarrollo de aldeas creada por el líder bangladesí Faisal Abed, había generado un éxito significativo, a diferencia de los extranjeros que no estaban familiarizados con esta gente y que por lo tanto habían fallado. Estos éxitos y experiencias en otras regiones confirmaron nuestra convicción de que la gente bangladesí era la clave para alcanzar su propio desarrollo y que la ayuda externa los estaba convirtiendo sistemática y psicológicamente en mendigos, en lugar de permitirles ser los autores de su propio futuro.

Como primer paso en el proceso de forjar una colaboración eficaz, estudiamos juntos la cultura bangladesí, sus actitudes y creencias sobre ellos mismos, su resignación y desesperanza. Se nos hizo claro que después de subsistir durante tanto tiempo con ayuda, la gente había perdido contacto con todo sentido de su propia capacidad o con cualquier visión de un país con posibilidades de éxito. En nuestras reuniones, los líderes bangladesís determinaron que lo que hacía falta era la visión de sus propias fortalezas y capacidades –lo cual, de existir, permitiría a esta gente llegar a ser independiente y autosuficiente–.

El Hunger Project se comprometió como socio a desarrollar un programa diseñado para permitir a los bangladesís conectarse de nuevo con una visión de ellos mismos y de su país, con la conciencia de los bienes disponibles, así como de las estrategias para poner sus ideas en acción. De ese compromiso y de esa colaboración nació el taller Visión, Compromiso y Acción. Dicho taller invitaba a los participantes a comprometerse en una serie de discusiones en grupo y en ejercicios de visualización que les permitieran imaginar y representarse un Bangladesh independiente, autosuficiente: el Bangladesh sano y próspero por el que habían peleado años atrás en su lucha por la independencia.

En Bangladesh, debido a que hay tanta gente, cuando uno convoca una reunión, la que sea, pueden aparecer cientos, incluso miles de personas. La gente normalmente se reúne en los parques y en las plazas de la aldea. En Dhaka, la capital, hay un parque público que puede contener mil o más personas, y es ahí donde organizamos algunos de los primeros talleres de Visión, Compromiso y Acción. Promovimos la reunión y a la hora acordada el parque estaba abarrotado de gente. Para tener una clara imagen de la situación, no se trataba de un hermoso retiro pastoral, sino de un parque con apenas una brizna de pasto, abarrotado con cientos de estas pequeñas y hermosas gentes morenas que se encontraban sentadas todas juntas en el piso con muchos bebés y niños pequeños, personas de todas edades, atentas, escuchando cualquier cosa que pudiéramos decirles que les resultara útil.

El programa abrió con música, unas cuantas presentaciones y palabras inspiradoras de los líderes de la comunidad y algunos ejercicios iniciales de convivencia para atraer la energía de la multitud y enfocarnos en la tarea que teníamos por delante. Después comenzamos el programa pidiendo a todos que cerraran los ojos y visualizaran la imagen de un Bangladesh independiente, autosuficiente:

¿Cómo se vería Bangladesh si fuera un país que exportara bienes de la más alta calidad? ¿Qué ocurriría si Bangladesh fuera conocido por su arte, su música y su poesía? ¿Qué tal si Bangladesh fuera un miembro de la comunidad global que aportara algo en lugar de ser el gran receptor, el gran tazón para mendigar y el país que solo recibe ayuda? ¿Qué ocurriría si el liderazgo bangladesí, incluyendo a las mujeres, los hombres y los jóvenes, contribuyera con la sociedad? ¿Cómo se vería eso?

Al principio la gente se quedó ahí sentada, muy quieta con los ojos cerrados, sin ninguna expresión, hombro con hombro en el parque. Un gran silencio se instaló entre la multitud y el mar de rostros permaneció quieto, con los ojos cerrados, pensando. Después de unos cuantos minutos noté unas lágrimas corriendo por el rostro de un hombre y después en otro y en otro. La gente seguía sentada con los ojos cerrados, pero lloraban en silencio. Y después no eran solo tres o cuatro o diez o veinte rostros con lágrimas corriéndoles por las mejillas. En esta multitud de más de mil personas se veían cientos de rostros llorando. Era como si nunca antes en su vida hubieran siquiera pensado que podrían ser independientes o autosuficientes, o una nación que contribuyera con algo; como si nunca hubieran imaginado que podían ser un país que marcara la diferencia ante otros; que podían ser una nación que destacara, que tuviera cualidades que la gente admirara, un papel singular que llevar a cabo en la comunidad mundial. Era una forma de pensamiento nueva y valiente.

Cuando completamos la meditación, todos compartieron entre sí las visiones que habían tenido para sus aldeas, su familia, su escuela, su hogar, sus negocios, sus hijos y sus nietos; la visión se enriqueció y se hizo real, palpable y estimulante. Había nacido un nuevo futuro.

En la siguiente sección del taller, los participantes fueron invitados a comprometerse con su visión. No solo se les pidió visualizar, sino también comprometerse a ser las personas que harían realidad esa visión. Se les veía deshacerse de su ansiedad y miedo, dejando ir el sentido de carencia e ineptitud para entrar en su propia creación y comprometerse con ella. En ese ejercicio se podía ver que la postura de la gente y su semblante cambiaban, parecían fortalecerse. Su resolución y su determinación resultaban contagiosos y lo imposible parecía posible. Finalmente se organizaron en pequeños grupos para colaborar y diseñar las acciones que llevarían a cabo para cumplir su compromiso de hacer realidad esa visión. Las acciones eran prácticas, locales, factibles, pero en línea con sus nuevos compromisos y al servicio de su visión. La gente parecía verse de nuevo a sí misma, a su familia, a su aldea y a su país como capaces, emprendedores, poderosos, independientes y autosuficientes.

Pronto estos talleres se replicaron en todos lados, en ciudades, en aldeas, en el interior de las familias y cada domingo se reunían miles en la plaza de Dhaka.

Por otro lado, ocurrió que en un viaje a Dhaka, uno de los líderes de la aldea de Sylhet asistió a un taller de Visión, Compromiso y Acción casi por error. Su nombre era Zilu. Estaba en la ciudad de visita en casa de su primo, quien lo había invitado a ir con él al parque para ver de qué trataba este taller, pero Zilu no quería ir. Él más bien quería hablar con su primo sobre la posibilidad de irse de Sylhet junto con su familia y compartir la casa de su primo en Dhaka. Quería abandonar aquella aldea desolada y tenía la esperanza de obtener trabajo en la ciudad y dar a su familia la oportunidad de una nueva vida. Sin embargo, el primo lo convenció y asistieron juntos al taller. La experiencia del taller cautivó completamente a Zilu, despertó en él su propio compromiso con su aldea y la comunidad de los alrededores. Se quedó en Dhaka otros tres días y participó en la capacitación para convertirse él mismo en un líder en la impartición de talleres. A continuación llevó esa capacitación y la visión que había tenido de vuelta a su aldea.

Una vez en casa, reunió a sus seis amigos más cercanos y les impartió el taller. Ahora, con una visión compartida, un ilimitado compromiso de desarrollar los recursos humanos y naturales de su propia región, los siete hombres desarrollaron una idea y crearon un plan para un nuevo negocio agrícola diseñado para sacar de la pobreza a toda la región y conducirla hacia la autosuficiencia y, en última instancia, hacia la prosperidad. Lo llamaron Proyecto Chowtee: Un paso audaz hacia la autosuficiencia.

LLegué a Sylhet tan solo cuatro meses después de estos acontecimientos, en abril de 1994, con 16 compañeros de viaje que eran grandes donadores del Hunger Project. Zilu nos había invitado para mostrarnos el progreso que él y sus amigos habían logrado en la región y para agradecernos la ayuda que estábamos dando a su país y a su pueblo. Él y sus amigos, a quienes acabamos llamando Los Fantásticos Siete, nos contaron cómo se había transformado su región y nos mostraron los resultados.

Zilu nos contó cómo había regresado del taller en Dhaka aquel día de diciembre, inspirado para ver con nuevos ojos los recursos que él y su gente tenían frente a ellos, y determinado a desarrollar una visión, un compromiso y un plan de acción. Una vez que los seis amigos se unieron al compromiso de Zilu, el siguiente paso fue considerar los recursos que ya tenían pero que habían ignorado. Ahí, a la orilla del pueblo, se encontraba la tierra del gobierno, sin explotar, difícil de escarbar, cubierta de arbustos de bayas venenosas. Los siete hombres se reunieron con funcionarios del gobierno y obtuvieron el permiso para limpiar 16 acres de enredada vegetación que se había extendido por toda su tierra. Después recurrieron a la comunidad para conseguir el dinero necesario para comprar equipo y suministros. La gente recurrió a sus escasos ahorros para apoyar la iniciativa, con lo que estos hombres pudieron recaudar los miles de takas necesarios, cerca de 750 dólares en aquel entonces. Finalmente, impartieron su propia versión del taller Visión, Compromiso y Acción a 600 personas de la aldea que cuenta con 18 000 habitantes.

Esas 600 personas se pusieron a trabajar. Construyeron un camino a lo largo de los límites del terreno y comenzaron la labor de limpieza. Impresionados por su visión, claridad y compromiso, el gobierno les dio cien acres más para que los trabajaran. Capacitaron a los jóvenes que se habían convertido en mendigos y criminales para que aprendieran a cultivar la tierra. Capacitaron a mujeres indigentes, muchas de ellas viudas, para que se dedicaran a la agricultura. Al limpiar la tierra se sorprendieron al descubrir un lago antes desconocido y un pequeño arroyo con abundantes peces.

Toda la región se encontraba ahora cultivando, proveyendo comida, pescado, capacitación y empleo a cientos de personas. Los 18 000 habitantes del área más cercana se habían beneficiado de esta actividad, y esa región que había sido destruida por la pobreza ahora estaba alcanzando la autosuficiencia y comenzaba a florecer. El índice de criminalidad había disminuido en un asombroso 70%.

Recorrimos los campos con Zilu y el resto de Los Fantásticos Siete, y visitamos las pescaderías y los campos de entrenamiento. Estábamos impactados por la vitalidad, la alegría y el éxito de la gente. Me di cuenta, conforme caminaba con ellos, que habían logrado esta proeza casi sin ayuda del exterior. Habían tenido siempre lo que necesitaban –la tierra, el agua, la inteligencia, la fuerza y la capacidad de integrar todo– pero habían perdido contacto con esos recursos y capacidades por esa condición de ayuda para "el Tercer Mundo", y la desesperanza y la supuesta falta de capacidad que había venido con ella. Una vez inspirados para verse a sí mismos de manera diferente, para verse a sí mismos fuertes, creativos y capaces, su compromiso no encontró límites. El éxito resultó inevitable.

Al ver los campos que habían sido antes una jungla y maleza impenetrables, pensé en nuestras propias vidas y en aquello que cubre la tierra de nuestros sueños, aquello que temporalmente bloquea nuestra visión interna o nuestra capacidad de ver. En su mundo, se trataba de la jungla y del confuso mensaje de la ayuda internacional que les decía que estaban quebrados y necesitados, y que no eran capaces de salir adelante por sí mismos. Se habían hecho a esa idea, y mientras siguieran así no podrían ver los recursos que tenían frente a ellos. Una vez que enfocaron su atención en sus propios e ilimitados recursos internos, los recursos externos se materializaron y de pronto se hicieron accesibles. Al fin pudieron empezar a ver que lo que necesitaban había estado siempre ahí.

Nunca olvidé a Los Fantásticos Siete. Cuando uno está apabullado por la mentalidad de víctima, como ellos lo estaban, nuestra habilidad para soñar y visualizar también se encuentra apabullada. Se muere. Cuando me encuentro buscando a tientas lo que está más allá de mi alcance, escucho sus palabras en mi cabeza y sé que puedo volver a ver de adentro hacia fuera y apreciar y acceder a lo que ya está ahí, lo que está disponible. Después, su poder, utilidad y gracia crecerán y prosperarán nutridos por mi atención.

Intervención apreciativa:
una teoría positiva de cambio

El poder de la apreciación ha sido reconocido como una herramienta para construir el éxito en las empresas, independientemente de que se trate de una comunidad de agricultores, o de un grupo de trabajadores de una fábrica, o de una compañía con miles de empleados, o de un puñado de voluntarios de un proyecto de servicio a la comunidad.

David L. Cooperrider, Diana Whitney y su equipo de investigadores y asesores en el campo de la teoría organizacional y del desarrollo humano, inventaron el concepto de "intervención apreciativa" como un modelo formal de cambio. En su libro *Appreciative Inquiry: Rethinking Human Organization Toward a Positive Theory of Change* sugieren que cambiemos nuestro marco de referencia orientado a "resolver problemas", hacia uno que busque identificar los recursos disponibles en cualquier grupo de gente para lograr un cambio positivo, inspirador, activador y sustentable.

Ellos nos preguntan cómo podría cambiar nuestra manera de enfrentar el cambio si partiéramos de la premisa que "las organizaciones, como centros de relaciones humanas, están 'vivas' y cuentan con una infinita capacidad constructiva".

En la intervención apreciativa "buscamos lo mejor que hay en la gente, en sus organizaciones y en el mundo que los rodea". La intervención apreciativa involucra "el descubrimiento metódico de lo que da 'vida' a un sistema cuando está más vivo, más eficaz y cuando es más productivamente capaz en términos económicos, ecológicos y humanos". Hay que observar lo que funciona en lugar de lo que no funciona, según dicen y, "en lugar de la negación, la crítica y el diagnóstico en espiral,[3] existe el descubrimiento, el sueño y el diseño". Buena parte de nuestra relación con el dinero está centrada en suposiciones basadas en la idea de escasez, el diagnóstico en espiral y en la búsqueda de soluciones más allá de nuestro alcance. En cambio, si logran colocar toda su atención y apreciación en lo que ya está ahí, entonces van a experimentar la dicha del momento. Van a experimentar la suficiencia, y esto es lo que va a manifestarse en su vida. Generan esa visión, y atraen a otros hacia esa experiencia. En el contexto de la suficiencia, cada aspecto de su vida se convierte en un bien personal en virtud de su habilidad para adoptarlo, aprender de él y hacer algo con él. Lo que aprecian, y la manera en que dirigen su atención hacia ello, determina la calidad de su vida.

Este poder de apreciación está disponible para todos nosotros, en cualquier lugar, en cualquier momento. Su propio país y su propia cultura pueden ser diferentes a Bangladesh pero la ansiedad, el miedo, la resignación y la desesperanza que a veces sentimos respecto a las cuestiones del dinero, pueden ser exactamente las mismas. Al apreciar todo lo que ya somos y ya tenemos, podemos reexaminar las posibilidades, identificar la visión, llegar a un compromiso y actuar de conformidad a ello.

Audrey: encontrar su propio valor

Audrey, ama de casa, esposa y madre de dos hijas pequeñas, tenía cuarenta y dos años cuando presentó una demanda de divorcio a su esposo, un hombre emocionalmente abusivo y adúltero. Habían estado casados casi veinte años y, presionada por su esposo, Audrey había abandonado sus estudios y renunciado a su carrera artística para ser ama de casa de tiempo completo. A lo largo de los años, en diferentes ocasiones, Audrey había intentado realizar su sueño —tener su propia empresa de diseño de ropa de niños— pero había sido desalentada por su marido y sus suegros. Le habían dicho que

---

3. Diagnóstico en espiral o, en inglés, *Spiraling diagnosis*: teoría aplicada inicialmente al campo médico según la cual es importante llegar a un diagnostico antes de aplicar una terapia. Es una crítica directa al empleo masivo de antibióticos, por ejemplo, donde se utilizan sin saber bien qué enfermedad afecta al paciente y en caso de fracaso se va ampliando el uso de antibióticos hasta que uno al fin logre curar la enfermedad.

no era suficientemente inteligente, y ella les había creído.

Su esposo provenía de una familia muy rica y tenía él mismo mucho dinero pero había logrado, a través de resquicios legales, que ella no tuviera acceso al capital.

En el procedimiento legal de divorcio, el marido del que ahora estaba separada seguía hiriéndola en cada intento de acuerdo. Audrey se sentía nuevamente herida por la forma –ahora expresada en pequeñas cantidades de dólares– en que la veía y consideraba el tiempo y la vida que ella había dedicado a su matrimonio, como carentes de valor. "No tengo valor" era el mantra monetario, la severa sentencia de vida que ella cargaba a raíz de su experiencia matrimonial, y ahora era el mensaje oficial, en lenguaje legal, del acuerdo de divorcio.

Día tras día, comparecencia tras comparecencia, Audrey se deprimía cada vez más, se enojaba y se desalentaba bajo la sensación de sentirse engañada, primero al haber perdido el matrimonio que ella había soñado que duraría para toda la vida y, después, desde un punto de vista práctico, estafada de la parte de dinero que ella sentía que le correspondía. Se tornó pesimista con relación a su habilidad de encontrar trabajo.

Sus peores miedos la perseguían. ¿Qué tal si no podía ganar bastante dinero para conseguir un departamento y mantener la custodia de sus hijas? ¿Qué pasaría si resultaba incapaz e inútil para trabajar, justo como su marido le había dicho tantas veces? Vencida por el miedo y la duda, no podía superar estos terribles pensamientos e imaginar un futuro próspero para ella y sus hijas. Estuvo bloqueada muchos días tanto por el enojo como por su miedo al fracaso.

Audrey y yo nos conocimos cuando ella se encontraba muy abajo, tanto del punto de vista de sus ingresos como de su auto-estima, y utilizamos el prisma de su relación con el dinero para encontrar nuevos entendimientos que le permitieran recuperarse.

La conversación se tornó hacia los verdaderos bienes que poseía Audrey: sus talentos y habilidades, sus esperanzas y sueños, y los recursos que tenía en su círculo familiar y de amigos. Después de tantos años de sentirse devaluada, no resultaba fácil para Audrey darse cuenta que tenía valor o algún tipo de riqueza interna del que hablar. Empezamos con un recuento de las personas que Audrey sabía que la querían incondicionalmente, la apreciaban y creían en ella. Esos también eran bienes. Describió a sus dos hijas y al fuerte vínculo amoroso que compartían, algo que nada tenía que ver con el dinero. Habló de sus padres y hermanos, quienes podían ofrecer poco apoyo material, pero que se mantenían firmes respecto a sus expresiones de amor y soporte. Pensó en sus amigos más cercanos y en los que confiaba de toda la vida y después en otras amistades más recientes y cómo cada una contribuía al clima de amor y bienestar en su vida. Lo que mantenía todas estas relaciones no era el dinero: era amor y aprecio.

Nombró a cada persona –mencionó cerca de veinte– y después le pedí que nombrara las cualidades que, ya fuera en una época o en otra, le habían dejado saber lo que apreciaban en ella. Sonrió tímidamente, pero continuó mencionando las cosas que ella recordaba que habían dicho sus amigos. Al igual que yo, la conocían como una persona inteligente, creativa, brillante, generosa, entusiasta, firme y con un gran sentido del humor. Definimos estas cualidades de carácter como bienes más valiosos e ilimitados que cualquiera de las propiedades que pudiera poseer o el dinero que pudiera tener en una cuenta bancaria. Estos eran bienes por los que algunas personas trabajaban toda una vida, cualidades que el dinero no puede comprar. ¡Y Audrey ya las tenía!

Mientras conversábamos, Audrey fijó su atención en la riqueza que representaban esas amistades, en el valor de su propio carácter y de sus recursos materiales, y pude ver cómo empezó a sentir un cambio. Se enderezó en su silla, su expresión mejoró y su voz se hizo más segura. Describió un cambio en la forma en que se sentía ahora en relación con el reto al que se enfrentaba. Sus miedos habían disminuido. Y aunque las circunstancias resultaban aún desafiantes, empezó a sentir más confianza en sí misma a la vez que menos necesitada, a pesar de que sí tenía necesidades y estaba impávida ante su situación. Todavía tenía miedo, pero ahora también se sentía fuerte gracias a sus propios recursos y al soporte de los demás.

"Imagina ahora que han pasado veinticinco años desde hoy," le dije." ¡Tendría setenta años!" dijo riendo. "Entonces imagina que tienes setenta años y piensa en tus hijas que ya crecieron, quizás están casadas y tienes nietos y te encuentras en una época increíble de tu vida; has hecho las paces con el pasado y contigo misma, y puedes mirar hacia atrás y ver. ¿Cómo saliste adelante durante ese periodo después de tu divorcio? ¿Cuáles fueron las posibilidades y las oportunidades que encontraste y creaste para tus hijas? ¿Qué fue lo que te ayudó a salir adelante esos primeros años?"

Audrey hizo una pausa y después habló lentamente y titubeando un poco al principio.

"Dejé de permitir que el miedo me detuviera" dijo. "Tenía miedo, pero lo hice de todas maneras. Confié en mí."

"¿Y qué vas a decirle a esos nietos tuyos sobre cómo saliste adelante de ese trance sin dinero?" pregunté. "¿Cuál fue el descubrimiento que te permitió encontrar tu suficiencia?"

Una vez más hizo una pausa, como si escuchara de lejos a su ser más sabio, más viejo reportando desde el futuro. Después contestó, esta vez con una voz más fuerte.

"Dejé de esperar a que alguien me dijera qué hacer. Me di cuenta de que tendría que probar varias cosas diferentes y simplemente así lo hice. Desarrollé la capacidad de creer en mí misma. Y así como pasé años depositando mi fe en un hombre, ahora con solo una cuarta parte de esa fe depositada en mí misma, logré liberar las otras tres cuartas partes de esa energía para canalizarla hacia otras cosas además de poder ganarme la vida. Creo que las mujeres deben ver cuánta energía depositan en sus relaciones, para tomar conscientemente un cuarto de ella y colocarla en su propia relación con ellas mismas; así, llegarán tan lejos como yo he llegado."

"¿Y cómo te ganabas la vida?" pregunté. "¿Cuál fue tu descubrimiento entonces?"

Audrey volvió a hacer una pausa, y como pidiendo disculpas contestó: "Cuando trato de pensar en eso, sigo asustándome y dejo de ver," respondió. Pero volvió a enfocar su atención para visualizar su futuro.

"Comencé mi negocio de ropa para niños y se convirtió en la tabla de salvación que nos sacó adelante" afirmó.

Hablamos de su deseo de construir algo usando sus pasiones y talentos para ganarse realmente la vida, lo cual es diferente a ganar lo suficiente para pagar la renta o a trabajar para lograr el gran éxito financiero, como lo habían hecho su ex-marido y los padres de este. Tan solo en el espacio de nuestra conversación, había sido capaz de dar un paso hacia atrás y notar cuánta energía había consumido por sus miedos monetarios y la suposición aún no cuestionada de que era incapaz de crear una buena vida para ella y sus hijas. Ella misma lo había dicho: si tomaba toda la energía bloqueada en la ansiedad, la preocupación y el miedo, y la enfocaba en sus posesiones personales, en sus compromisos y estrategias para lograr una visión, en el fondo de su corazón estaba segura que lograría tener éxito.

Durante los meses siguientes, Audrey me mantuvo informada de su progreso. Con una confianza creciente y el apoyo de sus amigos y familia enfocó su atención hacia sus habilidades y empezó a aprender cómo crear su propio negocio.

Una noche Audrey asistió a un seminario sobre las mujeres en los negocios y encontró un mundo de contactos, grupos de apoyo a pequeñas empresas y talleres, enfocados precisamente a los temas que necesitaba aprender para crear su propia empresa. Pronto se inscribió en un programa de mentores en el cual mujeres exitosas de la comunidad colaboraban como maestras y consejeras con mujeres semejantes a ella. Asistió a más clases, aprendió sobre el movimiento del dinero en los negocios y cómo administrarlo sabiamente. Cada vez que enseñaba a una amiga una de sus muestras de ropa de niño, siempre había alguien que pasaba por allí y que quería comprársela. La gente apreciaba sus productos y su visión y, así, la pasión de Audrey siguió creciendo.

Paso a paso, estudió los varios aspectos de producción y comercialización de su soñada compañía, refinó los diseños de sus productos y creó un plan de negocios. La gente que conoció durante este proceso quedaba impresionada por su creatividad, entusiasmo y agudo sentido de los negocios: esto le procuró varios trabajos de medio tiempo mientras seguía con su proyecto. Al ir dedicándose cada vez más a la creación de su propio negocio, su círculo de amigos y contactos empresariales creció y esto estimuló y reforzó sus esfuerzos.

Con el tiempo, cambió su relación con el dinero. En lugar de vivir con miedo o con temor constante de no tener suficiente, vivía prudentemente con lo que tenía y enfocaba su atención en la creación de un negocio viable en el que haría lo que amaba. Hubo un cambio total. Ya no era una víctima o una participante pasiva en deuda con su ex-marido, enojada o amedrentada por haber sido abandonada. Ahora empezaba a reconocer su propia capacidad de ganar dinero y su propio valor como empresaria creativa y exitosa en los negocios y en su vida. En su plan de negocios se comprometió a convertirse en una fuente de trabajo para otras mujeres a través de trabajos de costura, manufactura y venta de su línea de productos.

Había días negros y difíciles, pero cuando Audrey enfocaba su atención, aunque fuera solo por un momento, en los aspectos más simples de su propia suficiencia, recobraba valor y energía, e incluso su alegría. Pudo encontrar el valor necesario para ir adelante; quizá no un valor excesivo, pero sí el suficiente, dijo después, riendo. Lo que resultó aún más sorprendente, según explicó, fue que cada vez que daba un paso más hacia adelante en sus planes, como si la suerte lo hubiera dispuesto, encontraba precisamente lo que necesitaba —el contacto, el estudio, los proveedores, los inversionistas justos— y para finales del siguiente año, Audrey había lanzado su compañía con un prometedor inicio. Con los pedazos de una vida desgarrada, logró confeccionar una obra de arte.

James: perdido, encontrado y transformado

Sería fácil pensar que toda esta plática sobre la apreciación y la suficiencia se aplica solo a gente como Audrey, Los Fantásticos Siete o a quienes tienen tan poco que aprenden a apreciar lo que tienen o acaban hundiéndose en la desesperación. Pero en realidad esto es también cierto para las personas que tienen gran riqueza. A veces pueden llegar a ahogarse en el mar del exceso, inundadas de cosas, casas, autos y más, de tal forma que pierden cualquier percepción de vida interior o de un sentido que vaya más allá del dinero. La Madre Teresa se dio cuenta de lo que ella llamaba "la profunda pobreza del alma" que aflige a los ricos y dijo que la pobreza del alma en los Estados Unidos era mucho más profunda que en el resto del mundo.

James conocía ese lugar y esa pobreza del alma. Había crecido en un pequeño pueblo de Missouri, donde su familia era dueña de la principal fábrica del lugar. Su apellido era su maldición; todos los que lo conocían sabían que era rico y que nunca necesitaría trabajar, y automáticamente asumían que era un niño consentido. Lo trataban con envidia y desprecio. James tenía un gran corazón y quería ser considerado como un miembro normal de la sociedad, pero su nombre y fortuna significaban para él una terrible carga que le impedía tener la capacidad de relacionarse de manera normal con la gente y el mundo a su alrededor. Estaba resentido, es más, odiaba el apellido de su familia y la carga de esa fortuna. Sentía que necesitaba escapar del ambiente en el que estaba para encontrar un sentimiento genuino de su propio valor; en esencia, quería probarse a sí mismo. El vacío en su interior se profundizaba cada vez más y un sentido de inutilidad, culpa y vergüenza lo torturaba.

Nos conocimos en la universidad y, a pesar de que ahora puedo mirar hacia atrás y ver en retrospectiva el dolor por el que atravesaba, en aquel entonces no pude percibirlo. Era simplemente otro compañero de clase que estudiaba, presentaba exámenes, tomaba cerveza, en suma, otro chico de la universidad.

Lo volví a ver años después en la casa de un amigo que teníamos en común, y se veía más viejo de lo que en realidad era, aunque seguía siendo el hombre elegante y bien parecido que yo recordaba. Unos días más tarde me pidió que fuera a comer con él y lo único que me dijo fue que necesitaba un consejo. Durante la comida me contó su historia: era alcohólico. También era padre de dos hijos y se encontraba en medio de su segundo divorcio. Tenía suficiente dinero para vivir una vida de lujos, pero se sentía perdido, triste y temeroso de que la gente descubriera que su vida personal era un desastre. Quería cambiar pero no sabía cómo.

Casi al igual que cualquier otra relación en su vida, la que tenía con el dinero era marcada por el dolor, conflicto, desconfianza, decepción y de muy poca claridad. Las profundas y largamente ignoradas cuestiones emocionales que lo habían acosado desde la infancia tan solo se habían agravado con una vida de negligencia, y el dinero siempre disponible de la familia le había permitido eludir sutilmente los difíciles momentos del matrimonio, la familia, la amistad y la vida misma. No habiendo hecho nada significativo para ganar dinero, el secreto más amargo de James es que sufría de una profunda inseguridad. Se sentía inútil, salvo por el mismo dinero que odiaba. Tenía el dinero para hacer todo lo que deseaba, pero su vida no era más que una farsa costosa y cada vez más compleja que enmascaraba el alcoholismo, las relaciones fallidas, las amistades superficiales y un profundo sentimiento de ineptitud.

Era un hombre que se interesaba por los demás, que deseaba hacer el bien en el mundo, que quería contribuir con su vida a mejorar las cosas. Deseaba poder empezar de nuevo, pero se sentía atrapado tanto por su exceso financiero como por sus fallas personales.

Comenzamos a hablar con regularidad, y mientras James se embarcaba en la lenta y ardua recuperación de las relaciones en su vida, los dos nos enfocábamos en su relación con el dinero. Le echaba la culpa de sus problemas al nombre y a la fortuna de la familia a la que se supone debía contribuir. Se liberó de mucha carga emocional relacionada con su etapa de niño rico, enojado e infeliz, y descargó algo del peso de sus fracasos matrimoniales y de la gente que sentía que se había aprovechado de él en su vida. Después de un tiempo, la necesidad de culpar y despotricar en contra de su dinero y de su pasado empezó a desvanecerse. Comenzó a hablar del hombre que quería ser.

¿Cómo sería su vida si la viviera de verdad y la condujera con una visión más profunda? ¿Qué tan diferentes serían las relaciones con sus hijos y sus ex-esposas si actuara con integridad hacia ellos, incluyendo el aspecto financiero de los acuerdos de divorcio? Más allá de la responsabilidad amorosa de cuidar de sus hijos, ¿qué otros compromisos más elevados conmovían su corazón? ¿Qué tipo de diferencia quería marcar en el mundo?

La visualización de una vida que él pudiera amar le abrió a James nuevas posibilidades y le dio una nueva experiencia de sí mismo. El poner nuestra atención en dicha visión fue como prender las brasas entre carbones oscuros. Las potencialidades brillaron y las ideas empezaron a surgir con clara definición. Sentía una afinidad especial por la gente joven que luchaba para sobrevivir y quería trabajar con ellos. Se ofreció como voluntario en una escuela local y, a medida que aprendía sobre la lucha de los chicos que tenían problemas de aprendizaje, descubrió sus propios talentos para ayudarlos. Entre más trabajaba con los estudiantes, profesores y maestros de educación especial, que a menudo ofrecían asesoría en clase o bien de manera particular a través de tutorías, más logró comprender la complejidad de las necesidades de los chicos y los esfuerzos para poder canalizarlos. El dinero que había sido una carga toda su vida, ahora era un recurso que utilizaba para apoyar a las organizaciones que trabajaban con niños con necesidades especiales. También se destacó en su comunidad como defensor de las escuelas y recaudador de fondos para beneficiar a las instituciones y a todos los niños. Su propia infancia infeliz le permitió relacionarse con mayor sensibilidad con aquellos niños con quienes trabajaba. El caos de su vida se fue calmando y James empezó a apreciar incluso ese caos como un puente entre una etapa confusa y problemática y una vida llena de propósito, significado y satisfacción.

Sus hijos se integraron a su trabajo como voluntarios para ayudar a otros niños y como padre soltero este nuevo compromiso con ellos enriqueció la relación que tenían al igual que hizo crecer el respecto mutuo. El trabajo duro y la devoción de James a la escuela, a los estudiantes y a sus hijos no solo cambió la vida de muchos de esos niños, sino también la suya propia. El dinero que durante tanto tiempo había parecido una maldición se convertía ahora en el instrumento de liberación y en el comienzo de una nueva y gratificante vida de conexión y contribución.

El poeta Rainer Maria Rilke escribió:

Amo las horas oscuras de mi ser
en las cuales mis sentidos se hunden en lo profundo.
He encontrado en ellas, como en viejas cartas,
mi vida privada, la cual ya fue vivida,
y ahora se ha vuelto amplia y poderosa, como las leyendas.
Entonces sé que hay espacio dentro de mí
para una segunda vida grande e infinita.

Para James había llegado la hora de una segunda vida grande e infinita.

La sabiduría de Buda

Buda dijo a sus seguidores que cualquier cosa a la que eligieran brindar su atención, amor, apreciación, escucha y aprobación, crecería en su vida y en su mundo. Comparaba la vida de las personas y el mundo con un jardín, un jardín que necesita luz del sol, alimentos y agua para crecer. En ese jardín se encuentran las semillas de la compasión, del perdón, del amor, del compromiso, del valor y de todas las cualidades que nos atraen e inspiran. Al lado de esas semillas y en el mismo jardín viven también las semillas del odio, del prejuicio, de la venganza, de la violencia y todas las demás formas de ser que hieren y destruyen. Estas semillas y muchas otras de ese tipo existen en el mismo jardín.

Las semillas que crecen son las que cuidamos con nuestra atención. Nuestra atención es como el agua y la luz del sol y, así, las semillas que cultivamos crecerán y llenarán nuestro jardín. Si elegimos invertir nuestra atención en las semillas de la escasez —adquisición, acumulación, avaricia y todo lo que brota de ese tipo de simientes—, entonces será la escasez la que llenará el espacio de nuestras vidas y de nuestro mundo. Si nuestra atención se centra en las semillas de la suficiencia y utilizamos nuestro dinero como agua que las nutre con un propósito espiritual, entonces disfrutaremos de esa generosa cosecha.

Los Fantásticos Siete y los bangladesís, Audrey y James no podían ser más diferentes entre sí. Pero, para cada uno de ellos, el poder de la apreciación les permitió expandir y profundizar las experiencias de su verdadera riqueza y su verdadero ser. En el contexto de la suficiencia, cada uno encontró una nueva libertad en su relación con el dinero o cuestiones afines y, en ello, una vía hacia su propia prosperidad. Para cualquiera de nosotros, en la fértil tierra de nuestra apreciación, una nueva posibilidad echa raíces y crece sin límites bajo la constante luz de nuestra atención.

Capítulo 7

La colaboración crea prosperidad

No existen los que tienen y los que no-tienen. Todos tenemos y nuestros recursos son diversos. Con la alquimia de la colaboración, llegamos a ser compañeros iguales; creamos la integridad y la suficiencia para todos.

Era viernes por la noche. Había estado todo el día en una reunión y estaba exhausta. Iba rumbo a casa, de Sausalito a San Francisco, cuando empezaron a fallar los frenos del auto a unas cuadras del puente Golden Gate. Me desvié hacia la gasolinera más cercana. El hombre que ahí trabajaba no podía arreglar los frenos, pero señaló un lugar más adelante en donde había un taller de reparación de autos. Manejé esa corta distancia sin frenos, a paso de tortuga y, al pasar frente al taller, me di cuenta que desafortunadamente ya eran más de las siete de la noche. Las puertas estaban cerradas y la luz de la oficina apagada. Sin embargo, una suave luz brillaba a través de las ventanas y, desesperada como estaba, me asomé, esperando encontrar un mecánico compasivo. En vez de eso, vi que había una fiesta de unas treinta o cuarenta personas. Todo el equipo automotriz estaba acomodado a un lado y en el centro del piso desnudo de concreto, rodeado de luces de fiesta y motivos decorativos, había un piano de cola, elegante y resplandeciente. La fiesta crecía en ambiente, pero el piano aguardaba ahí silencioso. Me aventuré a entrar, encontré al dueño del taller, un hombre llamado Rico, con una copa de champaña en la mano, y le pregunté si alguien podría ayudarme. Le expliqué el problema. "Le pagaré lo que sea para que arregle los frenos y pueda llegar a casa," dije.

Rico se rió y contestó: "De ninguna manera, señora. Tenemos una fiesta y estamos a todo lo que da". Pero después dijo bromeando, "Nuestro pianista no se presentó, por lo que si usted sabe tocar el piano, nosotros le arreglaremos su auto." Todos se rieron, pero resulta que sí toco el piano, y eso fue lo que hice. Toqué en la fiesta durante casi una hora rodeada de esas personas riendo, cantando y bailando; y el mecánico arregló alegremente mis frenos. Cuando terminó el trabajo me mandaron rumbo a casa, se negaron a recibir pago alguno y brindamos por nuestra nueva amistad. Llegué a casa segura, ya no cansada ni exhausta, sino entusiasmada y cargada de energía. Aparecí en el taller exactamente con lo que necesitaban y ellos me dieron exactamente lo que yo necesitaba. Nuestro encuentro estuvo regido por el deleite propio del descubrimiento inesperado y de la satisfacción de haber sido perfectamente capaces de ayudarnos unos a otros.

La colaboración y reciprocidad resultan naturales; aun así, en el mundo en que vivimos, la competencia y el miedo a la escasez a menudo nos bloquea y nos impide percibir estas formas de poder actuar los unos con los otros. En el mundo del tú-o-yo la reciprocidad y la colaboración no encajan. El mundo del tú-y-yo está lleno de colaboradores, compañeros, del gusto por compartir y de reciprocidad. En este mundo, nuestros recursos no solo resultan suficientes sino que son infinitos. Cuando llevamos la práctica de la colaboración y la reciprocidad a la visión consciente, en la vida cotidiana, se presenta una especie de alquimia y prosperidad que espera ser descubierta a nuestro alrededor.

Las conexiones forjadas en el escenario mental de la escasez y las acciones basadas en la creencia de que no hay suficiente, cuanto más mejor o así son las cosas, sin importar qué tan fuertes puedan parecer en el momento, son inherentemente auto-limitantes. Al basarse en una mentira, solo demeritan nuestra oportunidad de supervivencia y sustentabilidad a largo plazo. Los tipos de conexión que verdaderamente nos protegen y mantienen son aquellos que emergen del contexto de la suficiencia y el compartir, de la diversidad, la reciprocidad y el compañerismo que se encuentran en este. Encontramos suficiencia y prosperidad sustentable cuando pensamos en nuestros recursos como en un flujo destinado a compartirse, cuando depositamos toda nuestra atención en marcar la diferencia con lo que tenemos, y cuando nos asociamos con otros de modo que nuestra experiencia se expanda y profundice.

Las comidas comunitarias, el transporte colectivo, el tiempo compartido, los grupos de juego, todas estas actividades, estas formas de compartir y de mostrar interés por alguien más, enriquecen nuestra vida más de lo que nos damos cuenta, y quizá más de lo que lo hace o lo ha hecho el dinero. La colaboración nos dirige hacia la tierra de la suficiencia y nos planta en ella. Pueden verlo en la manera en que las conexiones aterrizadas en la suficiencia valoran la diversidad, el conocimiento, la creatividad, la experiencia y la sabiduría de todos los compañeros de manera equitativa, y nos permiten experimentarnos a nosotros mismos como participantes activos en un proceso vital y generativo. La colaboración se convierte en el circuito a través del cual la energía, la atención y los recursos de suficiencia fluyen y se renuevan constantemente. En la colaboración está implícita la confianza en la afirmación de que hay suficiente y de que averiguaremos la forma de utilizarlo juntos sabiamente.

Piensen en alguna situación en la que hayan participado en una colaboración con buenos resultados, y la forma en la que al trabajar en ella lograron profundizar en el sentido de su propia esencia, así como el reconocimiento y el respeto hacia sus compañeros. Piensen en la generosidad que necesitaron mostrar y la apertura que se requirió de ustedes y de su compañero o compañeros. Piensen en la satisfacción de los resultados producidos colectivamente y en la experiencia de la verdadera riqueza en el fruto de la acción.

La reciprocidad nos permite reconocernos unos a otros dentro de la apreciación de nuestras propias capacidades. La reciprocidad es como el aire que respiramos; utilizamos solo el que necesitamos. Y exhalamos exactamente la cantidad que debe liberarse. Es suficiente, es precisa y es una forma de afirmar la vida. Para reconocer, elevar y hacer brillar una luz dentro de la belleza de las relaciones e interacciones recíprocas en nuestra vida, debemos descubrir las vastas reservas de riqueza que existen y que hemos subestimado por completo. En la reciprocidad hay alimento emocional y dicha: yo estoy para ti y tú estás para mí.

En mi labor como activista y recaudadora de fondos para trabajos basados en el ámbito de la suficiencia, y como alguien que trata de vivir en esa misma forma, prácticamente, cada día de mi vida me doy cuenta del poder que existe en la colaboración para eliminar obstáculos respecto a la edad, la raza, el género, la religión, las comunidades étnicas y las diferencias socioeconómicas insalvables que a menudo nos dividen. Los beneficios de la colaboración resultan evidentes en ciertos casos que dieron un giro radical como es el caso de Sylhet en Bangladesh, o el de la aldea de Senegal donde las mujeres cavaron su pozo, o en muchos otros casos en los cuales la lucha crónica fue transformada en un éxito celebrado por muchos. Las victorias silenciosas, a veces inadvertidas, han tenido lugar a partir de una transformación similar del paisaje interno en la vida de ciertas personas, sobre todo en aquellas que luchan contra la pobreza y la riqueza material. Ahí, la colaboración ha llevado al autodescubrimiento, al crecimiento personal, a la sanación y a la experiencia de suficiencia que antes resultaba inaccesible, es decir, a la felicidad que el dinero no puede comprar.

En nuestra relación con el dinero, la colaboración nos libera de la búsqueda a la que nos vemos obligados por adquirir más dinero con el fin de sentir que tenemos suficiente, y se convierte en una oportunidad de marcar la diferencia con lo que tenemos. Sitúa el dinero justo en el lugar que le corresponde, como uno más entre los muchos recursos valiosos y necesarios que podríamos ofrecer.

Mantiene nuestro dinero en un flujo que, sin importar si se trata de un río o un arroyo o un chorrito en nuestra vida, circula de tal manera que genera un mayor beneficio a un mayor número de personas, ¡incluidos nosotros mismos!

Tracy: recursos compartidos y riqueza compartida

Una de mis más cercanas y amadas amigas es una mujer llamada Tracy. Su proceso de vida ha sido desafiante y aun así, siempre tuvo exactamente lo que necesitó para ella y para sus hijos. En cada circunstncia ha encontrado la riqueza y la alquimia en la colaboración y los principios de suficiencia bajo los cuales vive me siguen conmoviendo hasta ahora.

Tracy es madre de dos hijos y vive en una pequeña comunidad en el norte de California. Su esposo y ella se separaron a fines de los años ochenta, y cuando su marido la abandonó, ella pensó que su vida había terminado. Tenía poco dinero. No tenía marido. Tenía dos hijos pequeños y un corazón lleno de desesperanza.

En algún lugar de su alma, Tracy siempre se sintió atraída por la idea de vivir en otras culturas. Cuando su matrimonio terminó decidió que quería irse a algún lugar lejano, lo suficientemente distante como para aclarar sus ideas y su corazón, para pensar más abiertamente sobre su futuro y el de sus hijos. Había realizado cierto trabajo para el Hunger Project en Japón donde se hizo muy amiga de un colega, Hiroshi Ohuchi, profesor japonés de la universidad de Tamagawa. Hiroshi y Janet, su esposa estadounidense, tenían tres hijos, de doce, diez y ocho años. La hija más joven de Tracy, Sage, tenía siete años, y su hijo Sebastián, cinco.

Tracy escribió a Janet y a Hiroshi, les compartió la desesperanza que sentía por su divorcio y su deseo de estar en un lugar diferente donde pudiera pensar más claramente sobre su situación. Inmediatamente Janet la invitó a ella y a sus hijos a Japón para las vacaciones de invierno. Los Ohuchi vivían al pie de la montaña Fuji, lejos de otras personas. No tenían televisión y educaban a sus hijos en su propio hogar. La familia Ohuchi dio la bienvenida a Tracy y a sus dos hijos con los brazos abiertos y los incorporaron de inmediato a su hogar y a sus vidas. Los cinco niños se hicieron amigos rápidamente.

Durante el tiempo planeado de su visita, cada día aportó nuevas y dichosas dimensiones a su amistad y a la nueva apreciación de las capacidades que cada uno de ellos tenía. Tracy aportó magníficas aptitudes de organización a la familia y a la casa, con su talento para cocinar de manera divertida y su habilidad de crear momentos especiales donde todos participaban. Al final del periodo vacacional, cuando llegó el momento en que Tracy y sus hijos habían planeado originalmente para regresar a Estados Unidos, surgió una nueva oportunidad. Según lo explicó Tracy, la historia familiar tuvo este desenlace: "No puedo recordar por qué debemos regresar" y Janet respondió, "Nunca nadie dijo que tenían que regresar... ¡Nos encantaría que se quedaran!" De ese momento feliz vino lo que ahora cada uno de ellos llama un regalo de catorce meses, un regalo mutuo de responsabilidad compartida, de amistad y de vivir en una familia extensa.

Tracy, que antes se desempeñaba como maestra, trabajó con los cinco niños impartiendo clases en el hogar, ayudó a cocinar y a preparar las comidas, contribuyó con ideas creativas para mantener organizados y contentos a tres adultos y cinco niños, trabajó medio tiempo para el Hunger Project, practicó el budismo con Hiroshi, cantó viejas canciones populares con Janet y los niños y, lentamente, fue sanando en ese ambiente de amor y de cuidados al lado de la familia Ohuchi.

Los Ohuchi ofrecieron la calidez, el confort y la dicha que Tracy y sus hijos necesitaban después de la ruptura familiar. A su vez, los Ohuchi se enfrentaban con la enfermedad crónica de su hija pequeña. Con la participación familiar de Tracy y sus hijos compartieron una experiencia desgarradora, incluyendo el funeral de la bebé, que juntos se hizo más llevadera. Todos florecieron. Todos tenían exactamente lo que necesitaban y mediante la colaboración y la apertura de sus corazones hacia los demás y entre sí, encontraron una sensación de abundancia, esa exquisita experiencia de tener lo suficiente. Los Ohuchi se sintieron bendecidos por haber sido capaces de compartir su hogar y vida familiar con sus amigos. Tracy encontró el tiempo y el lugar para la sanación espiritual que necesitaba, así como para escribir un libro con su hija y realizar un trabajo productivo en el Hunger Project. La familia combinada de cinco hijos creció en un ambiente que resultaba inmensamente más rico de lo que habría sido si hubieran crecido en diferentes casas.

Cada familia aportó lo que tenía en ese momento y en esa etapa de su vida: los Ohuchi tenían estabilidad, un ingreso económico constante y seguro, un hogar que era tranquilo y lo suficientemente espacioso para todos. Tracy y sus hijos aportaron vitalidad, risas y creatividad, todo el conjunto ligado con una base espiritual y disciplina. Ambas familias enfrentaban los momentos emocionales más dolorosos de sus vidas, y encontraron compasión y fuerza entre sí. Cuando Tracy y sus hijos finalmente regresaron a los Estados Unidos, describió a unos amigos cercanos el placer y los beneficios que surgen de vivir en una familia extendida, y ellos, junto con sus dos hijos, decidieron embarcarse a experimentar esa convivencia en grupo. Juntos adquirieron una casa adorable que ninguna de las dos familias por si solas hubiera podido mantener, en una ubicación con buenas escuelas y con amplias áreas de juego al aire libre para los niños. Debido a que la otra pareja trabajaba fuera de casa, Tracy buscaba un negocio que le permitiera permanecer en casa después del horario escolar, con los cuatro niños que estaban cursando primaria. Tracy descubrió que tenía talento para entrevistar y escribir, así comenzó un negocio independiente que consistía en escribir relatos de la vida de personas mayores para que pudieran compartirlas con sus familias. El negocio prosperó y ambas familias han vivido juntas durante once años, para satisfacción de todos. En la actualidad, Tracy se gana la vida haciendo lo que más le gusta, mientras que sus hijos gozaron de excelentes oportunidades educativas y de un ambiente de vida hermoso, cálido y con un gran alimento espiritual, así como de una familia extendida que enriqueció sus vidas aún más. A pesar de que el ingreso de Tracy está en un rango entre mediano y bajo para los estándares estadounidenses (cerca de los 35,000 dólares anuales), ni ella ni sus hijos carecen de nada.

El viaje que comenzó con la desesperanza de Tracy debida a su divorcio y sus miedos con respecto al dinero y la manutención de sus hijos, finalmente demostró ser un camino hacia una vida de colaboración y felicidad compartida con una familia y unos amigos cercanos y cariñosos. A su vez, sus amigos se sintieron afortunados de tener la oportunidad de compartir su vida con Tracy y con sus hijos.

Tracy estableció su vida desde un contexto de suficiencia. a partir de ese momento, tuvo el espacio y el corazón para ser generosa -contribuyendo con lo que podía y sin miedo a la pérdida- y a la vez confiando tranquilamente en que el universo proveerá. Me dijo que sigue el consejo de la Madre Teresa: "Trabaja como si todo dependiera de eso, y déjale el resto a Dios". La misma Tracy es una inspiración constante por la forma en que ha desarrollado profundamente en ella y en sus hijos el concepto de "suficiente", tan perdido en nuestra cultura. A partir de ahí, es decir, de tener suficiente y ser suficiente, ella pudo recibir los frutos de la colaboración, de la alquimia de la reciprocidad. La prosperidad de sus hijos jóvenes depende de sus propias capacidades y del compromiso de utilizarlas para marcar una diferencia en el mundo.

La verdadera "ley de la selva": colaboración y competencia en equilibrio

Los científicos y economistas del siglo diecinueve nos mostraron una imagen terrible del mundo natural, afirmando que la competencia por el alimento y otros recursos se impone como una fuerza inevitable y definitiva a través de la cual la naturaleza establecía un equilibrio entre la población y los recursos, y priorizando la selección, favoreciendo así algunas especies y en detrimento de otras. Thomas Malthus, un teórico de la economía política estableció que el hambre, la enfermedad, la pobreza y la guerra actuaban como flagelos naturales de origen divino, destinados a controlar la superpoblación. Charles Darwin fue más allá al describir "la supervivencia del más apto" como la competencia por los recursos escasos y como base para la evolución de las especies. Contrariamente a esos modelos que describen a la naturaleza como competitiva casi exclusivamente, de manera innata e intensa, los estudios científicos más recientes han esclarecido el poderoso rol de la reciprocidad, la sinergia, la coexistencia y la cooperación en el mundo natural, y una imagen de vida más acertada que eso representa.

Con una simple mirada superficial al abasto mundial de alimentos y a la población mundial, veremos que hay suficiente comida para todos, aunque existen otros factores que favorecen que ciertos sectores de población tengan un exceso de abastecimiento, incluso de sobrealimentación, mientras que otros estén mal nutridos y muriendo de hambre. El hambre crónica no es el "método de la naturaleza" para controlar la población o perfeccionar las especies. De hecho, es un asunto no tanto de la naturaleza sino de los gobiernos inoperantes, de las políticas y los sistemas económicos creados por nosotros mismos.

La idea de que la escasez y la competencia son muestra de que así son las cosas, ya ni siquiera es viable. Elisabet Sahtouris, una respetada bióloga evolucionista, menciona que la naturaleza fomenta la colaboración y la reciprocidad. Señala también que en la naturaleza existe la competencia, pero dentro de ciertos límites, y la verdadera ley de supervivencia es, en última instancia, la cooperación.

La naturaleza se expresa teniendo en cuenta el equilibrio y la finalidad. La naturaleza prospera en la suficiencia. Un león mata lo que necesita para mantenerse vivo y nada más. Un león saludable no va por ahí matando de manera incontrolada. Solamente quiere y toma lo suficiente. Las diferentes especies de plantas y animales coexisten, aportando cada una algo esencial a un ambiente equilibrado que mantiene la vida. Sahtouris y otros señalan que, contrariamente a lo que implica la competencia en "la supervivencia del más calificado", una descripción más precisa sería "la supervivencia del que coopera y colabora." Mi propia experiencia me dice que se puede observar dicho principio de una manera particularmente poderosa en la selva tropical, donde a cada paso descubres la extraordinariamente rica y delicada inter-conectividad de todas las formas de vida.

En su libro *The Limits of Growth* y en otros escritos, la ya fallecida científica medioambiental Donella (Dana) Meadows, con quien trabajé muy de cerca, como amiga y colega, en el Hunger Project durante veinte años, presentó un caso convincente que confirmaba dicha teoría mucho más clara sobre el mundo natural. Gracias a sus trabajos y a su modo de vida, nos reveló el mundo desconocido de "lo suficiente", que existe y da soporte a la vida de este planeta.

Comparando las teorías económicas con las leyes evidentes de la naturaleza, alguna vez escribió que mientras la legislación económica establece la condición de escasez y su consecuencia de que debemos consumir, producir, competir y dominar más y más, y cada vez más rápido, el equilibrio natural establece la competencia y la cooperación en un ambiente de coexistencia, creación, producción y consumo, con un ritmo que vemos expresado en los ciclos naturales de la vida, el crecimiento y la muerte.

Meadows escribió:

"La Economía dice: compite. Solo si te enfrentas a un oponente digno, podrás desarrollar tu objetivo de manera eficiente. La recompensa por una competencia exitosa será el crecimiento. Devorarás a tus oponentes, uno por uno, y a medida que lo hagas, obtendrás más recursos para volverlo a hacer. La Tierra dice: compite, sí, pero mantén tu competencia dentro de ciertos límites. No aniquiles. Solo toma lo que necesites. Deja que tu competidor tenga lo suficiente para vivir. Cuando sea posible no compitas, coopera. Polinícense unos a otros, construyan estructuras firmes que ayuden a las especies más pequeñas a alcanzar la luz. Distribuyan los nutrientes, compartan el territorio. Algunos tipos de excelencia surgen de la competencia, otros surgen de la cooperación. No se trata de una guerra, se trata de una comunidad."

La naturaleza ofrece otras muchas lecciones que arrojan luz sobre nuestra actitud con el dinero, si decidimos abrirnos por completo a las nuevas reflexiones y nos replanteamos las viejas teorías. Por ejemplo, investigaciones recientes sugieren que la respuesta "luchar o huir" que por mucho tiempo se ha establecido como la respuesta humana normal ante la amenaza o el miedo, es en realidad una característica destacada de la población masculina, mientras que la respuesta característica de la población femenina ante una amenaza es asociarse y colaborar con los demás. Partiendo de una amplia variedad de fuentes que aportan esclarecedores descubrimientos científicos, estamos comenzando a apreciar esta gran verdad sobre el mundo natural. La competencia y el conflicto forman parte innegable de la naturaleza, pero no constituyen una característica predominante, como sugieren los que justifican la avaricia humana y la violencia como fenómenos naturales. Es un error, o una manipulación, usar la naturaleza como símil o modelo del comportamiento humano, y enfocarse solo en una de sus facetas –la competencia, la agresión y la violencia– para imaginar un mundo dividido entre ganadores y perdedores, que pensar que así son las cosas.

Por supuesto que dentro de la naturaleza también existe el conflicto; algunos animales salvajes pelearán hasta la muerte para dominar, aparearse, por el alimento y el territorio. Pero incluso en la comunidad animal, este es un comportamiento entre una compleja variedad de comportamientos, muchos de los cuales se justifican por las actividades de crianza, exploración o intercambio de información importante sobre la ubicación del alimento, del agua y de los depredadores.

La naturaleza no es un modelo separado de nosotros. Somos parte del mundo natural, por entero y con todas sus complejidades. Como parte de dicho mundo natural, podemos aceptar el miedo y el comportamiento agresivo como algo natural, pero estableciendo que son comportamientos extremos dentro de un contexto más amplio de relación simbiótica, cooperativa y de colaboración que resulte generadora y que apoye la vida. Es mucho más razonable para nosotros recurrir a dichas imágenes y comportamientos naturales que dan soporte a la vida como modelo de inspiración –de hecho es más frecuente que suceda de esta forma– debido a que dichos tipos de relaciones y cualidades del comportamiento son las que mejor sirven como modelos y nos indican la mejor práctica para establecer una relación generadora con el dinero, en pro de la supervivencia humana y de un futuro sustentable para nuestra tierra.

El problema de la caridad y la "mano amiga"

"Si vienes a ayudarme, estás perdiendo el tiempo", dice un dicho indígena, "pero si vienes porque tu liberación está vinculada a la mía, entonces pongámonos a trabajar juntos."

Como recaudadora de fondos, facilito la colaboración y me he comprometido profundamente con el concepto de dar y recibir. Y aunque eso suene muy bien, también he visto el lado oscuro y deshonesto de esto que, a primera vista, aparenta ser genuino y bueno. Resulta difícil imaginar que la caridad pueda tener un lado oscuro o que sea deshonesta, pero así es.

Tuve un encuentro con dicho lado oscuro hace muchos años en Chicago, cuando acepté ese cheque de 50 000 dólares del Presidente

Ejecutivo de una compañía de la industria alimentaria, dándome cuenta tardíamente que se trataba de dinero lleno de culpa, un soborno destinado a compensar algunas relaciones públicas en las que se dio un paso en falso. Lo observé en Bombay, cuando vi claramente que los mendigos mutilaban a sus hijos para impresionar y dar lástima para obtener dinero de los turistas, y vi que el dinero que obtenían de esa manera solo servía para arraigar más la manipulación y, en última instancia, el ciclo de la mendicidad. He visto el lado oscuro en la forma en que algunos ricos al dar donativos utilizan estos como una manera de limpiar su imagen pública, o en que prometen aportaciones de dinero como un método para conseguir atención especial o privilegios de quienes están desesperados por recibir los dólares. También descubrí este lado oscuro al ver cómo, a veces, las organizaciones, programas y gente se esfuerzan en complacer a los ricos con la esperanza de ganarse sus favores, así como un buen cheque.

El lado oscuro surge en los países que luchan por sobrevivir, donde las cantidades masivas de ayuda, de dinero, comida u otros suministros provenientes de las naciones que ofrecen dicha ayuda, terminan en manos de funcionarios corruptos, y sirven para fortalecer un control pleno de codicia sobre la vida de los que viven con necesidades, o donde quienes reciben dicha ayuda se convierten en víctimas de su propia dependencia. Es ahí, incluso en el más rutinario dar y recibir, donde la caridad se encuentra a un brazo de distancia: en la donación con trasfondo de culpa, en el movimiento de dinero entre quienes lo poseen y los que no lo tienen, lo cual solo perpetúa la mentira de que existen "los que tienen" y "los que no tienen", en lugar de verlo como socios que poseen recursos diferentes realizando una transacción que beneficia a ambos.

El doloroso legado del exceso y la caridad mal orientada me resultó evidente en Etiopía cuando estuve ahí a principios de los noventa. Seis años antes tuvo lugar el Live Aid, en ese tiempo el evento televisivo de recaudación de fondos más grande de la historia, que resultó exitoso al atraer la atención del mundo hacia la hambruna desoladora registrada en 1984 en el Valle de Rift en Etiopía. Se recaudaron millones de dólares de ayuda y se envió comida para evitar que ocurrieran más muertes. Etiopía y los etíopes ocuparon el centro de atención del escenario mundial durante varias semanas. Las imágenes televisadas de sus rostros cadavéricos y sus raquíticos cuerpos movieron los hilos de la compasión del mundo opulento, de tal forma que las donaciones caritativas inundaron las organizaciones que trabajaban para aliviar la hambruna y ayudar a la gente.

A pesar de que se hizo mucho bien con ese dinero y de que se salvaron muchas vidas, cuando regresé seis años más tarde, encontré personas que seguían estando al borde de la muerte, que perdieron el sentido de la auto-confianza y que esperaban que el mundo los salvara de nuevo. Ahora, sin los grandes titulares en los diarios ni las imágenes televisivas, esta gente estaba desamparada y desesperanzada, en una situación de sequía y consternación, mientras la comunidad mundial ponía su interés en otras crisis. Se hablaba de "una fatiga del donante" y la ayuda se había reducido prácticamente a nada.

Al mostrarse caritativo durante esas semanas, el mundo acaudalado quizás hizo más por aliviar su propia incomodidad en cuanto a la situación, que para solucionar realmente la situación etíope y, tan pronto como la crisis pasó de moda, la atención y el dinero se fueron a otro lugar. Por otra parte, los etíopes se dieron cuenta que tenían que seguir sosteniendo en sus brazos a un bebé hambriento para obtener la atención que necesitaban desesperadamente, para que la ayuda les siguiera llegando. Así como los mendigos organizados de Bombay aprendieron a tomar ventaja de su aspecto para obtener limosna, yo sentí esta relación de caridad basada en la lástima y la simpatía hacia "los necesitados" de repente como una especie de pornografía de la pobreza que degradaba todas las partes involucradas.

He visto el costo de dicho mecanismo, una y otra vez, en mi trabajo en los países en desarrollo. Veo a la gente sufriendo la resaca de la dependencia. Veo las consecuencias de un estado de beneficencia extendido por todo el mundo, que va más allá del concepto de ricos y pobres, que en realidad tiene lugar a través de instituciones, familias, relaciones internacionales, donde la gente "ayuda" a otros imponiendo estructuras patriarcales, generando sumisión, creando dependencia y gente dependiente –en lugar de promover la autoconfianza y una saludable interdependencia–, lo cual demerita a todos.

Independientemente de que tenga lugar entre naciones, o en el ámbito menor de nuestra propia comunidad o familia, cuando los que dan dinero se perciben a sí mismos como salvadores benévolos, los considerados como "receptores" se vuelven incapaces de establecer o de distinguir su valía o su confianza en sí mismos. El salvador benévolo se pierde de la experiencia humana vital de la interdependencia saludable, y la gente que recibe el dinero a menudo se percibe a sí misma como indigna, en lugar de verse como el socio digno y valioso que podrían ser. No existe un método que permita que la gente rica pueda realmente cambiar algo con su dinero, si no se produce la pasión y el compromiso de un socio que sepa cómo llevar a cabo lo que se necesita hacer. Solo cuando esta habilidad es valorada, honrada y acogida in situ a partir de una relación de sociedad, se obtienen ganancias duraderas. Si hay ausencia de compromiso para afrontar unidos los desafíos que soporta una comunidad humana, la caridad no va a resolver los problemas. Por un tiempo nos evitará el problema y nos librará de la responsabilidad. Nuestras sociedades nos han preparado para dar y recibir ayuda cuando, de hecho, lo que se necesita es un compromiso integral, una total colaboración y un auténtico compañerismo.

Habría que hacer una distinción entre la caridad y la solidaridad, tal como se experimenta en un contexto de colaboración. Tad Hargrave, un joven activista y facilitador de la Youth for Environmental Sanity (YES), lo describió de forma elocuente en estos términos:

"La caridad es completa cuando está basada en la solidaridad.

… Mientras que la caridad puede ayudar a los que son víctimas del sistema, la solidaridad puede poner a ese mismo sistema a prueba. No solo ofrece recursos, trabaja también activamente para cambiar esos mismos sistemas que ponen injustamente los recursos en manos de unos a expensas de otros. La solidaridad dice: "No quiero beneficiarme injustamente de un sistema que resulta injusto."… La solidaridad nace de saber que todos estamos conectados, y por lo tanto la opción de "nosotros" contra "ellos" resulta falsa.

Filantropía con compromiso: dinero y alma en sintonía

Si hubo una sorpresa esperándome en mi carrera como recaudadora de fondos, esta se produjo al darme cuenta que algunos de los filántropos más grandes y acertados del mundo no tienen mucho dinero. Algunos sí lo tienen, grandes e incluso ingentes cantidades de dinero, sin embargo, la filantropía en los Estados Unidos y alrededor del mundo es más bien un producto del arduo trabajo de asalariados, de gente común, así como es una moda entre ricos y famosos. De acuerdo con el Giving USA Annual Report on Philantropy (Entrega del Informe Anual de USA sobre filantropía), en el año 2000 se otorgaron más de 200 billones de dólares al sector de las asociaciones sin-fines-de-lucro, y de esos 200 billones, solo un 5% provino de las corporaciones y un 7% de las fundaciones. El 88% restante provino de individuos, lo que nos da una idea de que la mayor parte de las donaciones y la generosidad proviene de individuos, y de aquellas personas que dieron ese 88% del dinero, el 75% ganan menos de 150 000 dólares al año.

Es asombrosa la generosidad de la gente en países donde la pobreza es el factor dominante. En África, por ejemplo, las personas que viven en aldeas rurales, como en la mayor parte del mundo, dependen unas de otras y de la generosidad de la propia comunidad para conseguir que algo extraordinario ocurra. Así, cuando un niño de alguna aldea africana o mexicana tiene la oportunidad de asistir a la universidad, es muy frecuente que toda la aldea se reúna para contribuir con lo que pueda con el fin de hacerlo posible. O bien, juntarán todos sus recursos cuando exista la oportunidad de enviar a alguien a una conferencia a Estados Unidos o a Europa. Recuerdo a un joven adolescente que fue enviado a una conferencia del Hunger Project en Alemania gracias al apoyo de trescientas personas de su aldea nigeriana, cuyos nombres leyó ante todos nosotros cuando llegó al lugar de la reunión.

No estoy hablando aquí de gente que pudiéramos llamar de recursos, sin embargo cuentan con una pequeña reserva de dinero que guardan para ese tipo de oportunidades de apoyo para alguien de la comunidad o de su extensa familia. Las comunidades religiosas o espirituales pueden ser lugares donde este tipo de fondos se utilizan también como una manera de expresar el amor y el apoyo en forma de pequeñas donaciones que se van sumando.

Cuando pensamos en la filantropía, habitualmente creemos que es una palabra reservada a los ricos, pero todos estos actos de generosidad, de compartir y de bondad los percibo como filantrópicos en los que todos somos capaces de participar continuamente.

Otro error de apreciación consiste en pensar que la gente con recursos da a quienes no tienen recursos, pero rara vez funciona de ese modo. Lo que realmente funciona es cuando todos aportan los bienes o recursos y los ponen a disposición para hacer que esa visión sea una realidad. Algunos de estos recursos son financieros, otros son mano de obra. Algunos de ellos son la devoción y la pasión depositadas en lo que todos quieren que ocurra. Independientemente de lo que puedan aportar, la participación de todos constituye un recurso común. Cuando dejamos de sobrevalorar la importancia del dinero al que se le otorga más importancia que a cualquier otra cosa, percibimos a todos como poseedores y otorgadores de bienes, y a todos contribuyendo unidos en esa visión. Así es cuando resulta realmente sano, cuando al dinero no se le da más significado del que se merece; solo representa otra manera de participar y es lo que algunas personas tienen para compartir.

En un viaje a Etiopía que realicé por parte del Hunger Project, viajé con varias mujeres a una comunidad rural llamada Lallibela, donde un grupo de mujeres mayores nos había solicitado una reunión para hablar de un proyecto que tenían en mente. El lugar era parte de una hostil e inclemente área rural, no precisamente lo que la mayoría de nosotros consideraría un lugar fértil para cualquier propósito. La mayoría de las personas identificaría a estas mujeres como ancianas, y la mayoría las llamaría pobres, pero las dieciséis mujeres que estábamos reunidas nos sentamos en un círculo sobre el suelo duro, dieciséis mujeres listas para pensar y trabajar juntas con el fin de hacer que algo sucediera. Algunas de nosotras veníamos del próspero mundo de Estados Unidos, al cual luego regresaríamos; las demás habían nacido ahí y vivirían y morirían en esa árida y difícil región.

Las mujeres etíopes eran mucho mayores que nosotras, tenían entre sesenta o setenta años, y algunas eran viudas con pocos o ningún medio para ganarse la vida. Pero tenían el sueño de construir una casa de té, una modesta casa de té al lado de un camino por donde muchos de los agricultores transitaban para llevar sus productos al mercado de Lallibela. La casa de té sería una bendición tanto para los agotados agricultores y otros viajeros de la misma ruta, como para las mujeres, quienes tendrían un medio para ganar lo suficiente y así mantenerse a sí mismas. Querían trabajar, pero a estas alturas ya estaban bastante débiles, ya no podían cultivar, tampoco podían caminar para ir a vender nada a ningún lado, por lo cual tenían la necesidad de idear algo que les permitiera quedarse en un solo lugar.

La idea que tenían de la casa era muy sencilla y ya habían comenzado a construir una estructura redonda para una sola habitación con pedazos de ramas caídas o con árboles muertos de la región. Habían logrado construir su casa de té con todos los materiales que encontraron ahí mismo, sobre el terreno, pero no tenían tazas de té ni platitos ni una tetera, esas cosas que harían que el lugar se viera como una verdadera casa de té y no solo como un lugar de descanso. Entonces mi grupo de mujeres hizo los arreglos necesarios para comprar esos utensilios y fue con lo que contribuimos al proyecto. También creamos un pequeño fondo para apoyar en la compra de suministros que serían enviados periódicamente desde la ciudad más cercana por una mujer joven, agente de desarrollo, que estaba feliz de participar en la adquisición de provisiones y de mantener la casa de té abastecida. Ella aportó su juventud y su fuerza física. Nosotras contribuimos con el apoyo financiero que estábamos deseosas de dar para convertirnos en socias de estas mujeres en el negocio de la casa de té. Resultó un proyecto de colaboración perfecto, y recuerdo haber pensado que todas éramos mujeres poniendo simplemente su grano de arena, dentro de un contexto más amplio, para lograr que sucediera algo extraordinario e importante. Fue una experiencia muy hermosa y llena de gozo. No estábamos dando dinero a estas "mujeres viejas y pobres." Les estábamos brindando un servicio a ellas y a todos los que pasaban por ese camino rumbo al mercado. Nuestro deseo era marcar la diferencia.

En el contexto de la suficiencia, la filantropía y el servicio se convierten en expresiones de la inter-conectividad. La filantropía con compromiso permite a la gente invertir su riqueza, no solo con cantidades de dólares, sino también con la energía de su intención. Se dan por completo generando un nuevo futuro para todos nosotros, ya sea mejorando las instalaciones de la escuela local o aboliendo las armas nucleares en el mundo o apoyando el fortalecimiento social de las mujeres de Indonesia. Al dirigir el flujo del dinero hacia los más altos compromisos, invierten dinero con alma y adoptan y expresan la suficiencia. Esto es lo que llamo inversión "real", que no genera individuos que reciben caridad. Es una oportunidad para nosotros como familia humana de colaborar con otros, con cualquier tipo de recursos que tengamos en nuestra vida. En ese contexto, los inversionistas financieros sienten que tienen suficiente y que cuentan con la capacidad, el anhelo y la habilidad de compartir.

Se asocian con gente que se encuentra en el terreno de trabajo haciendo posible una nueva instalación para la escuela o comprometiéndose a realizar el trabajo preliminar para preservar una selva tropical o trabajar en las aldeas indonesias para expandir la alfabetización, las capacidades educativas o la agricultura. Estas colaboraciones son sociedades igualitarias al servicio de una visión cooperadora por todas las partes involucradas. Todos están compartiendo su riqueza, la cual experimentan como una suficiencia, como algo con sentido de plenitud, una prosperidad en su vida y en su trabajo.

La mano del hombre debe abrirse para recibir, pero también para dar y para tocar. Un corazón humano debe también abrirse para recibir, así como para dar y tocar a otro corazón. Esa apertura y reciprocidad, esa imagen de la mano y el corazón abiertos, nos conecta no solo con otros, sino también con el sentimiento de plenitud y suficiencia en nosotros mismos.

Faith Strong: la conexión crea afinidad

Faith Strong estaba en sus sesenta cuando decidió utilizar la filantropía para llevar su propia riqueza heredada de un legado familiar de intereses personales hacia una inversión seria en asociaciones globales para mejorar la salud y la equidad social, particularmente con mujeres en condiciones de sometimiento en culturas dominadas por los hombres. Al contribuir y trabajar con el Hunger Project, llegó a interesarse cada vez más en fortalecer a las mujeres, creando comunidades autosuficientes en esos ambientes desafiantes. Durante un viaje a Senegal para reunirse con sus compañeros de África Occidental, ahí, en una ceremonia y celebración festiva en una aldea, surgió un vínculo de afinidad y una oportunidad para asociarse con ocho mujeres senegalesas que querían comenzar un programa de microcréditos para su propia aldea y para otras cinco aldeas vecinas.

Los recursos que cada mujer aportó a la asociación eran variados. Una de ellas era la líder natural del grupo; otra era excelente para la contabilidad y la tabulación de cifras; la tercera era una comunicadora y promotora natural y todos querían hacer siempre lo que ella hacía; otra era muy buena para el almacenamiento de alimentos en ese difícil ambiente, y había otra que era excelente para criar aves de corral. Faith era buena para proveer recursos financieros. Así que nueve mujeres en total, incluida Faith, se unieron, con una visión en común, para crear un programa de microcréditos dirigido a todas las mujeres de estas cinco aldeas. El programa les permitiría comenzar un negocio de almacenamiento de víveres y de crianza de aves de corral para ganar dinero y alimentar a sus familias, así como para mejorar la vida de su pueblo.

Al igual que las que participamos en la aventura de la casa de té, Faith aportó los recursos que tenía, ellas los suyos, y juntas invirtieron en una visión común. Todas se beneficiaron. Ninguna era una "receptora de caridad". Cada mujer se valoraba por sus capacidades particulares. Este es el rol del dinero transformado en filantropía.

La filantropía no es solo para gente rica que se siente magnánima, culpable o avergonzada por tener más de lo que necesita, ni para alguien que busque probar su rectitud a través del sacrificio y la caridad. Nuestro mundo ha evolucionado a otro nivel, y ahora tenemos la oportunidad de olvidarnos de la caridad tradicional, tal como la hemos conocido, y crear en su lugar asociaciones en donde se logra una visión compartida a través de la solidaridad y la colaboración del saber cómo hacer las cosas, del capital de trabajo y de los recursos financieros. Este tipo de asociaciones ya existen bajo la forma de organizaciones como el Hunger Project, la Peace Corp, Save the Children, Planned Parenthood, Habitat for Humanity, Katalysis: North-South Partnership, el Grameen Bank, The Pachamama Alliance, en comunidades, proyectos y programas en todo el mundo. Hay personas provenientes de diferentes sustratos sociales que están aportando sus recursos para crear soluciones. Esta es la nueva filantropía: donación y servicio en colaboración. Cuando uno se encuentra en ese espacio, en ese lugar, los problemas empiezan a disolverse y los milagros se multiplican en abundancia.

Bangladesh: dinero, alma y una nación en recuperación

La historia de los Siete Magníficos muestra el poder de la asociación, en la cual una organización capacitó con entrenamiento y talleres de visión y liderazgo, para que los líderes locales de la comunidad o los activistas pudieran recuperar su sensación de poder. En términos más simples, estos talleres continuos integraron a la gente para visualizar un Bangladesh independiente y autosuficiente, un Bangladesh que pudiera aportar algo a la comunidad mundial; un país que no necesitara de limosnas; un país cuya gente aportara su inteligencia, valor, talentos y aguante; gente industriosa y creativa; gente con una literatura y un arte propios; una nación que pudiera sentarse orgullosamente en la mesa, como un participante más, en las Naciones Unidas.

La situación de Bangladesh ha mejorado dramáticamente durante los últimos veinte años, ahora con una visión apasionada de lo que puede suceder en el futuro, así como con el compromiso de atesorar sus medios internos para dicha tarea, y la continua aportación de recursos y colaboración a través de muchas otras organizaciones internacionales que contribuyen con otros medios.

En un periodo relativamente corto, ha cambiado mucho. En la actualidad, las mujeres tienen un promedio de tres o cuatro hijos en lugar de los ocho o diez que solían tener. Los ingresos promedio se han duplicado. Las organizaciones no gubernamentales y las iniciativas independientes de desarrollo económico son uno de los movimientos fundamentales más eficaces del mundo, aliviando la pobreza y erradicando el hambre.

En la actualidad, la conversación de la vida nacional en ese país incluye la poesía; es una nación de poetas prolíficos y su poesía es una fuente de orgullo nacional. Las lecturas en cafés y mercados son a menudo el punto de atracción y actualmente se comienza a publicar cada vez más poesía bangladesí en otros idiomas. Sus telas y su moda se encuentran ahora disponibles en todo el mundo.

La transformación de Bangladesh continúa, con enormes retos por delante, pero ya se puede observar un progreso significativo. Muchas personas están redescubriendo su autosuficiencia y son capaces de percibirse a si mismas colaborando como colegas, y no como gente necesitada que debe ser rescatada. Se ven a sí mismos como los autores de su propio desarrollo, trabajando de manera intensa y a la par, con socios que aportan diferentes recursos a dicha colaboración. Han llevado a cabo una elección consciente al dejar de luchar solo para obtener más y más y más ayuda, están reorientando su energía hacia la identificación de sus propias capacidades y a hacer más con lo que tienen. Están asumiendo la responsabilidad y el rol de liderazgo con la gran colaboración de los socios internacionales.

En una reunión a la que asistí ahí en 1991, un comentario reciente del primer ministro es lo que se escuchaba en las calles como modelo de inspiración, y también en las altas esferas de poder. El primer ministro habló orgullosamente de su pueblo: "Lo que tenemos no son 120 millones de bocas que alimentar, sino 240 millones de manos que están listas para trabajar. Lo que tenemos son 240 millones de ojos que están listos para ver al mundo de una forma diferente. Lo que tenemos son 240 millones de oídos listos para escucharse unos a otros". Recordando su propio país y admirando su belleza, dijo: "Somos poetas, somos tejedores, somos músicos, somos intelectuales, y somos capaces de hacerle frente al desastre, inundación tras inundación. Nos encontramos entre la gente más creativa y resistente del mundo. No queremos caridad. Lo que queremos es colaboración".

A través de decenas de miles de sociedades con organizaciones y millones de socios particulares y otras colaboraciones, Bangladesh ha logrado expresar y profundizar su fortaleza y bienestar, convirtiéndose poco a poco en un participante capaz de aportar algo a la plataforma mundial.

La profecía del águila y el cóndor

Al continuar trabajando con los indígenas achuar, nos dijeron que nuestra alianza con ellos es el cumplimiento de una profecía indígena ancestral de colaboración para la supervivencia, llamada The Prophecy of the Eagle and the Condor (La profecía del Águila y el Cóndor). Durante miles de años, chamanes y ancianos a lo largo del continente sudamericano contaban que en los comienzos del quinto Pachakuti (un Pachakuti es un ciclo de quinientos años) –la era que hoy vivimos– se daría un reencuentro entre la gente del "pueblo del Águila" y el "pueblo del Cóndor", quienes estuvieron separados por mucho tiempo.

La historia de la profecía relata que en el comienzo, todos los pueblos de la tierra eran uno, pero hace mucho tiempo se dividieron en dos grupos y cada uno siguió un camino diferente de desarrollo. El pueblo del Águila era sumamente científico e intelectual mientras el del Cóndor vivía en armonía extrema con la naturaleza y el reino de la intuición.

La historia continúa, señalando que en este momento crítico de la historia de la tierra, el pueblo del Águila –la gente del intelecto y la mente, gente con un sentido altamente desarrollado de la estética y las habilidades cognitivas– habría alcanzado el cenit en la acumulación de conocimiento científico, tecnología y herramientas tecnológicas, así como la expresión de un arte elevado y la habilidad para construir. Incluso desarrollaría herramientas y tecnologías que expandirían la mente y producirían milagros técnicos de un poder y una magnitud inimaginables. Los enormes logros y tecnologías de ese pueblo les aportarían una formidable riqueza material a los líderes del mundo del Águila. Al mismo tiempo, se empobrecerían espiritualmente, con el peligro que eso conlleva, y su existencia misma estaría en peligro.

En esa misma era, el pueblo del Cóndor –gente del corazón, del espíritu, de los sentidos y de la profunda conexión con el mundo natural– tendría altamente desarrolladas sus habilidades intuitivas. Este pueblo indígena alcanzaría un poderoso cenit en su profunda sabiduría ancestral, en su comprensión y capacidad de relacionarse con el mundo natural y los grandes ciclos de la tierra, en su conexión con los grandes espíritus, con el reino animal y el reino vegetal, y en sus habilidades para desplazarse entre las diversas dimensiones espirituales frecuentadas. Al mismo tiempo, padecerían hambre y se habrían empobrecido con el conocimiento que les permitía ser exitosos en el mundo material, y estarían en desventaja en sus interacciones con el mundo material del Águila, a tal grado que se pondría en riesgo su misma existencia.

Está claro que nuestra cultura occidental representa a la gente del Águila y los indígenas del mundo son el pueblo del Cóndor.

La profecía dice que en este momento de la historia de la tierra, el pueblo del Águila y el pueblo del Cóndor se reunirán de nuevo. Al recordar que antes eran un solo pueblo, se conectarán de nuevo, recordarán su origen común, compartirán su conocimiento y sabiduría y se salvarán unos a otros. El águila y el cóndor volarán juntos en el mismo cielo, ala con ala, y el mundo se equilibrará después de haber estado a punto de extinguirse. Ni las águilas ni los cóndores sobrevivirán sin esta colaboración y, de esa reunión de los dos pueblos, surgirá una nueva aleación de conciencia que honrará al pueblo del Águila por sus notables logros en el campo de la mente, y al pueblo del Cóndor por su profunda sabiduría del corazón. Juntos –y solamente juntos– la crisis se resolverá y surgirá un futuro sustentable para todos.

En nuestro trabajo con el pueblo achuar, he percibido una clara y absoluta alquimia de la colaboración. Mi esposo Bill se ha vuelto más claro, más profundo y rico con sus propios dones como un hombre de negocios del mundo moderno, ahora integrando las profundas cualidades del holismo, la reciprocidad y la sabiduría del corazón tan fundamentales en la forma de ser de nuestros socios indígenas. He visto crecer mis propias fuerzas y mis defectos disminuir al ir integrando en mi corazón y en mi alma sus formas ancestrales de conocimiento y comprensión del mundo natural. A ellos los hemos observado conteniendo y profundizando su poder intuitivo al mismo tiempo que se han convertido en participantes claros y experimentados en el escenario del mundo actual, aportando habilidades y cualidades que resultan fundamentales para el éxito en el nuevo mundo que habitan.

Esta riqueza que crece y se hace cada vez más profunda con esta alianza, así como mis años de trabajo con la hambruna y la pobreza, la opulencia y la riqueza, me han enseñado que la colaboración y todos sus derivados —reciprocidad, compañerismo, solidaridad, alianza— fluyen desde la verdad de la suficiencia. Todo está aquí, ahora. Es suficiente. Somos el uno para el otro y nuestros recursos abundan.

Esta antigua profecía presenta una sabiduría eterna para la vida contemporánea, aun cuando vivamos en el país del "águila", en donde la ciencia, la tecnología y los bienes materiales se han convertido en elementos determinantes. El relato del Águila y el Cóndor es una historia aplicable a nuestra época y una revelación para nosotros, un recordatorio de que la colaboración es parte esencial de nuestra historia como seres humanos, de la verdad de la suficiencia, así como la clave para lograr un futuro próspero y sustentable para todos nosotros.

Cuarta parte

Cambia el sueño

Capítulo 8

Cambia el sueño

Lo hemos soñado: por lo tanto ahí está. Estoy convencido de que todo lo que pensamos y sentimos es simplemente una percepción, que nuestras vidas —tanto individualmente como en comunidad— están moldeadas alrededor de dicha percepción y que, si queremos cambiar, debemos modificarla . Cuando invertimos nuestra energía en un sueño diferente, el mundo se transforma. Para crear un mundo nuevo, debemos primero crear un sueño nuevo.

John Perkins, The World Is As You Dream It
(*El mundo es cómo uno lo sueña*)

Desde 1995, Bill y yo hemos estado inmersos en el trabajo con el pueblo achuar en Ecuador, una cultura indígena ancestral que se mantiene intacta, próspera, saludable e increíblemente sabia, y con la que nunca hubiéramos soñado asociarnos. Fue de hecho un sueño y un amigo los que nos reunieron.

En 1994 viajé a Guatemala con John Perkins, autor, activista ambiental y amigo que trabajó con los chamanes de Sudamérica durante más de treinta años. John nos llevó a Ecuador la primera vez que fuimos a la selva tropical del Amazonas, y nos presentó a toda la gente clave con la que comenzamos a trabajar cuando fundamos The Pachamama Alliance –o mejor dicho, cuando los achuar "nos encontraron" a través de su acercamiento inicial a nosotros–.

Mi viaje a Guatemala con John fue hace casi diez años. Ambos encabezábamos un grupo de donantes y activistas en un viaje para visitar a los indígenas mayas de la región montañosa de Totonicapan. Durante el viaje, un pequeño grupo de entre nosotros tuvo la oportunidad de participar en un rito ceremonial de sueño y de visión con un respetado chamán del lugar. Esta escala específica en el itinerario constituía una oportunidad excepcional, ya que la historia ha hecho a los líderes indígenas recelosos de la gente blanca como nosotros. En otras circunstancias, el chamán ni siquiera nos hubiera visto. Sin embargo, John recurrió a la confianza y a la amistad de tres décadas, y logró concertar una sesión entre nuestro grupo y el chamán.

Esa noche nos reunimos en el lugar que el chamán había preparado para nuestra ceremonia. Nos dio la bienvenida y nos invitó a entrar en un círculo con el fin de experimentar un viaje diferente, el tipo de viaje interior que se realiza bajo un trance poderoso y en el espacio del sueño creado por el chamán. En la mayoría de las culturas indígenas, los sueños son un medio de comunicación poderoso; las personas discuten sus sueños y encuentran significados en ellos, los consultan antes de tomar decisiones importantes, y los consideran como un medio para comunicar sus deseos e intenciones, así como para darlos a conocer y hacerlos realidad para otros.

Era mi primera experiencia en una ceremonia chamánica y, al dejarme inducir en ese estado de sueño, logré tener una experiencia extraordinaria: me convertía en un pájaro grande y sobrevolaba un bosque verde y extenso. Al mirar hacia abajo, veía rostros incorpóreos flotando hacia arriba desde la superficie del bosque hacia mí. Eran rostros de hombres que estaban pintados con diseños geométricos y llevaban coronas de plumas amarillas y rojas. Mientras flotaban hacia mí, para después regresar al bosque, parecían estar hablando en un idioma extraño que yo no conocía. El sueño fue muy vívido y claro, muy inolvidable y bastante hermoso. Después escuché un fuerte golpe de tambor y desperté.

El chamán golpeó el tambor y, a medida que todos los miembros del grupo despertaban y dejaban su espacio interior, nos invitó a cada uno a compartir lo que habíamos visto y escuchado en nuestro sueño. Hablamos uno por uno, algunos habían soñado y otros no. Aquellos que sí lo hicieron, típicamente soñaron que eran una especie de animal, un lobo, una mariposa. Algunas personas simplemente se quedaron dormidas. Algunos habían tenido visiones muy vívidas; otros, visiones leves. La mía fue clara y la compartí. El chamán y John dijeron que estas visiones, y en particular la mía, podrían ser una comunicación, aunque no especularon acerca de la fuente. Al final de la ceremonia, regresamos a nuestro albergue y pensé en el sueño como una experiencia poderosa y exótica, pero que no tenía ningún significado particular para mí.

Terminamos nuestro viaje, regresé a mi casa en Estados Unidos y seguí con mi trabajo en el Hunger Project. Pero las visiones del sueño regresaban una y otra vez, algunas veces estando dormida y otras despierta. Dos semanas después de regresar de Guatemala, viajé a Ghana, en el África Occidental, a una reunión de la junta directiva; las visiones continuaban y, de regreso a casa, todavía persistían hasta el punto en que se estaban convirtiendo en una verdadera interrupción e imposición en mi vida. Por muy hermosas que fuesen, estas visiones no se iban a ir.

Hablé con John al respecto y otra vez dijo que en el contexto de la práctica chamánica y la cultura del sueño, las visiones eran significativas. Por mi descripción de las marcas en el rostro y las coronas de plumas, me explicó que dichas marcas en el rostro y las coronas de plumas podrían ser las de los pueblos shuar y achuar del Amazonas ecuatoriano. Él había trabajado con los shuar durante muchos años y los conocía bien. Sin embargo, los achuar eran un grupo aislado que mantenía poco contacto con los extranjeros pero supo que estaban planeando iniciar dicho contacto. John compartió conmigo las increíbles conversaciones que tuvo con los guerreros achuar en la profundidad de la selva tropical del Amazonas, en lo que fue el comienzo de la invitación o "llamado" a la gente del mundo moderno para que se acercara a ellos.

De acuerdo con la antigua Profecía del Águila y el Cóndor, los achuar habían visto en sus propios sueños proféticos que el contacto con el mundo moderno resultaba inevitable. Llegaría, lo quisieran o no, alrededor del año 2000, en formas amenazadoras y peligrosas. Informados por ese sueño profético, habían decidido iniciar aquello que más temían: el contacto con el mundo moderno, pero querían llevarlo a cabo bajo sus propios términos, con gente que les inspirara confianza. Querían comenzar a aprender sobre el mundo moderno con el fin de estar preparados para el contacto hostil cuando este llegara. Para dicho fin, se habían asociado con un hombre ecuatoriano, llamado Daniel, en quien confiaban, y comenzaron a trabajar construyendo una cabaña dentro de su territorio donde la gente del mundo moderno –el pueblo del Águila– pudiera venir y tener un encuentro con ellos –el pueblo del Cóndor– y con su prístino territorio de la selva tropical.

Fue Daniel, quien también era amigo y socio de John desde hacía mucho tiempo, el que reclutó a John, quien luego me reclutó a mí para concertar esta reunión entre la gente de nuestra parte del mundo y los líderes achuar. En esa época estaba completamente inmersa en mi trabajo con la campaña contra el hambre. Viajaba constantemente a la región del Sahara en África, a la India y a Bangladesh, recaudaba dinero y trabajaba con el personal y los voluntarios de Asia, Australia, Europa y Estados Unidos. No tenía ni el tiempo ni el espacio para pensar en los problemas que enfrentaba esa región de América Latina. Nunca había estado en Sudamérica y, a pesar de que tenía cierta conciencia de la destrucción de la selva tropical y de la fragilidad de este mismo tipo de selva en otras partes del mundo, estaba contenta de saber que otras personas trabajaban en ello. Yo estaba muy ocupada.

Sin embargo, cuando la invitación o, a decir verdad, el "llamado" llegó desde este pueblo indígena remoto que vivía en la profundidad del Amazonas, no lo pude rechazar. Así que John y yo ayudamos a organizar un grupo de doce viajeros del mundo moderno para reunirnos con los líderes achuar. El grupo estaba compuesto por personas de una enorme calidad e integridad, personas de corazón abierto, cada una de las cuales eran portavoces a nivel mundial de su propia especialidad, así como comprendían la importancia que tiene la selva tropical para la sustentabilidad de toda la vida. Eran personas con humildad para abrirse a la sabiduría indígena, que respetarían los métodos propios del chamán y el estilo de vida de la comunidad achuar.

Guiados por John y Daniel, viajamos a Ecuador y partimos de Quito, la capital, atravesamos el Valle de los Volcanes para bajar por el lado este de los Andes, y cruzamos el Cañón del Río Pistaza, hacia el comienzo de la vasta cuenca del Amazonas, que fluye en dirección este a lo largo de todo el continente. Después de llegar en un pequeño avión militar a una maltrecha pista de aterrizaje de la selva tropical, nos internamos cada vez más en la jungla y finalmente llegamos al territorio achuar, tras haber volado en otro avión todavía más pequeño que nos dejó en una pista verdaderamente alejada de la civilización.

Fue ahí, en territorio achuar, donde tuvimos un encuentro con los líderes de ese pueblo, un encuentro que cambió completamente mi vida. Aquí, en esta selva tropical abundante y rebosante de belleza y vida, había gente que llevaba la cara pintada y coronas con plumas amarillas y rojas a las que reconocí gracias a mi sueño. Parecían haber venido de otra época, sin embargo eran tan sofisticados en sus costumbres y tan civilizados como el más evolucionado de nosotros.

Su petición consistía en que nos asociáramos con ellos, de forma que les permitiéramos comenzar a comprender las costumbres del mundo moderno para que, cuando llegara la amenaza que habían percibido en sus visiones, estuvieran preparados y fueran competentes y capaces de poder enfrentarse a ella. Querían que los apoyáramos en la organización y fortalecimiento de su federación de gobierno. Solicitaron nuestro apoyo y colaboración para establecer una oficina en un pueblo llamado Puyo, en las orillas de la selva tropical, donde otras federaciones indígenas del Amazonas habían establecido sus propias sedes para tener la posibilidad de interactuar con el mundo exterior. Estuvimos de acuerdo en convertirnos en sus socios en ese esfuerzo. Bill y yo nos responsabilizamos de esta incipiente relación y, junto con los otros participantes, reunimos todos los fondos para asegurar que los gastos del establecimiento de la oficina de Puyo estuvieran cubiertos durante los próximos dos años. Durante los siguientes siete años, esta relación absorbió nuestra vida. A pesar de estar profundamente inmersa en mi trabajo para erradicar el hambre en el mundo, y de que tenía la expectativa de permanecer en ese trabajo por el resto de mi vida, la relación con los achuar fue claramente una intervención e interrupción de ese plan, que demandaba ser respetada. No era parte de mi plan, pero era claramente parte de mi destino.

En ese entonces, Bill estaba ocupado a fondo con su negocio e igualmente estupefacto ante esta inesperada interrupción en nuestra vida; sin embargo también cedió y se dio cuenta de que formaba parte de nuestro destino. Este encuentro fue el comienzo del

Pachamama Alliance. Pachamama significa Madre Tierra o Madre Universo en quechua, el idioma de los Andes, el cual es aceptado como tal por muchos de los diferentes pueblos a lo largo del Amazonas. Este proyecto actualmente creció para incluir a muchos otros grupos indígenas que están en la frontera y en los alrededores del territorio achuar, y se ha convertido en el interés central de nuestras vidas.

Los achuar constituyen una cultura ancestral basada en los sueños. Estos resultan fundamentales en la forma en que perciben el mundo y es de ellos de donde obtienen su sabiduría e información, por lo que los toman muy en serio. Los consideran una parte crucial de su manera de ser. Yo nunca había puesto mucha atención en mis sueños y no me acordaba mucho de ellos, pero en esta experiencia particular, ese primer sueño tan vívido tuvo un poder formidable y me quedó claro, una y otra vez a medida que se desarrollaban los hechos, que era una parte importante de mi camino de vida y que necesitaba prestarle atención.

Al permitir a esta inusual cultura del sueño permear nuestra manera de ser, se creó una fuerte aleación de conciencia y de trabajo hechos en común a lo largo de toda esta parte del Amazonas. Como socios estamos alcanzando logros en la manera de abrirnos paso hacia la sustentabilidad.

El futuro que soñamos y que está surgiendo como una realidad, es aquel en el que estos ecosistemas prístinos estén protegidos, y en el que los indígenas, quienes son los custodios naturales de estas selvas, sean respetados por su inteligencia y visión. Asociados con estos grupos indígenas y otras organizaciones, estamos ahora involucrados en proyectos y programas que están transformando la amenaza anterior en oportunidades desde su sabiduría ancestral y visión más clara, que nos permita a todos nosotros descubrir nuevos caminos hacia la sustentabilidad en todo el mundo.

En nuestra cultura no hay un respeto especial hacia los sueños. Aun así, me acordé del discurso de Martin Luther King, Jr., *I Have a Dream* (*Tengo un sueño*) y del hecho de que, incluso en Estados Unidos, el poder de un sueño compartido puede cambiar la realidad más arraigada. Un sueño es un catalizador para el cambio, primero en el soñador, y luego en el sueño compartido.

John Perkins dirige su propia organización llamada Dream Change Coalition y en sus muchos años de interactuar con los pueblos indígenas amazónicos, estos le han dicho una y otra vez que el trabajo radica en "cambiar el sueño" del mundo moderno. Los chamanes y los ancianos indígenas, con quienes John ha estudiado por años, enseñan que "el mundo es tal como lo soñamos." El sueño que hemos tenido en el mundo moderno, dicen, es un sueño de tener más –más fábricas, más compañías, más autopistas, más casas, más dinero, más edificios, más autos, más de todo–. Estos sabios ancianos y chamanes señalan que ahora este sueño se está convirtiendo en una pesadilla que se propaga a lo largo de nuestro planeta sembrando el caos.

En nuestra interacción con el pueblo achuar de Ecuador y con otros pueblos indígenas con quienes ahora hemos comenzado a trabajar, el mensaje es el mismo: "Cambiar el sueño." Dicen que en realidad no podemos cambiar nuestras acciones cotidianas debido a que en su origen siempre será importante qué sueño tengamos acerca de nuestro futuro y que siempre actuaremos en congruencia con dicho sueño. Sin embargo, dicen que el mismo sueño puede cambiarse en el espacio de una generación y que ha llegado el momento de realizar la tarea para cambiarlo .

He visto a profundidad en qué consiste nuestro sueño y de dónde viene. He percibido que debemos volver a soñar, aprender a cuestionar el sueño cultural de más y comenzar a crear un sueño y un futuro que sean congruentes con aquello que veneramos, con lo que respetamos y que constituye una afirmación de la vida. Cambiar el sueño podría realmente significar ver el mundo completamente diferente –como lo hacen los indígenas–. Ellos lo ven totalmente suficiente, pleno de ánimo, inteligente, místico, receptivo y creativo –generando constantemente y regenerándose a sí mismo en armonía con la gran variedad de recursos que se apoyan y colaboran entre sí a través del misterio de la vida–. Ellos ven a los seres humanos como parte de ese gran misterio: un ser humano que tiene una infinita capacidad de crear, colaborar y aportar. Históricamente, el mundo, tal como lo hemos visualizado, aparenta ser un mundo donde los recursos fijos y limitados se están reduciendo de manera tan rápida que debemos competir de cualquier forma y a cualquier costo para formar parte de la gente que puede sobrevivir y estar en la cima. Desde ese punto de vista, bajo esa comprensión del mundo, desde ese sueño, dirigimos el mundo de un modo en el que cada vez menos personas tienen una oportunidad real de ganar. Luchamos para eliminar a la competencia. Erosionamos nuestra verdadera riqueza, el poder creativo y el ingenio de toda la gente, la riqueza que está inherente en todo en la vida.

Se ha vuelto algo obvio que la visión mecánica y materialista del mundo resulta imprecisa e incompleta. Los científicos y filósofos se están dando cuenta de que la visión objetiva de la realidad resulta incompleta y de que la realidad subjetiva es un proceso dinámico, impredecible, creativo, siempre cambiante y místico.

La gente indígena vive, respira y participa en ese mundo particular y tiene un sueño derivado de esa experiencia dinámica de la realidad. Al invitarnos a cambiar nuestro sueño, podrían estar pidiéndonos que despertemos del que actualmente dirige nuestras acciones –un sueño que en realidad resulta un trance peligroso, un sueño que está en piloto automático: el sueño de adquirir y acumular cada vez más, frente a recursos determinados y limitados; un sueño en el que todo crecimiento es bueno, sin considerar los costos humanos y medioambientales–. Podrían estar pidiéndonos que veamos lo que nuestro trance o sueño nos está haciendo a nosotros y al mundo en el que vivimos, a las plantas, a los animales, al cielo, al agua y a cada uno.

Podrían estar invitándonos, implorándonos a recapacitar en que lo que necesitamos ya está y siempre ha estado ahí. Como dijo Gandhi: "Hay suficiente para nuestras necesidades, pero no para nuestra avaricia."

No es mi intención idealizar a los achuar o a las culturas indígenas. La población achuar es conocida históricamente, así como en la época en que estábamos destinados a encontrarnos, por su gran reputación como muy hábiles guerreros. En el contexto de su cultura, luchaban por cuestiones de honor, no de propiedad, aunque nadie niega que mantuvieran a raya a los pueblos indígenas vecinos, en gran medida por su aterradora reputación.

Podría ser una especie de providencia que la profecía ancestral que finalmente los impulsó a contactar socios de una cultura moderna para salvar la selva tropical, en efecto los llevó a una nueva oportunidad de suficiencia fundada en una relación con el dinero y a experimentar la colaboración, en vez del aislamiento. Esta oportunidad, basada en los principios de suficiencia, los invitó a crear un nuevo papel para ellos mismos como líderes más que como guerreros, como jugadores clave de algo que se ha convertido en un movimiento global. Así como han compartido su profecía con nosotros y nos han urgido a cambiar nuestro sueño, también queda claro que la profecía que honran ha cambiado efectivamente su sueño gracias a esta nueva colaboración. Su preocupación radica ahora en alinear su relación creciente con el dinero para servir sus más elevados compromisos, como custodios experimentados y responsables de la selva tropical, y como líderes en la creación de una comunidad global sustentable.

Tal como Buckminster Fuller dijo: "Cada uno tiene el talento perfecto para dar al mundo –y si cada uno de nosotros está dispuesto a aportar su talento, y está en nuestras manos hacerlo–, el mundo estará en completa armonía". Y como los indígenas dicen en su profecía de colaboración global para la supervivencia: necesitamos acordarnos unos de otros, reunirnos, relacionarnos, compartir nuestro talento particular y así el mundo se equilibrará de manera natural. Ninguno de nosotros queremos que nuestros hijos o los hijos de nuestros hijos vivan en un mundo del tú-o-yo, donde tengan que luchar por sobrevivir. Queremos que esos hijos sean libres, que puedan expresarse por sí mismos, vivir en armonía y colaboración, con respeto por la vida y los recursos que todos compartimos. Todos nosotros queremos el mundo del tú-y-yo.

Cuando tengamos el valor de abandonar el sueño que ahora tenemos –sueño, impulso y trance de acumular más– entonces tendremos el espacio para visualizar y crear el nuevo sueño, el que nos verá comprometidos con respetar, preservar y honrar lo que tenemos. En ese espacio para nutrirnos, en esa visión de una nueva relación con la vida, abundan la armonía natural y la creatividad.

Lo que se narra en los siguientes capítulos son formas de ver y detenerse a ver de cerca el mundo a nuestro alrededor desde el contexto de la suficiencia. Lo que leerán a continuación son formas de volver a soñar y re-crear el mundo, utilizando el dinero como una moneda de amor y un conducto hacia el compromiso. Lo que sigue, son distintas maneras de vivir la vida desde la suficiencia.

Capítulo 9

Mantener una postura

Den a la gente un centro y rápidamente se pondrán de pie.
Manuel Elizalde, Jr., Pamamin, Filipinas.

Hace más de dos mil años el matemático Arquímedes dijo: "Denme un punto de apoyo y moveré el mundo." Me gusta decir que cuando asumimos una postura, podemos mover el mundo, el mundo de las ideas y de la gente que actúa en él. Asumir una postura es una manera de vivir y de ser que te lleva a un lugar en tu interior que se encuentra en el mismísimo corazón de tu ser. Cuando asumes una postura, adquieres autenticidad, poder y claridad. Encuentras tu lugar en el universo y tienes la capacidad de mover el mundo.

El dinero está tan intrincadamente entretejido con cada uno de los aspectos de nuestra existencia que, cuando asumimos una postura para marcar la diferencia en nuestra vida, se produce un efecto organizador en nuestra relación con el dinero, y cuando asumimos una postura para marcar una diferencia con nuestro dinero, se produce un efecto organizador en todos los demás aspectos de nosotros.

En una agresiva cultura de consumo como la nuestra, donde el valor financiero de todos y de todo constituye el tema dominante, se necesita de cierta valentía para tomar una posición en defensa de algo diferente. Los vientos dominantes no ayudan a asumir una postura en favor de otros valores que no sean los financieros, ni para la comprensión ni para el análisis de darse cuenta que hay suficiente, ni para despertar la suficiencia y ver el mundo que nos rodea como algo integral, percibiendo el valor de lo que tenemos frente a nosotros. Ese tipo de postura implica un esfuerzo consciente pero, una vez que se asume, libera nuevas formas de ver y de ser que conducen hacia una libertad y poder sorprendentes respecto a nuestro dinero y nuestra vida.

Rompiendo el silencio: de Dharmapuri a Hollywood

En 1986, en un lapso de cuarenta y ocho horas, pasé de un asombroso encuentro en una remota aldea de la India, a una espléndida cena en Beverly Hills de camino a casa. Me hice consciente de lo que significaba la impotencia ante la atadura a tradiciones culturales destructivas alrededor del dinero, de lo que se tarda en romper dicha atadura sin importar quien eres o dónde estés, y del poder de asumir una postura.

En el estado de Tamil Nadu, al sur de la India, en un encuentro para una iniciativa contra el hambre, a mí y a algunos de mis colegas nos pidieron reunirnos con un grupo de mujeres de una aldea en Dharmapuri, una de las regiones más pobres de la India. Allí, reunidas en un bosquecillo de árboles subabil, nos enteramos del terrible secreto y de la carga de melancolía, vergüenza y culpa que estas mujeres arrastraban consigo. En esa región, el infanticidio femenino, asesinar a las niñas recién nacidas, era algo común. Las mujeres tenían poco valor en su sociedad y llevaban una pesada vida de servidumbre. Lo que es peor, el nacimiento de una niña también llevaba la carga de una dote financiera que la familia de la niña tenía que entregar cuando esta se casara. Esto podía provocar, y frecuentemente lo hacía, la bancarrota de las familias pobres.

Así pues, las madres y padres que estaban esperando un hijo, rezaban porque fuera niño. Cuando una mujer daba a luz a una hija, en muchas ocasiones era golpeada y muerta por asfixia, por las mismas mujeres, inmediatamente después del nacimiento. Las mujeres eran humilladas por sus esposos si daban a luz a una niña, aunque también existía la creencia entre ellas mismas de que, siendo tan terrible la vida para una niña, que luego se convertía en una gran carga económica para la familia, resultaba cruel dejarlas vivir por lo que pensaban que era más humanitario matarlas. La práctica de matar a las bebés no era algo de lo que se hablara abiertamente, sin embargo era aceptado y respaldado silenciosamente por los hombres y la mayoría de las mujeres de la aldea.

Se habían juntado cerca de dieciséis mujeres para reunirse conmigo y mis cuatro colegas. Cada una de ellas había asesinado cuando menos a una hija y había ayudado a otras mujeres a hacer lo mismo. En esta reunión íntima y secreta, hablaron por primera vez de la horrenda experiencia de asesinar a sus hijas recién nacidas y de querer desesperadamente sanar ese trauma. Querían salvar a otras madres y a otras bebés de esta atrocidad. Ahí, con nosotras – mujeres del otro lado del mundo–, rompieron lo que fue un silencio continuo. Pudieron llorar abiertamente por las bebés que habían matado. Se lamentaron y lloraron. Sollozaron y nosotras también lo hicimos, y después nos abrazamos unas a otras. Presenciar su dolor resultaba casi insoportable. Después, llenas de lágrimas, compartieron que estaban formando un grupo para hacer un compromiso de valorar la vida y valorar a las niñas. Se comprometieron a detener ellas mismas la horrible práctica y a armarse de valor para ayudar a otras mujeres a que dejaran de hacerlo. Se dieron cuenta de que quitarle la vida a una hija salía mucho más caro que pagar una dote, y que esa acción les había costado la vida a sus hijas y la suya propia.

Las mujeres comenzaron por prometer que ese día, en ese momento, pondrían un límite y terminarían para siempre con el ciclo. Se perdonarían a sí mismas, pedirían perdón a Dios y a las almas de sus hijas fallecidas, y nunca más ayudarían a ninguna mujer a asesinar a una bebé. Más aún, si llegaban a escuchar una sola palabra acerca de planear un infanticidio, harían lo que fuera para hablar con la mujer y convencerla de hacer lo contrario.

Estaba yo pasmada por sus confesiones, desgarrada por su dolor y conmovida por su valentía. Ellas serían la generación de mujeres que rompería el silencio en esta región, que defendería su estima y la de sus hijas. Ellas serían la generación que terminaría con esta terrible tradición de asesinar.

Después dijeron algo que me afectó profundamente, aunque solo me di cuenta de ello varios días después. Dijeron que no hubieran podido tomar esta valiente decisión sin haber contado con nuestros "oídos y ojos externos." Hubo un tiempo en que querían hablar claro de esto, pero se sintieron imposibilitadas de hacerlo dentro de una cultura que esperaba que las niñas bebés desaparecieran y que las mujeres se mantuvieran calladas. Ahora sentían la fuerza de su determinación. Al ser testigos presenciales de su decisión, la volvió irrevocable. Prometieron acabar con el sistema destructivo de la dote, esa tradición que hacía que la vida de las mujeres fuera una carga desde su nacimiento. Juraron comenzar a dar el paso que sabían que sería el más difícil –hablar con los hombres–.

Al reunirme con ellas, inmersa en sus historias, comencé a ver cómo estos asesinatos fueron tolerados, incluso aceptados. Desde el fondo de su corazón, sabían que era incorrecto, y ahora podían ver de qué manera el sistema de la dote había distorsionado su percepción del valor de la vida misma. Al presentar esta tradición no cuestionada, con el fin de analizarla conscientemente y reflexionar sobre ella, comenzaron el largo viaje para liberarse a sí mismas de su atadura.

Después de varios días y de muchas horas de conversaciones íntimas, me preguntaron si había algo de mi propia cultura que me agobiara. Desde nuestra postura común de veneración y valoración de la vida, les compartí que estaba profundamente enojada por la violencia exhibida en los medios de comunicación estadounidenses a todos los niveles, y especialmente en la televisión y en las películas. Dije que pareciera que nosotros en Estados Unidos producimos de forma negligente la más obscena e innecesaria violencia imaginable del medio espectáculo –todo con el fin de hacer dinero–. Estas horribles escenas y mensajes ahora se exportan a todo el mundo, iniciadas por la práctica de un pequeño grupo de gente poderosa de la industria del entretenimiento en Nueva York y Hollywood. Probablemente menos de mil personas son realmente las creadoras de estos programas y estas imágenes violentas; no obstante, el dinero que alimenta esa industria es aplastante, y la adicción a las ganancias está marcada por un creciente apetito por las imágenes de violencia y destrucción en toda nuestra sociedad.

Me dijeron que entendían y que me apoyaban en mi intención de hablar de esto en mi propio país y cultura. Me dijeron –mirándome directamente a los ojos– que recordara que ellas estarían ahí conmigo para darme el valor de expresarlo.

Unas cuantas horas después de mi llegada a casa, mi compromiso fue puesto a prueba. Estaba apurada porque tenía que asistir a una cena de trabajo que tendría lugar en una opulenta casa de Beverly Hills. Estuve sentada cerca de un hombre célebre por ser un talentoso director, con una serie de excelentes películas en su haber. Ocurrió que, justo antes de mi viaje a la India, vi un trailer con escenas de su próximo estreno y fue espantoso. Se trataba de una película terriblemente violenta, que no iba en la misma línea de las demás películas con las que consiguió alcanzar su respetada carrera. Charlamos un poco acerca de nuestros respectivos proyectos y finalmente le hice la pregunta que me inquietaba: esta violenta película constituía una gran desviación respecto a su trabajo anterior y, por lo tanto, no estaba a su altura como director. ¿Por qué la había hecho?

Sus razones se redujeron al dinero fácil, según dijo. No estaba orgulloso de la película, pero le produjo una inimaginable cantidad de dinero comparada con la poca inversión que hizo de su tiempo y su talento. Fue un negocio tan bueno que no pudo dejarlo pasar. Estas razones no constituían ningún crimen, ni siquiera una sorpresa, especialmente en la cultura de Hollywood. De hecho en esta cultura, era un negocio más. La cuestión de un contenido irresponsable, humillante o degradante y su efecto en el mundo, simplemente no es un tópico de la conversación en el negocio del cine. El dinero ahí domina a tal grado el panorama que da la justificación necesaria para hacer lo que sea, incluso algo que entre en conflicto con la propia integridad.

Todavía estaba pensando en las mujeres indias que había dejado apenas cuarenta y ocho horas antes, y en su comentario de que nuestra conversación –"oídos y ojos externos"–, les había ayudado a conectar con su propia conciencia y con la valentía para comenzar a vivir de forma congruente con sus valores más profundos. Ahora, de vuelta a casa, esa cena elegante y la conversación sobre la realización de películas malas solo para ganar mucho dinero, me estaba enfrentando con el poder de nuestra propia cultura del dinero, que nos ciega a los compromisos de conciencia que eso exige.

Resulta fácil percibir con objetividad la locura de otra cultura. No es tan fácil percibir nuestra propia cultura –nuestra cultura del dinero– y nuestro comportamiento de manera tan objetiva. Estamos rodeados por eso, atrapados en eso, de la misma manera en que las mujeres indias lo estaban en lo suyo propio. En su ambiente y contexto, no se las tachaba de locas por el hecho de asesinar a sus bebés. Estaban siendo totalmente congruentes con las creencias culturales que las circundaban, justo como este buen director estaba totalmente en sincronía con las creencias culturales que lo rodeaban a él como una luminaria del cine que podía ganar millones de dólares en unas pocas semanas de trabajo produciendo una película violenta y de baja calidad.

Conforme hablábamos, compartí la historia de las mujeres indias y lo invité a encontrar un posible paralelismo. Le compartí mi compromiso de despertar, de cuestionar eso que ya se da por sentado, y las actitudes no cuestionadas sobre el dinero en nuestra cultura que pueden llevarnos a cometer acciones que degraden y devalúen la vida. Lo invité a hacer lo mismo. Tuvimos una conversación llena de reflexiones al respecto. Era un comienzo.

No puedo saber lo que esa charla significó para él, pero para mí fue un momento en el que el silencio que nadie cuestionaba sobre nuestra tóxica cultura del dinero, de pronto y dolorosamente, se hizo patente. Supe que, para mí, romper ese silencio constituyó el primer paso en el sentido de romper su control sobre mi propia vida, y quizá sobre la de otros.

Romper el silencio,
asumir una postura

El poder silencioso de la cultura del dinero actúa de la misma manera en todos nosotros. Es una de las partes de nuestra vida más ciegas y difíciles de manejar. Nos ponemos en peligro, nos lastimamos, otras veces dejamos a un lado nuestra cautela, pensando que nuestro comportamiento es algo aceptable, incluso prudente. Nos quejamos, pero no cuestionamos. Gemimos y gruñimos, pero no objetamos o rechazamos. Nos sentimos atrapados e infelices, pero rara vez damos los pasos que podrían liberarnos.

Las mujeres indias de Dharmapuri enfrentaron una escarpada batalla cuesta arriba para detener la práctica del infanticidio y para desafiar y desmantelar el sistema ancestral de la dote. Fue un compromiso por el que ciertamente muchas mujeres serían ridiculizadas, y que traería duras consecuencias por parte de los hombres de la aldea. Estas mujeres actuaron con una valentía poco común. La postura que asumieron por la vida de sus hijas bebés fue una postura a favor de sí mismas, de lo sagrado de la vida y de la dignidad humana.

En mi experiencia como recaudadora de fondos y con aquellos necesitados de dinero o de recursos para que un trabajo se lleve a cabo, he visto una y otra vez que una postura auténtica, basada en la verdad de la suficiencia, es siempre confiable, siempre afirma la vida, es siempre relevante y por difícil que sea de creer, es siempre exitosa. Cuando asumimos una postura que expresa el compromiso de nuestra alma, esta postura se reviste con la valentía de nuestro corazón. Una persona que asume una postura fluctúa desde "tener un punto de vista" hasta descubrir "la capacidad de ver" o el poder de la visión. Cuando asumimos una postura, ganamos acceso a una visión honda y profunda.

En Dharmapuri, la postura de las mujeres creó un nuevo espacio de claridad y veracidad en sus vidas, y ese despertar se extendió a sus familias, a sus aldeas, a su región y a su país. Una postura auténtica genera también de manera confiable los recursos para cumplirla y muchas veces lo hace bajo formas sorprendentes, casi misteriosas. Después de asumir su postura y de ser portavoces de ello, estas mujeres de pronto encontraron aliadas en todas partes.

Una de las más famosas parejas de estrellas de cine en la India escuchó acerca de la campaña para detener el infanticidio femenino en la región y ofreció su ayuda. Filmaron un anuncio que se transmitía antes de cada película en las salas cinematográficas de Dharmapuri y a lo largo de todo el estado de Tamil Nadu, donde la población asciende a cincuenta y cinco millones de personas y en donde las películas tienen un alcance tremendo. Este cortometraje contaba, con gran maestría, la historia del nacimiento de la bebé de la pareja de los actores y la dicha y sumo respeto con que la recibieron. Mostraba el entusiasmo de haber tenido una bebé en su vida, la emoción de asegurar que tuviera la mejor educación posible, los logros de su hija conforme la criaban y la apoyaban. Mostraba el regalo que representa una hija que ayuda a cubrir las necesidades de sus padres a medida que ellos envejecen, y el valor absoluto de las niñas y las mujeres en la sociedad india. Esta película se transmitió una y otra y otra vez en las salas de cine y en las carpas, ofreciendo una nueva visión a través de la cual se apreciaba el valor y la contribución de las mujeres en su sociedad.

Después, una cantante popular escuchó acerca de la campaña y escribió y grabó una canción como homenaje al valor de las hijas —lo importantes que resultaban para el futuro y el bienestar del país, y de cómo las niñas constituían el corazón y el alma de cada familia y de cada aldea—. Este disco se convirtió en un éxito y la canción llegó a ser tan popular que todos sabían la letra y podían cantarla cada vez que la escuchaban, reforzando así estas nuevas creencias con sus propias voces.

Los periodistas empezaron a escribir reportajes sobre esta campaña local y este nuevo mensaje comenzó a echar raíces en los medios de comunicación y en las conversaciones en las calles. Pronto les quedó claro a todos en esa región que los tiempos estaban cambiando y que las niñas y mujeres estaban siendo reconocidas como miembros valiosos e importantes de la sociedad.

En la actualidad la práctica de aportar una dote para la hija cuando esta se casa —la transacción monetaria que, en gran parte, originó el miedo a tener una bebé niña— ya no se realiza, y es cuestionada y confrontada de manera abierta, existiendo además un activo movimiento organizado para abolirla. Las niñas se han vuelto proveedoras de un salario significativo al contribuir al ingreso familiar colaborando en industrias artesanales vitales para la familia y para la sociedad. Las mujeres están asumiendo roles en el gobierno y están escalando posiciones de liderazgo. La postura asumida por un puñado de mujeres hace doce años en el bosquecillo de árboles subabil está cambiando el entramado mismo de la vida para todos en la región.

Así son las cosas se volvió una mentira. Las dotes y el infanticidio eran tan solo el *así son las cosas* siempre y cuando la gente viviera resignada a ese mito. Las mujeres que se armaron de valor para romper el silencio, hicieron algo audaz e importante que hoy está disponible para cada uno de nosotros en nuestra relación con el dinero. La conversación que sostuve con el famoso director de cine fue el comienzo de la ruptura de mi propio silencio alrededor de la avaricia y de los abusos de nuestra propia cultura del dinero en Hollywood y más allá.

Hacernos escuchar con la voz del dinero

En nuestro propio país, en nuestras propias comunidades, en nuestras propias familias, en nuestros propios matrimonios y en nuestras propias amistades e incluso de manera más pura en nuestros corazones y mentes, nosotros también podemos ser retados por la duda e incluso la inconformidad, para que hallemos una manera de ser diferentes en nuestra relación con el dinero.

Existen muchas formas de romper el silencio y de tomar acción aunque la acción directa con nuestro dinero constituye para cada uno de nosotros algo disponible de inmediato, personal y poderoso. Algunos de nosotros podríamos cambiar nuestra atención para ser más generosos financieramente con organizaciones que realizan trabajos que queremos apoyar. Algunos de nosotros podríamos hacer un esfuerzo consciente para utilizar nuestro dinero de forma más ética, por lo que cortaríamos el flujo de dinero hacia aquellas personas y productos que degradan la vida. Algunos de nosotros podríamos consagrarnos al servicio social o, con nuestro voto, convertirnos en defensores socialmente responsables del gasto público invertido por el gobierno en salud, educación y seguridad.

Sin importar lo que elijamos, nos expresamos nosotros mismos con la forma en que enviamos nuestro dinero al mundo, y en cada dólar va la energía y la huella de nuestra intención. El escenario mental de la escasez y el anhelo de "más" pierden fuerza en nosotros y comenzamos a tener otras elecciones. El dinero se convierte en un conducto, una manera de expresar nuestros más altos ideales. El dinero se convierte en la moneda del amor y el compromiso, expresando lo mejor de nosotros, más que en una moneda de consumo llevada por el vacío y la carencia y la seducción de los mensajes externos.

Una de las grandes dinámicas del dinero es que nos aterriza, y cuando colocamos el dinero tras nuestros compromisos, también los aterriza, haciéndolos reales en el mundo. Podemos desear mejores escuelas, un ambiente limpio y la paz mundial, podemos incluso ser voluntarios, pero cuando además colocamos nuestro dinero detrás de dichas intenciones, en realidad empezamos a tomarlas en serio. El dinero es un gran traductor que convierte la intención en realidad y la visión en realización.

Cuando vives desde un contexto de suficiencia y asumes una postura ante algo, abres tu corazón y el corazón de la gente en el mundo que te rodea. Y cuando haces eso, construyes la visión, creas la realidad y crece de tal manera que los obstáculos finalmente caen. A lo largo de la historia ha habido personas que sin haber sido elegidas, nombradas o destinadas por herencia a tener poder han logrado igualmente alterar el curso de los acontecimientos humanos gracias al poder de la postura que asumieron: Mahatma Gandhi, Martin Luther King, Jr., Elizabeth Cady Stanton, la Madre Teresa. No solo los líderes visibles, también aquellos otros innumerables que expresan la postura asumida con su dinero a través de boicots, donaciones o compras intencionales para apoyar causas socialmente responsables.

Nadie piensa en Martin Luther King como un recaudador de fondos, pero su postura ante los derechos de toda la gente hizo que se obtuvieran millones de dólares para el trabajo de los derechos humanos en los Estados Unidos. La Madre Teresa recaudó decenas de millones de dólares de la gente de todo el mundo, conmovida por su labor, y que deseaba conectarse con su propio anhelo de marcar la diferencia y de afirmar todo eso con su propio dinero. Dicho poder está al alcance de todos nosotros: en toda la gente de todas las épocas, en todos los sectores de la sociedad y en todos los capítulos de la historia. La gente con poco o nada de dinero es tan capaz de dirigir el flujo del dinero y de los recursos de manera significativa al igual que lo hacen los que tienen mucho más. En el simple acto de asumir una postura, se crea el espacio necesario y el contexto para la conversación que invita a otros a dar un paso hacia delante y ser escuchados.

Utilizar nuestras elecciones para organizar la vida y el dinero

Sé que en mi propia vida tuve momentos en los que pensaba no tener suficiente para siquiera dar el primer paso para marcar una diferencia en el gran esquema de las cosas. A veces ese "algo" era el dinero, a veces era el tiempo y, otras veces, la disposición a creer que yo podía generar un cambio.

Cuando me estaba comprometiendo por primera vez con la tarea de erradicar el hambre, pensé que no podía participar de manera significativa debido a que tenía a mis tres hijos, a mi marido y todo un montón de obstáculos prácticos. No obstante, cuando realmente escuché mi alma y me permití sentir el llamado del mundo y lo que tenía para contribuir, me entregué a eso, me liberé en eso y permití que eso definiera mi vida. Todas mis decisiones sobre el dinero, desde la inversión y la contribución, hasta gastar y ahorrar, fluyeron a partir de dicho compromiso. Todo era una expresión de ese compromiso particular que hicimos. Esto no quiere decir que no hubo momentos de ansiedad y desafío, pero tanto entonces como ahora, cuando regresamos a nuestro compromiso espiritual y a aquello ante lo que queremos tomar una postura, todo fluye y sentimos una sensación de libertad.

¿Pueden recordar (antes del surgimiento de las tarjetas de crédito en su vida) la dicha que era ahorrar dinero para algo que deseaban de verdad? En la infancia tal vez fue un juguete de su propia elección. Después, quizá fue su primer auto o su primera casa. O tal vez fue un regalo especial para otra persona. Con ese compromiso consciente, renunciaban a la oportunidad de gastar su dinero en otra cosa. Cualquier tentación de arrepentimiento era frecuentemente contrarrestada por el entusiasmo de su compromiso y la satisfacción de estar más cerca de lograrlo.

La mayoría de las personas piensan que la libertad significa mantener abiertas sus opciones, mostrarse poco definidos y disponibles y, a menudo, esta estrategia les da temporalmente un poco de espacio. Sin embargo, mantener sus opciones interminablemente abiertas se convierte en su propia prisión. No pueden elegir. Nunca pueden enamorarse. Nunca pueden casarse. Nunca pueden aceptar un trabajo. Nunca pueden realmente descubrir su destino porque tienen miedo de comprometerse por completo.

Si vuelven la vista atrás y ven la experiencia de libertad en las oportunidades de su vida, se darán cuenta de que esa libertad no radicaba en el hecho de comparar las opciones entre sí ni en asegurarse de que no fueran a quedarse atrapados en alguna. La libertad se manifestaba cuando se expresaban por completo, jugando a tope. Era cuando elegían entera y totalmente, cuando sabían que estaban en el lugar en el que debían estar, cuando quizás incluso sentían un llamado del destino. Así es cuando somos libres y nos auto-expresamos y somos dichosos o estamos en paz con las circunstancias –cuando las elegimos–. Trasladamos esa libertad a nuestra relación con el dinero cuando nosotros mismos nos centramos en la suficiencia, decidimos reconocer los recursos que ya están ahí, sentir su flujo a través de nuestra vida y utilizarlos para marcar una diferencia.

Esta experiencia de alinear nuestro dinero con nuestra alma está disponible para nosotros todos los días, incluso en las transacciones más pequeñas o más mundanas de dinero, o en otras decisiones que tomamos en la vida diaria que disminuyen el control que el dinero ejerce sobre nosotros. Este fue el maravilloso poder derivado de asumir esa postura ante el dinero y la vida, que tuvo lugar un día en Beijing en una conferencia internacional con gente que generalmente posee una mínima cantidad de dinero, y que ejerce muy poco o prácticamente ningún control sobre él en el mundo: las mujeres.

La "Conferencia de las Mujeres" en Beijing: dinero, alma y valentía

En 1995, me uní a más de cincuenta mil mujeres de todo el

mundo reunidas en Beijing para celebrar la "Cuarta Conferencia Mundial sobre Mujeres de las Naciones Unidas". La Conferencia de las Mujeres en Beijing, como después llegó a llamarse, fue un evento trascendental. Estaba impresionada por la habilidad de las mujeres provenientes de tantos lugares para conseguir los suficientes recursos y poder estar ahí, y por haber utilizado dichos recursos de manera que les permitiera hacer escuchar sus voces a nivel global. Se podía sentir la energía de su compromiso.

En el aeropuerto, en medio de aquel mar de mujeres que arribaban para la conferencia, podía concluir viendo su ropa, el tipo de tela y los diseños étnicos, que muchas de ellas no pertenecían a las clases adineradas de sus países de origen. Debido a mi experiencia en dichas naciones, supe que eran personas de pocos recursos económicos y que, aun así, habían realizado un viaje de varios miles de dólares para asistir a una reunión que debió haber significado el mundo entero para ellas. Sabía que esta gente no podía pagarlo; implicaba el salario de dos años, y venían de lugares en donde las mujeres se hallaban severamente sometidas y mal pagadas; por lo tanto, ¿cómo llegaron ahí?, ¿cómo habían logrado financiarse para llegar ahí?

Las respuestas vinieron con la narración que hizo cada mujer sobre la postura asumida en su vida. Una de las sesiones más conmovedoras se llamaba el "Tribunal de los Derechos Humanos". Se trataba de un tiempo designado para los testimonios de abusos de derechos humanos en contra de las mujeres, y ellas subieron al estrado, como lo hubieran hecho en una sala de justicia, y compartieron sus historias. La sala tenía cupo para aproximadamente quinientas personas y estaba abarrotada. Tuve suerte de poder entrar. Esta multitud de mujeres vibrantes y platicadoras guardó silencio a medida que las mujeres, una tras otra, subieron al estrado, prestaron juramento y narraron por lo que habían pasado.

La primera mujer que habló fue una campesina indígena maya de Guatemala. Era pequeña, aunque no diminuta, y vestía su hermosa y colorida ropa guatemalteca. La sala permanecía en silencio a medida que ella subía al estrado ayudada por sus hermanas mayas. Tenía algún tipo de lesión porque aparentaba sufrir cierto dolor. Mis ojos se llenaron de lágrimas antes de que ella pronunciara siquiera una palabra. Quedaba claro que algo importante iba a suceder. Compartió con su suave voz en español, que fue traducida al inglés, que ella y su esposo tenían once hijos. Un día, los militares llegaron a su rancho buscando a su marido y a sus dos hijos mayores, quienes formaban parte de la insurgencia indígena. Los tres estaban escondidos, pero ella no sabía dónde, y eso fue lo que les dijo a los soldados. A partir de ahí, los soldados comenzaron a torturarla lenta y meticulosamente, primero matando a sus animales, uno por uno, frente a ella. Les dijo de nuevo, desesperadamente, que no sabía, que no tenía tal información. Ellos no quisieron aceptar la respuesta. Mataron a sus cerdos, después a sus perros, después a sus vacas, sus vacas lecheras.

Cuando habían masacrado a todos sus animales, amenazaron con comenzar a matar a sus hijos. Ella lloró y gritó que no sabía el paradero de su marido ni el de sus hijos, que no le habían dicho el lugar donde se escondían, precisamente porque sabían que si ella trataba de mentir al respecto, la mentira la colocaría a ella y a su familia en un riesgo todavía mayor. Rogó a los soldados que detuvieran la matanza. No lo hicieron. Mataron a cada uno de sus hijos restantes frente a sus ojos. Estaba amamantando, y le arrancaron al bebé del pecho, le cortaron los senos y después asesinaron al bebé. Mataron a cada ser viviente del rancho. Dejaron a todo y a todos muertos, excepto a ella, y la dejaron horriblemente mutilada.

La audiencia escuchaba en silencio, ahogando sus gritos, y estupefacta mientras ella relataba el salvaje ataque. Nunca volvió a ver a su esposo y a sus dos hijos, según dijo. Se encontraban entre los desaparecidos. Traumada, mutilada y sola, empezó por sanar su cuerpo, pero se dio cuenta de que para sanar su corazón y su alma, iba a ser necesario más tiempo. Desde las profundidades de su dolor y su aflicción, empezó a tomar forma un pensamiento, uno que traía una semilla de esperanza: era que las mujeres eran la clave para terminar con la violencia, mujeres como ella, una por una y todas juntas. Creció en su determinación de hacer que su historia fuera escuchada por otras mujeres, ventilándola donde tuviera sentido y poder.

Se enteró de la Conferencia de las Mujeres en Beijing, la reunión de mujeres más grande de la historia, y sintió que tenía que estar ahí. Todavía conservaba su rancho, así que lo vendió, y vendió todas sus posesiones, todas sus ollas de cocina y la ropa que tenía de más, todo. Después organizó una colecta y pidió dinero prestado al resto de su clan familiar.

Reunió justo el dinero suficiente para el boleto aéreo a Beijing. No el suficiente para quedarse en un hotel ni para comer, o incluso para el vuelo de regreso, solamente lo suficiente para llegar ahí y dar su testimonio. Nos contó todo, hecho a hecho, tomó ese horror transformándolo en contribución. También nos compartió que había vendido todo y que no tenía fondos, pero que sabía que si moría ahora, su vida habría valido la pena debido a que mujeres con compromiso y pasión, hubieran podido escuchar su historia y la utilizarían en su trabajo por la paz, usándola como una herramienta para ayudar a desmantelar las fuerzas de violencia y opresión alrededor del mundo. Esa sala, atestada con quinientas mujeres, escuchó y lloró.

La siguiente mujer era de Bosnia. En 1995, la guerra estaba en su apogeo en ese lugar y uno de los instrumentos sistemáticos de guerra para los hombres de las fuerzas opositoras consistía en la violación de las mujeres para "embarazarlas del enemigo". Esta mujer había sido violada apenas unos meses antes. Los soldados enemigos la ataron con estacas en el suelo, asesinaron a su marido y a su hijo, y después comenzaron a ultrajarla. En el transcurso de los siguientes diez días fue violada cerca de quince veces. Describió cómo sucedió, con todos sus detalles aterradores y deshumanizados. Describió uno por uno a todos esos hombres violentos, llenos de odio, que la atacaron sexualmente.

Ahora, embarazada, juntó todos los fondos con los que contaba para asistir a la conferencia y contar su historia. Quería ser escuchada, quería dar a conocer la violencia y, de alguna manera, dar su testimonio, y quería utilizar el mismo foro para hacer una promesa pública.

Prometió a las mujeres ahí reunidas que criaría a ese bebé, hijo o hija del feroz enemigo, con un amor incondicional. Prometió que amaría a ese niño que llegaría a ella en esas horrendas circunstancias, y que le daría una vida fuera de la guerra, donde ambos pudieran consagrar sus vidas a trabajar por la paz y por el fin de la guerra que justificaba ese tipo de salvajismo. Al final de su testimonio la audiencia estaba profundamente conmovida. Muchas de nosotras llorábamos y algunas pensamos que no podíamos soportar más. Pero sí había más.

La tercera era una mujer de la India, una esposa a la que se prendió fuego. Ella también necesitó ayuda para abrirse camino hacia el estrado. Su cara estaba tan desfigurada que hasta que habló pudo notarse dónde estaba su boca. Varias semanas antes, le habían prendido fuego en Delhi. Su esposo y su suegra la habían empapado con queroseno y amarrado a un poste, todo por una disputa sobre la cantidad de la dote. Logró escapar y encontró refugio con su familia. La cuidaron, pero sus quemaduras eran de tan gran alcance que era evidente que no le quedaba mucho tiempo de vida. Comenzó un proceso legal en contra de sus atacantes y después se enteró de esta conferencia en China. Sabía que este era el lugar al que ella pertenecía y realizó este largo viaje a China para morir en la conferencia. Nos dijo que había traído su cuerpo carbonizado y desfigurado a Beijing: "Porque sabía que si moría aquí, mi muerte tendría un significado." Y efectivamente ahí murió.

Estas mujeres con tanto dolor, tantos obstáculos y tan poco dinero tomaron todo lo que tenían, cada partícula de valor y de fuerza, y cada pizca de dinero que pudieron reunir, para seguir adelante con su compromiso de trabajar por la paz y dar fin a la guerra y a la violencia. Al final de estos tres testimonios, las que estábamos en la audiencia organizamos una colecta y creamos un financiamiento para el futuro de estas tres mujeres. Para la mujer de Guatemala, encontramos un lugar en donde pudiera quedarse, tratamiento médico para sus heridas y dinero para su regreso a casa. Para la mujer de Bosnia creamos un fondo para la educación de su bebé y un fondo a largo plazo para ella y el bienestar de su hijo. La mujer de la India estaba tan gravemente herida por las quemaduras que estaba más allá de toda ayuda médica, pero le ofrecimos el mejor cuidado posible hasta que murió en Beijing dos semanas después.

Estas mujeres se entregaron completa y desinteresadamente, con su dinero y su alma, a este compromiso y, a cambio de ello, sus necesidades fueron satisfechas y su misión cumplida. Sus voces fueron escuchadas. Sus historias fueron contadas. Sus intervenciones tuvieron un efecto sobre las miles de asistentes en la conferencia de Beijing y sobre miles más alrededor del mundo, en la medida en que compartimos lo que vimos y escuchamos ese día. Más allá del poder de las historias en sí mismas, el valor de las mujeres y su iniciativa de reunir los recursos para hacerse escuchar, constituyen una evidencia del poder que cada uno de nosotros tiene de honrar nuestros más altos compromisos y crear oportunidades para que el dinero fluya hacia nosotros y a través de nosotros para apoyar ese trabajo. Su contribución en dinero y la nuestra no era grande en cuanto a la cantidad, pero llegó a ser poderosa por estar al servicio de nuestro compromiso.

En Beijing percibí cómo el poder económico se vuelve accesible para ustedes cuando asumen una postura. La toma de posición atrae los recursos para que se cumpla por sí misma, y los convierte en un instrumento de dicha postura. En presencia de estas extraordinarias mujeres de Beijing, llegadas de lugares de gran pobreza y de situaciones de sometimiento de lo más rutinario y extremo, percibí que la gente como yo y la de todas partes y de cualquier época, tenemos el mismo poder de actuar de tal manera que honre nuestros más altos compromisos y, al hacerlo, se crea la oportunidad de que el dinero fluya hacia nosotros y a través de nosotros para apoyar ese trabajo.

Cambiar el sueño aprovechando al máximo la visión, el dinero y la vida

Independientemente de que estén conscientes de ello o no, cada día crean un impacto con sus decisiones sobre su estilo de vida y sobre la manera de distribuir sus recursos. Si "el dinero habla" lo hace con nuestra voz. Cada decisión tomada en el aspecto económico, resulta una poderosa declaración de quiénes son y qué es lo que les importa. Cuando asumen una postura y hacen que su dinero la refleje, fortalecen el sentido de su ser.

No tienen que cambiar de carrera, revolucionar su negocio, mudarse con su familia y alejarse de algo o de alguien para asumir una postura. Expresan su postura en la forma en que ganan el dinero, eligiendo un trabajo congruente con sus valores. Expresan su postura en la forma en que utilizan el dinero para proveer de comida, ropa, cobijo o educación a su familia. Pueden expresarla con el dinero que usan para apoyar a otros miembros de su comunidad o de otras comunidades, a través de bancos de comida, o albergues para mujeres maltratadas, niños en problemas o gente sin hogar. Pueden, con el dinero que utilizan, fortalecer su propia creatividad y autoexpresión o, si no, nutrirse espiritualmente a través de cursos, libros o música. Pueden, con el dinero que pagan por los productos que compran, apoyar las empresas que los producen. Puede ser con el dinero que donen a causas locales, nacionales y globales que los motiven, y la oportunidad que ofrecen a otros para hacer lo mismo. Si son empresarios, puede ser con el dinero que invierten en los recursos para hacer de su lugar de trabajo una expresión de integridad, donde los empleados y los directivos cuenten con lo que necesitan para expresar su excelencia.

Cada uno de nosotros tiene el poder de determinar su vida de tal modo que la postura que asumamos con nuestro dinero y con nuestra vida en relación con él, sea una expresión de nuestros valores internos ahora mismo, todos los días, y cada semana, en lugar de que sea algún día, el año próximo, o cuando se retiren, o cuando tengan suficiente. En cada momento de cada día existen oportunidades de participar expresando su individualidad y creatividad, contribuyendo a la visión de sí mismos, de su familia, de su comunidad, de su ciudad o del mundo. Cuando ponemos esta conciencia en nuestras decisiones sobre el dinero y el uso de nuestros recursos –dinero, tiempo o habilidades– para asumir una postura ante lo que creemos, nos sentimos vivos. Nos inunda un sentido de tener un objetivo, incluso en la acción más insignificante, y se abre en nuestra vida un sentimiento de poder y energía.

Independientemente de la naturaleza que tenga su propio llamado para la acción, los invito a asumir una postura. Sepárense de la inercia dominante, y utilicen la oportunidad que cada uno tiene para profundizar en sus valores y para tener más determinación al vivirlos y expresarlos. Cada uno de nosotros puede referirse a la suficiencia como una forma de vida y de relación con el dinero y entre nosotros. Ya sea que lo hagan con un dólar o con un millón de dólares, no importando si son un campesino guatemalteco, un agricultor africano, una persona con una fortuna heredada o una lavandera, un abogado, un trabajador de una fábrica, un doctor, un artista, un dependiente, un panadero o un banquero, tienen el poder de romper con su dinero el silencio que salvaguarda una cultura monetaria destructiva basada en la escasez, y de asumir una postura para defender los valores humanos más elevados. El dinero muestra el poder y la intención que le otorguemos. Enriquézcanlo con su postura. Fortalézcanlo para cambiar el sueño.

Capítulo 10

El poder de la conversación

Las palabras no etiquetan las cosas que ya están ahí. Las palabras son como el cuchillo de un tallador: liberan la idea, la cosa, de lo amorfo que está ahí afuera. Cada vez que un hombre habla, no solo su lenguaje se encuentra en estado naciente, también esto ocurre con eso mismo de lo que está hablando.
Sabiduría inuit

Un día de 1987, el mercado de valores sufrió una estrepitosa caída en lo que llegó a llamarse "Lunes negro." Al igual que mucha otra gente, Bill y yo habíamos invertido cantidades considerables en el mercado bursátil, y en cuestión de horas ese día perdimos lo que para nosotros eran cantidades de dinero aterradoras. A medida que los equipos de noticias se volcaban para realizar una cobertura continua de esta crisis financiera, el miedo se palpaba en el aire. Se temía otra Gran Depresión semejante a aquella a la que sobrevivieron nuestros padres en los años treinta. Ahora nos tocaba presenciar la pérdida de nuestra seguridad financiera. Fue aterrador para la gente que perdió fortunas, y espantoso para quienes perderían su empleo si las compañías quebraban o recurrían a despidos masivos para sobrevivir a la crisis económica. Como muchos otros, Bill y yo nos sentamos paralizados frente al televisor y vimos las noticias en todos los canales, toda la tarde y toda la noche, escuchando entrevistas con las personas cuyas compañías se habían ido a pique, otras cuyos millones habían desaparecido, así como líderes empresariales, económicos y políticos manifestando sus peores miedos.

Estábamos inmersos en el miedo y, después, algo muy diferente se fue revelando. Dejamos de ver la pantalla y comenzamos a hablar de los efectos que esto tendría en nuestra familia. Conforme hablábamos, nos dimos cuenta de que la "noticia del dinero" era parte de la gran conversación llamada mercado de valores y que afectaba la cantidad de dinero que poseíamos. Sin embargo, esa conversación no tenía ningún efecto en la experiencia que teníamos uno con respecto al otro. Todavía nos amábamos. Nuestra vida estaba intacta. Nuestros hijos eran los mismos, los tres todavía hermosos, eran jóvenes preocupados por los demás, en el proceso de convertirse en grandes seres humanos. Nuestra salud estaba intacta y nos sentíamos perfectamente bien con nuestras vidas.

Nos dimos cuenta de que el debate público giraba alrededor del valor del patrimonio neto, yendo de arriba hacia abajo, y que este debate podría destruir nuestras vidas si lo permitíamos; podríamos engancharnos, enojarnos, preocuparnos o asustarnos. Podríamos caer en esa espiral, la espiral que estaba por todas partes ese día, pero nos miramos uno al otro e hicimos una promesa, un pequeño trato: que nosotros no caeríamos en ella. Utilizaríamos la situación del mercado de valores como una oportunidad para hacer recuento de nuestras bendiciones y reconectarnos con los bienes no materiales que constituían la base y el centro de nuestra verdadera riqueza, nuestra vida y nuestra dicha. No era que no estuviéramos preocupados por nuestro futuro financiero, sí lo estábamos. Pero, ese día, los eventos en el mercado bursátil nos facilitaron un acceso excepcional a un momento en el que fuimos capaces de reconocer y experimentar la belleza de nuestra vida como no lo habíamos hecho en mucho tiempo. Recuerdo lo conmovidos que estábamos por nuestra prosperidad real que era la del corazón, de la suficiencia y la plenitud de nuestra familia, la recompensa de nuestro amor. Nos deleitamos con esa apreciación. Sin embargo, la crisis continuó y, a nuestro alrededor, no importaba con quien hablaras, ni a qué hora del día o en qué lugar, el tema eran los miedos, el enojo, el dinero perdido y los sueños hechos añicos. Debido a que el cambio en nuestra conversación y atención había creado un momento tan sustancial para nosotros, decidimos que lo compartiríamos con otras personas de nuestro contorno y así generaríamos una conversación que les podría permitir hacer lo mismo. Con cada amigo que nos llamaba primero hablábamos a detalle del enojo y del miedo, y después de la "otra" conversación, la que hablaba sobre el valor del amor y las conexiones que todavía estaban ahí en nuestras familias y amistades, y de nuestros propios recursos internos que no habían disminuido –y que no podían hacerlo– con las fluctuaciones del mercado de valores. Por supuesto, seguíamos preocupados por las inquietantes consecuencias financieras, pero tomamos la decisión consciente de no entrar en pánico y de no obsesionarnos con eso.

Me acordé del símbolo chino que, dependiendo del contexto, define "crisis" como "peligro" o como "oportunidad". Nos dimos cuenta de que, sin importar cómo se comportara el mercado de valores, cuando dejamos ir la conversación del miedo y la ansiedad y creamos una conversación diferente enfocada en la suficiencia de nuestra vida, el miedo aminoró. Cuando nos acercamos a las circunstancias sin el ruido del miedo y la profunda ansiedad, dejamos de sentirnos enganchados con la "crisis"; la experiencia del "peligro" ciertamente se transformó en una oportunidad.

A lo largo de los siguientes días y las siguientes semanas, junto con unos amigos nuestros, continuamos esta práctica deliberada de conversación apreciativa, centrándonos en el reconocimiento de nuestros bienes de familia, amigos y trabajo, dándoles nuestra atención y trabajando para marcar una diferencia con nuestra vida todos los días. Nunca recuperamos el dinero perdido ese día, pero recuperamos rápidamente nuestro sentido de bienestar y confianza en el futuro. Fuimos capaces de pensar con claridad y calma a medida que navegábamos en la desafiante estrechez financiera. Más tarde, viendo hacia atrás, nos dimos cuenta de que nuestra recuperación comenzó en el instante en que cambiamos nuestra conversación y después nuestra atención al dejar de hablar de nuestras pérdidas para más bien hablar de nuestros bienes restantes, financieros y de otro tipo. Para nosotros la experiencia de la crisis asociada con el Lunes Negro duró solo unas cuantas horas. Para aquellos que se quedaron estancados en la mentalidad de la crisis –y los que nunca la abandonaron– la experiencia de pérdida y miedo continuó, y con el tiempo agotó sus reservas financieras, y también las emocionales. Para algunos también afectó su compromiso espiritual.

El diálogo crea el contexto de la vida

Creemos que vivimos en el mundo. Creemos que vivimos en un conjunto de circunstancias, pero no es así. Vivimos en nuestra conversación sobre el mundo y sobre las circunstancias. Cuando estamos metidos en una conversación sobre miedo y terror, sobre venganza y enojo y castigo, celos y envidia y comparación, entonces ese es el mundo que habitamos. Si estamos en una conversación sobre la gratitud y el reconocimiento de las cosas que tenemos frente a nosotros, entonces ese será el mundo que habitamos. Solía pensar que las palabras que decíamos simplemente representaban la expresión de nuestros pensamientos internos. La experiencia me ha enseñado que también es verdad que las palabras que decimos crean nuestros pensamientos y nuestra experiencia e, incluso, nuestro mundo. La conversación que mantenemos con nosotros mismos y con los demás –los pensamientos que atrapan nuestra atención– tienen un enorme poder sobre la manera en que nos sentimos, sobre lo que experimentamos, y sobre la forma en que percibimos el mundo en ese momento.

La escasez habla en términos de *nunca es suficiente, de vacío, miedo, desconfianza, envidia, avaricia, acaparamiento, competencia, fragmentación, aislamiento, juicio, lucha, excesivo sentido del derecho sobre algo, control, prisa, supervivencia y riqueza externa.* En la conversación sobre la escasez juzgamos, comparamos y criticamos; etiquetamos a los ganadores y a los perdedores. Celebramos el hecho de aumentar la cantidad y el exceso. Nos centramos en el deseo, la expectativa y la insatisfacción. Nos definimos a nosotros mismos como mejores-que o peoresque. Permitimos que el dinero nos defina, en lugar de definirnos de una manera más profunda y de expresar esa calidad a través de nuestro dinero.

La suficiencia habla en términos de *gratitud, plenitud, amor, confianza, respeto, contribución, fe, compasión, integración, totalidad, compromiso, aceptación, compañerismo, responsabilidad, resiliencia y riqueza interna.* En el diálogo de la suficiencia reconocemos lo que es, apreciamos su valor y visualizamos cómo establecer una diferencia con ella.

Reconocemos, confirmamos y aceptamos. Celebramos la calidad por encima de la cantidad. Nos centramos en la integridad, la posibilidad y la creatividad. Definimos nuestro dinero con nuestra energía e intención.

La diferencia entre estos dos vocabularios y el poder de su impacto probó ser tanto un aspecto inspirador como perturbador en la respuesta nacional a los ataques terroristas del 11 de septiembre del 2001. Inmediatamente después de los ataques al World Trade Center, al Pentágono y al cuarto avión que se estrelló en Pensilvania, en medio de toda la conmoción y el dolor, la extraordinaria generosidad y compasión en las respuestas de la gente llenaron los medios de comunicación y la conversación a nuestro alrededor.

Día tras día escuchamos las historias, no solo de aquellos que habían muerto en los ataques y en los rescates heroicos, también de los cientos y después miles que continuaron ofreciéndose de cualquier forma posible para expresar su interés a través de cartas, oraciones, comida, ropa y dinero para las familias de las víctimas y para los que trabajaban en el rescate. Recuerdo haber ido al banco local de sangre cerca de mi casa en San Francisco, y encontrar una fila de gente que daba vuelta a la cuadra, esperando para donar su sangre. Conforme esperábamos en la fila, todos se hablaban, compartiendo la conmoción y el deseo de responder de una forma significativa. Todas las conversaciones eran sobre cómo podríamos ayudar.

En esas primeras semanas, era como si todos nos hubiéramos ido a nuestra propia Zona Cero, la que corresponde a nuestros corazones y a nuestras almas. La conversación pública resaltaba los valores y los comportamientos más hermosos en los ejemplos inspiradores de los trabajadores de rescate, el apoyo y el amor del mundo hacia la gente de Estados Unidos, y el deseo de cada estadounidense de ayudar, donar sangre o enviar dinero. Las personas abrieron sus corazones de muchas maneras. Expresaron abiertamente su aprecio al hecho de que sus familias estaban intactas, al tiempo que lloraban por aquellos que habían perdido a sus seres queridos. Dejaron de lado sus diferencias religiosas y oraron juntos en reuniones interreligiosas. Se suscitó una repentina compasión e interés hacia aquellos que habían sufrido en Afganistán bajo las reglas opresivas de los religiosos extremistas, especialmente hacia las mujeres y los niños cuya vida había sido tan severamente restringida. Se organizaron ceremonias a la luz de las velas y vigilias religiosas, y todos sentimos y supimos que estábamos conectados por la generosidad y la compasión.

Tan solo unas semanas después, cuando el estado de conmoción y duelo colectivos se transformaron en una recesión económica, en particular manifestándose en una fuerte caída en las ventas al menudeo, el presidente George W. Bush, en un discurso televisivo, exhortó a los estadounidenses a apoyar la economía regresando a sus negocios, a los negocios que implicaban gastar dinero. Ir de compras representaba una expresión de patriotismo, una manera de mostrar a los terroristas que no podían destruir nuestra economía, nuestro consumismo, el espíritu estadounidense o el estilo de vida norteamericano.

Recuerdo que en los días que siguieron al discurso del presidente, al principio hubo un freno incómodo, casi renuente, en la conversación pública sobre el dolor, la generosidad y la compasión. Después, la conversación comenzó a girar, con tan solo una ligera pausa y una sombra de aprensión, hacia la nueva orden del día. Pocos días después, los diarios y los equipos de los noticiarios se encontraban en los centros comerciales entrevistando a los compradores como si fueran soldados rasos en las líneas del frente de este nuevo patriotismo consumista. Las cifras de las ventas al menudeo se reportaron más predominantemente con titulares que trataban a dichas cifras de tal forma que sugerían que comprar bienes era una medida para sostener la recuperación emocional de la nación frente al ataque terrorista. Las noticias sobre los eventos de la gente y de la comunidad que motivaron una respuesta reflexiva y espiritual se sustituyeron por noticias sobre la economía y sobre las películas de fin de semana de mayor recaudación. Una y otra vez, las personas entrevistadas en los centros comerciales se convirtieron en voceros de todos nosotros, señalados por los medios de comunicación que describían su determinación de comprar y gastar para "no vivir en el miedo".

Poca o ninguna atención se le daba a aquellos cuyos pensamientos se dirigían a cuestiones más profundas, relacionadas con el comportamiento de nuestro país en la arena internacional, y con la manera en que se podía utilizar nuestro dinero y nuestro poder para promover la solidaridad y la paz con otros países. Esa conversación, que surgió justo antes del discurso del presidente, fue repentinamente retirada del micrófono, como si la atención del público hubiera recibido la instrucción de hacer un cambio automático de la tragedia, el compartir y la introspección, hacia el gasto del consumidor y la adquisición. Había comenzado una nueva conversación defensiva y desafiante. Y el dinero era el centro de la misma.

La bandera norteamericana ahora aparecía bajo cualquier forma comercializable posible, desde teléfonos móviles y ropa interior hasta calcomanías en las defensas de los autos y empaques de comida. Yo estaba en Canadá dando una plática y cuando regresé, al cruzar la frontera, recuerdo haber visto un cartel enorme con una bandera, que en otras circunstancias despertaría en mí cierto sentimiento de orgullo, pero en esta imagen la bandera tenía unas pequeñas asas, como si se tratara de una bolsa gigante para ir de compras, y con impresas las palabras "Estados Unidos abierto a los negocios".

Esto se había convertido en la nueva conversación, una en la que los valores norteamericanos habían cambiado, moviéndose desde las cualidades de la ciudadanía y el carácter personal, hacia el gasto del consumidor y la economía; desde los valores humanos hasta los valores del consumidor. La sincronización de este momento para lanzar dicha promoción del consumismo como forma de patriotismo resultó particularmente indecorosa debido a la manera en que frenó abruptamente el duelo de toda una nación. Los sitios de colisión eran escombros humeantes, se daban por muertas a cerca de cuatro mil personas cuyos cuerpos aún no se habían recuperado, y nuestra conversación nacional había cambiado para hablar acerca del gasto de dinero como una manera de salvar el prestigio, la economía y la nación. En realidad confirmó algunos de los "horribles estereotipos norteamericanos" que nos describían como consumidores excesivos, superficiales y materialistas, y que los terroristas habían utilizado para justificar su odio.

No estoy en contra de comprar cosas. No me opongo a la gente que dirige negocios o que vive de la venta. Esa es una parte muy sólida de nuestra vida, pero *no es lo que somos.* No es lo que hace grande a una persona o a una nación. No curará al país de un sanguinario ataque o de la tragedia de miles de vidas perdidas. Ni siquiera salvará a una economía autodestructiva que confía en un crecimiento insaciable e insostenible. Y no ganará el respeto de la gente menos consumista ni el del resto de las naciones.

Si consideráramos la discusión nacional como un espejo de nuestra relación con el dinero, veríamos que en el momento de la crisis, nuestra respuesta natural había sido una expresión de la suficiencia. De pronto estábamos todos conectados. Todos teníamos más que suficiente para compartir, dinero para dar, sangre para donar. Nuestros corazones estaban abiertos. Las personas llegaban de todas partes para trabajar juntas en colaboración. El país y el mundo dieron un paso adelante para ayudar y para curar. La conversación generó un mundo del tú-y-yo que apoyaba y expresaba esta especie de relación generosa y generadora con el dinero.

Después vino el cambio en la conversación nacional, lo que colocó los miedos económicos, el gasto y la adquisición en el centro de todo, e instantáneamente nos vimos atrapados por la mentalidad de la escasez. Ideas como *no hay suficiente, cuanto más mejor y así son las cosas,* saturaron la conversación pública. El mundo del tú-*y*-yo desapareció, y fue sustituido por el mundo del tú-*o*-yo.

El miedo a la escasez –insuficiente actividad económica, insuficiente respeto como superpotencia global, insuficiente seguridad en la patria– se convirtió en la lógica para utilizar nuestro dinero de manera defensiva, temerosa, e incluso irracional, como un espectáculo evidente de economía y poder militar y de unidad política nacional. Esta es la conversación que avivó el apoyo a una respuesta militar agresiva e hizo callar a gritos a aquellos que deseaban actuar de manera más significativa a través de colaboraciones diplomáticas y humanitarias. Esta es la conversación que clasificó a nuestros vecinos globales como "en contra o a favor de nosotros", sin dejar el espacio para alguna disidencia razonable, incrementando el miedo y las demandas de venganza contra el mal llamado "eje del mal." Esta es la conversación que se diseñó para servir de preludio a la guerra.

Al atravesar la frontera de Canadá, recuerdo haber visto esa bandera en forma de bolsa de compras y haberme enojado tanto que decidí escribir un comentario sobre ella con el fin de publicarlo cuando llegara a casa. Los días siguientes, conforme la manía de comprar ganaba poder y el apoyo publicitario al consumismo sustituía rápidamente la conversación más profunda aunque más discreta acerca de los valores humanitarios, al tratar de escribir el artículo, me sentí tan desconsolada que nunca lo terminé. El poder de esa conversación enfocada en la escasez detuvo mis propios pasos. El mito que dice que *así son las cosas* constituyó para mí un argumento verdaderamente contundente. Recuerdo haberme sentido sin esperanzas de que me escucharan. Y me rendí.

Por aquella época, tenía que asistir a una reunión con doce colegas que pertenecíamos a un grupo llamado Turning Tide Coalition, un grupo de diálogo conformado por respetados activistas que habían liderado o lideraban organizaciones y movimientos comprometidos con la creación de un estilo de vida justo, próspero y sustentable. Convenimos en reunirnos durante dos días y cuando lo hicimos fue como un tónico para mi y todos los demás.

Reconocimos lo desalentador que resultaba ese cambio en la conversación nacional, que había migrado desde la generosidad y la compasión, hacia el miedo, la inseguridad, la ira, la venganza y la guerra, y decidimos hacer lo que estuviera en nuestras manos para ayudar a que la discusión se desenvolviera en un encuadre más espiritual. Entre nuestras respuestas había una muy sencilla: comenzamos a enviar una serie de cartas por correo electrónico invitando a la gente a reconectarse con aquellas cualidades más nobles de sí mismas y de los demás, en lugar de sentirse perdidas en el miedo y mal dirigidas hacia el consumismo. Algunas de las cartas se referían directamente a las cuestiones serias que confrontaban a la nación, y a consideraciones que generarían respuestas más eficaces que el llamado a tomar las armas.

Debido a la cercanía de las vacaciones decembrinas, aprovechamos para compartir que algunas personas que conocíamos estaban participando en lo que podía llamarse el gran "cambio en el regalo." Dejaban de comprar regalos y, en lugar de ello, donaban dinero o tiempo; dejaban de gastar dinero en regalos para pasar más tiempo con los demás; dejaban de actuar automáticamente llevados por la costumbre para mejor expresarse a través de conexiones más profundas.

Enviamos los correos electrónicos y las cartas a nuestras listas de amigos personales, de colegas de trabajo y otros más, y les invitamos a enviar a su vez las cartas y a agregar algo de ellos mismos, para permitir a estos sentimientos más calmados, considerados y sin sentido comercial y tener una mayor presencia en la conversación pública. Creamos una página en la red para que la gente pudiera compartir sus historias y sus ideas sobre el "cambio en el regalo".

Con la simple elaboración de los mensajes nos sentimos renovados. A medida que los correos electrónicos comenzaron a llegar a otros y nos conectamos, primero con cientos, luego con miles de personas, nos quedó claro que muchas, muchas estaban ansiosas de integrarse de nuevo a una conversación sobre la suficiencia, la conexión y el compartir que se expandía y se profundizaba con cada voz.

Cada mensaje era una evidencia de que, sin importar cuáles fueran las circunstancias y la conversación, siempre hay un anhelo subyacente de conexión y suficiencia. La increíble velocidad y el alcance de la campaña de las cartas por internet fue un recordatorio de la presencia de lo que se llama la "dominante corriente escondida" de personas que piensan, ven y hablan partiendo de un contexto de suficiencia. Ellas quieren ver que los dólares destinados al pago de impuestos, a los gastos y a la ayuda humanitaria, se inviertan de tal modo que conduzcan a una vida sustentable, a la paz global y a la equidad, y no al desgaste económico, a la venganza y a la propaganda militar. De nuevo recordé que es vital que aquellos de nosotros que formamos parte de esa dominante corriente escondida, subamos a la superficie y opinemos, con el fin de generar una conversación acerca de la suficiencia e invitar a otros a hacer lo mismo.

Este evento crucial en la historia, y la guerra que le siguió, trajo un enfoque nítido a muchas cosas, incluyendo nuestra relación con el dinero, como nación y como individuos. El miedo a no tener suficiente petróleo domina una buena parte de nuestra política nacional y estrategia militar en el Medio Oriente. Como nación, parecemos estar más preparados y dispuestos a desatar una guerra sobre intereses del petróleo, hasta el punto de sacrificar vidas inocentes, de lo que lo estamos para reducir con nuestro mejor esfuerzo el uso de combustibles fósiles y la dependencia del petróleo extranjero.

Este insaciable apetito de tener más de todo ha llevado a Estados Unidos a deshumanizar a buena parte del mundo, y las consecuencias de dicha actitud son graves. Los tiempos exigen una discusión honesta y un auto-examen para darnos cuenta de los costos reales que implican nuestro apetito nacional por el consumo y nuestra reputación, junto con una buena parte de la comunidad global, como consumidores arrogantes e insaciables. Podemos asumir una postura, cambiar el paradigma y dirigir la conversación *hacia lo suficiente.*

Cómo ser dueños de nuestra vida con relación al dinero: prestar atención a la grandeza, decir la verdad.

La mayor parte del tiempo en que estoy despierta, la empleo en conversaciones acerca del dinero. A pesar de que los proyectos y presupuestos por lo general tienen lugar a escala global, parte de esa conversación refleja el tipo de discusiones que tenemos todos los días acerca del dinero –y toda su logística– determinando cuánto dinero se necesita para que un trabajo se realice, de dónde vendrá, quién lo administrará y cómo se utilizará para lograr la tarea. Tan mundanas como puedan parecer, estas cuestiones y conversaciones pueden conducirnos a verdades más profundas, así como a ficciones y sutiles engaños sobre el dinero y nuestra relación con él.

Durante la recesión del mercado de valores del 2003, algunas de las fundaciones más acaudaladas de Estados Unidos comenzaron a recortar los gastos de subvención para muchas agencias y organizaciones que realizaban un trabajo vital con programas de apoyo a niños y a familias, al medio ambiente, a la salud pública, a la educación y a la seguridad. Hubo una semana en particular en la que la sala de mi casa parecía una puerta giratoria debido a que el personal de recaudación de fondos y de desarrollo de una agencia tras otra –organizaciones respetables, bien dirigidas– venían a tratar el tema de su repentina y desesperada crisis de financiamiento.

En la comunidad filantrópica, las fundaciones estaban comprensiblemente nerviosas con la crisis económica y la caída de las utilidades de sus inversiones en la bolsa de valores. Sin embargo, en muchos aspectos las fundaciones eran fuertes financieramente, con fondos de millones, incluso de cientos de millones de dólares o más, y seguían constituyendo una sólida base para las operaciones y las subvenciones. Estaban recortando los gastos de subvención como una medida fiscal preventiva. Dichos recortes estaban teniendo un impacto devastador sobre las agencias sin fines de lucro y sobre su habilidad para continuar con su importante trabajo aquí y en el resto del mundo.

En los meses que siguieron, las agencias en apuros cambiaron el tema de sus conversaciones para enfocarse en la forma en que podían hacer más con menos. Al mismo tiempo, algunas fundaciones comenzaron a reconsiderar sus prioridades teniendo en cuenta los recortes. ¿Era su más alto compromiso alcanzar metas financieras ambiciosas, a pesar de que dichas metas requirieran recortes en los gastos de subvención destinados a trabajos más importantes? ¿O, en una época como esta, era más adecuado apoyar el trabajo que representaban las misiones filantrópicas de las fundaciones, al dirigir sus decisiones internas sobre la administración del dinero y las expectativas de manera responsable para honrar dicho compromiso? Aquellas conversaciones condujeron a su vez hacia otras conversaciones sobre la naturaleza de sus inversiones y a determinar si su bolsa de valores constituía un fiel reflejo de los valores de la fundación. ¿Era apropiado invertir y obtener beneficios de la industria del tabaco, por ejemplo, cuando la misión de la fundación estaba orientada a la salud pública y a la comunidad?

El hecho de tratar estos temas constituyó para ambas partes de la asociación una oportunidad para la autoevaluación, una invitación a ser honesto y claro sobre los motivos, las intenciones, las prioridades y los compromisos. Era un llamado a desconectarse de la conversación de la escasez, los miedos y las actitudes reflejas proteccionistas, un llamado que demanda un cambio en la orientación hacia una conversación de la suficiencia, para darnos cuenta que *hay suficiente* y que somos suficientes para enfrentar el desafío.

Hablar sobre la suficiencia abrió el ámbito de la conversación sobre el dinero permitiendo así que se introdujera el tema de las cualidades del alma. Gracias a nuestros esfuerzos deliberados por escucharnos y también por querer ver la nobleza de unos y de otros, logramos introducir la grandeza del dinero. Podemos observarnos a nosotros mismos y poner atención en la manera en que enmarcamos nuestras conversaciones y decisiones acerca del dinero. Podemos preguntarnos quiénes queremos ser y cómo nos queremos relacionar con nuestro dinero; quiénes *necesitamos* ser para hacer el mayor bien al mayor número de personas posible.

La conversación sobre la suficiencia se ubica en el corazón de cada historia de éxito de la que he sido testigo, ya sea en una aldea del Senegal que luchaba por sobrevivir, o en las dificultades o decisiones de gente mucho más cercana a mi país. En el instante en que los Fantásticos Siete dejaron de hablar de derrota y de la falta de ideas creativas en su aldea para enfocarse en la cultura de la tierra, lo primero que surgió fue un sentimiento de posibilidad y capacidad. De ahí nacieron estrategias, acciones determinadas y éxito eventual. Algunas personas que pasaron por divorcios y otros desastres personales o financieros que han seguido adelante y han logrado alcanzar vidas prósperas, a menudo me dicen que su momento decisivo llegó cuando fueron capaces de dirigir su atención y conversaciones lejos del dolor y de la pérdida del momento, y cuando comenzaron a enfocarse en sus recursos internos y a hablar seriamente sobre las posibilidades.

En su libro *Ethics for the New Millenium* (Éticas para el nuevo milenio), su Santidad el Dalai Lama comparte con el lector la sabiduría del erudito hindú Shantideva, quien en una ocasión observó: "No hay bastante cuero para cubrir toda la Tierra para evitar espinarnos los pies, pero en realidad no hace falta. Con cubrir la planta de nuestros pies, será suficiente".

No siempre podemos cambiar las circunstancias que nos rodean, pero podemos elegir cómo enfrentarlas. En un mundo de espinas, donde la cultura es dominada por *no hay suficiente, cuanto más mejor y así son las cosas*, tal vez no tenemos otra opción más que caminar en él, aunque sí podemos envolver nuestros pies con cuero, por decirlo de alguna manera. Sin afán de negar o de cerrar los ojos ante lo que no está funcionando, aún podemos dirigir nuestra atención hacia aquellos aspectos de la vida en los que progresamos y prosperamos, logrando hacer que este sea el contexto para nuestro viaje. Podemos elegir nuestras palabras y crear nuevas "sentencias de vida" que den veracidad a nuestra relación con el dinero.

Para mí, una de las cosas más difíciles de descubrir han sido mis propias "sentencias de vida" acerca de la escasez con respecto al dinero, frases y conceptos que están arraigados en mi sistema de creencias y que he aceptado durante años, sin siquiera saberlo, y que han influenciado mi relación con el dinero. Confrontar dichas sentencias, reconsiderar su valor y darles una nueva forma para lograr una mayor autenticidad personal –lo que implica a menudo un cambio profundo– ha sido un gran ejercicio y no siempre me resultó fácil. El dinero es un foco de tensión en asuntos de género, por donde queramos verlo. Fui criada en una época y en una familia donde se esperaba que los hombres ganaran dinero y tuvieran ese poder especial, mientras que las mujeres no. En los años cincuenta era muy poco usual que una mujer fuera exitosa financieramente y, a pesar de que hoy es algo habitual, para la gente de mi generación es percibido todavía como una especie de excepción y nos sigue sorprendiendo de alguna manera.

En la actualidad, las mujeres jóvenes tienen una visión sobre la capacidad de ganar dinero que les viene de su propia experiencia, de aquella de sus colegas o de las demás mujeres que conocen o están a su alrededor. No les resulta tan extraña la idea de ganar y administrar el dinero, aunque nuestra cultura todavía imponga un estándar diferente cuando se habla de dinero en la vida de los hombres y la de las mujeres. Y entonces surge una pregunta, en voz alta o de manera implícita: ¿Qué ha sacrificado la mujer –matrimonio, familia, hijos, crianza responsable o integridad básica– para lograr su éxito financiero? Cualquiera podría plantearse estas preguntas de manera razonable en cuanto a las decisiones que él o ella adoptaron con respecto al dinero, pero el hecho de que las mujeres caigan bajo ese escrutinio más rutinariamente que los hombres, le da un matiz particular a su relación con el dinero y con los hombres en cuanto al tema del dinero. Las consecuencias se dejan ver en los detalles de las interacciones cotidianas.

En mi propia vida, para efectos prácticos, le confío a mi esposo todo el trabajo y las decisiones financieras de nuestra familia y trato de mantenerme al margen respecto a eso. La cuestión que presenta dicho acuerdo no está basada en el conocimiento financiero que pueda tener mi esposo, sino en la manera en que me he apartado yo misma de esa interacción con el dinero y del manejo que él tenga con el capital. Puedo racionalizar esta situación diciendo que él resulta mejor para eso que yo, o que esa es nuestra manera de compartir el trabajo relacionado con las labores domésticas pero, para ser franca, sé que existen connotaciones emocionales en ese acuerdo que perduran sin que sean tratadas o analizadas entre ambos.

La primera contribución monetaria que hice, una que representó un compromiso consciente que me abrió los ojos, surgió con una total sorpresa por mi parte. Fue en una época en la que Bill ganaba bastante dinero y en la que vivíamos con suficientes comodidades. Aunque todavía no tenía mucha experiencia en esta labor de recolectar fondos, fui la coordinadora de un pequeño evento de recaudación para el Hunger Project. Habíamos invitado a cerca de cuarenta personas y un respetado hombre de negocios llamado Leonard condujo la reunión. Después de haber tratado los asuntos relevantes de un proyecto de recaudación de fondos, sentí que ya había llegado la hora de pedir el dinero a los participantes por lo que le hice una seña a Leonard. Me sorprendió cuando me pidió que me sentara y me integrara al grupo.

Leonard comenzó a repartir las tarjetas de compromiso. Pensé en el excelente trabajo de diseño que hizo con ellas y lo bien que quedaron, ¡sin errores!. Después se circuló una pequeña canasta donde estaban todos esos lápices –suficientes para todos– a los que les había sacado punta; las cosas estaban saliendo muy bien y ¡yo me sentía de maravilla!. Después, Leonard me dio una tarjeta y me quedé un poco confundida. Después de todo, yo era una mamá joven y tenía este maravilloso compromiso con el Hunger Project, pero se me pagaba muy poco y no me veía a mí misma como alguien que tuviera dinero.

Para la casa tenía cierto presupuesto reservado para los gastos domésticos, de la comida y de los niños, pero en términos generales, cuando se trataba de mis gastos personales, la parte que me correspondía del pastel familiar era ínfima, y sentía que no debía malgastar ese dinero en otras cosas. Era dinero de la familia –no solo mío– y no me sentía con la libertad de invertirlo para otros propósitos. Sin embargo, desde el fondo de mi alma me sentí impulsada a donar 2 000 dólares y, al escribir dicha cifra en la tarjeta de compromiso, de inmediato surgió en mí un sentimiento: sí, tendría que estirar el dinero, pero también se trataba de un gesto real por mi parte que daba valor a mi compromiso, y solo tendría que hacer algunos ajustes en el presupuesto doméstico y otros gastos fijos para poder realizar dicha donación. Entonces tuve esa sorprendente sensación, mezcla de regocijo y poder, cuando firmé la tarjeta comprometiéndome a donar 2 000 dólares y la pasé. En ese momento comencé a asumir una postura con relación al dinero en un sentido más personal. Sentí que podríamos encontrar una manera para hacer el bien, gracias a mi compromiso.

Me subí a mi auto para ir a casa y apenas comenzaba a circular en el tráfico cuando entré en un estado de pánico total. ¿Qué había hecho? No tenía idea de cómo iba a obtener ese dinero. ¿Y cómo iba a decírselo a mi marido? ¿Cómo podría defender mi decisión de comprometer nuestro dinero de esa manera sin consultarlo con él primero? Me di perfecta cuenta de mi sensación de impotencia –una especie de deferencia ingenua hacia el hombre de la casa– y de incomodidad y preocupación acerca de este asunto del dinero y de cómo se lo explicaría a mi marido, y de cómo reaccionaría él. Bill llegó a apoyar mi trabajo como recaudadora de fondos y accedió a comprometer de un modo más profundo parte de nuestros recursos familiares. Sin embargo, antes de saber eso, mi preocupación era real.

Este pequeño incidente parece tan mundano, pero en aquel entonces nuestra conversación acerca del dinero estaba teñida de los principios que creíamos ambos que regían nuestras vidas, por un lado yo que expresaba una tradición de falta de compromiso y de dependencia, y él que expresaba una tradición de administración y control. La misma dinámica de poder y género con relación al dinero todavía juega un papel importante entre mujeres y hombres en todos lados, en todo el mundo, una tendencia a preconcebir no cuestionada, algo que nos mostramos reacios a alterar o a desafiar debido a que le tenemos miedo a las repercusiones.

Alrededor del mundo, las mujeres realizan un trabajo muy importante: criar a los niños, cocinar, alimentar a la familia y administrar la casa, además de tener con frecuencia carreras agotadoras y demandantes. Especialmente en el mundo menos desarrollado, la contribución de las mujeres resulta inconmensurable, un trabajo pesado que nunca se reconoce como algo válido, que no es recompensado con dinero y que ni siquiera se considera como parte de la economía. Tan solo en el África subsahariana, 85% de las agricultoras que siembran para su propia comida son mujeres, pero su trabajo no se reconoce. No se le otorga ningún valor monetario.

En los países más desarrollados, las desigualdades de género que tienen lugar en el ámbito del trabajo surgen clara y escandalosamente en asuntos de dinero. Lo mismo puede decirse de los acuerdos de divorcio y de las actitudes hacia el trabajo tradicional desempeñado por mujeres, como la enfermería y la enseñanza, y cómo estos trabajos están tan pobremente recompensados, a pesar del papel tan importante que juegan en nuestra cultura. A escala masiva, esto tiene lugar de igual manera en cuanto a la dotación insuficiente de recursos para las organizaciones que se dedican al cuidado de personas, mientras que las actividades industriales y militares reciben recursos excesivos.

Las falsas creencias en cuanto al género y al dinero proliferan en proporciones dramáticas en todo el mundo, pero todo comienza en nuestros hogares, en nuestras familias, en nuestros propios corazones, donde la impotencia o la presunción dirigen nuestra relación con el dinero. Mientras esas profundas cuestiones sobre el dinero no se reconcilien –entre una mujer y un hombre y entre todas las mujeres y todos los hombres– el dinero continuará siendo unas veces un punto ciego y otras un punto álgido en nuestra relación con él y con los demás seres humanos, desde nuestras relaciones más íntimas, hasta los escenarios más públicos de la vida, el trabajo y las políticas públicas.

Todos tenemos ideas preconcebidas que forman nuestras creencias y nuestra visión del mundo. Es posible reescribirlas y, de forma consciente, crear nuevas respuestas que incluyan la inspiración necesaria para tener una posición sólida con respecto al dinero:

El dinero es como el agua. Puede ser un conducto para el compromiso, una moneda para el amor.

El dinero que se mueve en dirección a nuestros más altos compromisos nutre nuestro mundo y a nosotros mismos.

Lo que tú aprecias aumenta en valor.

Cuando marcas una diferencia con lo que tienes, esto se expande.

La colaboración crea prosperidad.

La verdadera abundancia fluye desde tener lo suficiente,
nunca desde tener más.

El dinero lleva nuestra intención. Si lo utilizamos con integridad, entonces lleva hacia delante la integridad.

Conoce el flujo, responsabilízate de la manera en que tu dinero se mueve en el mundo.

Deja que tu alma dé forma a tu dinero y tu dinero exprese tu alma.

Accede a tus bienes, no solo al dinero, sino también a tu propio carácter y capacidades, a tus relaciones y a otros recursos no monetarios.

Todos tenemos el poder de modificar, de cambiar y de crear la conversación que moldea nuestras circunstancias. Las variables de la conversación son nuestras, y están ahí para que las utilicemos. Cuando escuchamos, hablamos y respondemos desde el enfoque y la perspectiva de la suficiencia, accedemos a una nueva libertad y a un nuevo poder en nuestra relación con el dinero y la vida.

Capítulo 11

Creando el legado de suficiencia

La vida que vives es el legado que dejas

Mi madre estaba muriendo. Tenía ochenta y siete años y en mayo le diagnosticaron cáncer terminal. Los doctores dijeron que tenía solo unos cuantos meses de vida y ella lo sabía. Decidió pasar el tiempo que le quedaba viviendo el momento, disfrutando su casa, su jardín, a su familia y a las personas y los lugares familiares y amados de su vida.

Sus hijos adultos, los cuatro, vivíamos a diferentes distancias de su casa en Palm Springs y la visitábamos frecuentemente. Nos turnábamos para cuidarla, pero conforme pasó el tiempo, eventualmente decidí quedarme con ella por un periodo más prolongado para acompañarla al final de su vida. Vi la proximidad de su muerte como una oportunidad única para mí, para mi madre y para nuestra familia, de tener acceso a una relación más profunda entre nosotros que nunca antes habíamos tenido. Muchos años antes, un día antes de cumplir trece años, mi padre murió repentinamente de un ataque cardiaco mientras dormía. No había estado enfermo y a sus cincuenta y un años de edad era bastante joven. Sin embargo, una noche, todos nos fuimos a la cama, y en la mañana todos despertamos excepto él. Fue una conmoción terrible y supuso una pérdida traumática para todos nosotros.

Así pues, saber abiertamente que podía compartir las semanas y los meses finales de la vida de mi madre era una enorme bendición. Representaba para mí una oportunidad de profundizar mi propia experiencia sobre el significado de la vida misma y de la muerte, no solo como una pérdida repentina, también como un final que se aproximaba y que intensificaba y agudizaba nuestra experiencia de estar vivos.

Durante los días y semanas cercanos a su muerte, hablamos durante horas sobre la vida y sobre su vida. Reflexionamos sobre lo rica que había sido su vida y sobre la importancia de que al final de la misma hiciéramos realmente un inventario de las bendiciones y los dones, y del dolor, el sufrimiento, las desilusiones, los remordimientos y los errores. Aquellas heridas y recuerdos dolorosos parecen estar siempre a la mano, sin importar cuántos años hayan pasado, y resultan fáciles de recordar sin esforzarse mucho. Sin embargo, las bendiciones, los logros, las hazañas y los momentos de gracia eran las cosas en las que ella realmente quería invertir su tiempo, por lo que reservamos una semana para hacerlo. Ella quería completar su vida buscando en su memoria, para traerlas al presente, muchas de las experiencias que quedaron arrumbadas como parte de su historia en medio de la ajetreada actividad de su existencia.

Un día centramos nuestra atención en su vida con el dinero. En aquel entonces, ella todavía podía incorporarse en su asiento y caminar con su andadera. Nos sentamos afuera en su patio en un día agradable y soleado, disfrutando de la delicada brisa y los frescos aromas de su jardín y de las flores que abrían sus pétalos. En cierto momento comenzó a hablar sobre el hecho de que había sido una consumada recaudadora de fondos en su propia vida, y estaba orgullosa de que yo hubiera seguido sus pasos. Comentó que su recaudación había sido diferente a la mía porque se trataba de una época diferente, donde las mujeres que ayudaban tenían recursos económicos sustanciales y se involucraban en la caridad casi como una obligación. Para algunas personas, dijo, este "trabajo caritativo" representaba una cuestión de estatus y de posicionamiento social. Reconoció que también resultó ser motivante para ella y, en retrospectiva, dichas oportunidades de dar su tiempo y de darse ella misma para organizar y recaudar dinero, fueron algunas de las experiencias más hermosas e importantes de su vida.

Todavía podía recordar su primer proyecto de recaudación de fondos. Era una esposa y madre joven en sus treintas, viviendo en Evanston, Illinois, cuando aceptó el desafío de recaudar dinero para un proyecto de caridad local. La organización era una agencia de la comunidad que se encargaba de la adopción de niños y ofrecía servicio de guardería para huérfanos y bebés abandonados, así como un lugar que los padres potenciales podían visitar.

Ahora, unos cincuenta años después, ella podía recordar, como si hubiera sido ayer, la forma cómo se sintió cuando se comprometió a recaudar 25 000 dólares que se necesitaban para ampliar el edificio que albergaba el orfanato y la oficina administrativa. En ese entonces era una meta enorme, casi insuperable para la organización. Mi madre era muy joven, estaba muy verde y no tenía idea de cómo haría la recaudación, no obstante alguien tenía que hacerse cargo de eso, y ella lo hizo.

Mi madre y su equipo realizaron todo proyecto posible para recaudar este dinero. Organizaron ventas de repostería, así como de ropa de segunda mano y paseos por jardines, así como una serie de pequeños eventos que siguieron realizándose de manera continua. En aquellos días la gente no solía pedir dinero directamente a particulares, como se hace en la actualidad, sin embargo los fondos recaudados en estos eventos eran importantes.

A medida que el periodo de campaña se acercaba a la fecha de cierre, mi madre y su equipo estaban cerca de su objetivo, aunque todavía necesitaban 5 000 dólares para lograrlo. Mi madre dijo que sintió que era su responsabilidad conseguir esos últimos dólares. Su verdadero bautismo en esta tarea de recaudación de fondos que surge del corazón, llegó de este modo, al darse cuenta de que había personas que adoptaron niños a través de esta agencia, y que si se enteraban de que gracias a su dinero sería posible que otras parejas llegaran a adoptar, con mucho gusto lo darían. En ese entendido, obtuvo la lista de padres y los llamó para pedirles que se reunieran con ella. A uno por uno les pidió que dieran dinero; y uno por uno se lo dio –500 dólares por aquí, 250 dólares por acá, hasta que juntó la cantidad necesaria–. De este modo recaudó los últimos

5 000 dólares ella misma y superó el objetivo llegando a obtener 26 133 dólares.

Dijo que esa campaña le enseñó que todos, en todo lugar, quieren hacer una diferencia. Todos quieren una vida sana y productiva para sí y para todos los demás, y dar dinero o participar financieramente constituye una de las formas más extraordinarias y poderosas con las que podemos hacer ese tipo de diferencia. Dijo que las reuniones con esas familias fueron todas interacciones inolvidables y sintió que había recibido un regalo de ellas.

Mientras nos sentábamos a hablar y pensábamos en las familias que se beneficiaron con esta recaudación de fondos, tanto las que dieron dinero, como las que después fueron a adoptar al niño con el que habían soñado, nos percatamos que todas resultaron favorecidas de por vida. Después nos dimos cuenta de que los bebés que fueron adoptados en ese lugar, en esa época, ahora tendrían cerca de cincuenta años de edad. Habrían sido adoptados y criados por familias que los amaban y los querían. Esos mismos bebés podían ser en la actualidad padres y muchos de ellos hasta abuelos, y toda una sucesión de linaje familiar y de amor fluía de aquellos bebés que ahora ya son mayores. Nos quedamos maravilladas ante la idea de que esos 26 133 dólares que ella había recaudado, tuvieran aun repercusión en la vida de aquella gente y de sus hijos y sus nietos. Cuando recaudamos dinero en nombre de nuestros más altos compromisos —en este caso, el compromiso de mi mamá de que los niños huérfanos fueran amados y cuidados— esos recursos financieros siguen recogiendo los frutos de una interminable cosecha, congruente con la intención de dicho dinero. Pensamos en todos los bebés que fueron adoptados después de la recaudación de fondos, ya en las nuevas instalaciones. Ella consideró que cada bebé adoptado después de aquello formó parte de ese legado dejado por la agencia, al que ella pudo contribuir. Estábamos conmovidas por ese pensamiento y por el poder del dinero recaudado y donado que marcó una diferencia.

En otra conversación, ella recordó todas las campañas importantes de recaudación de fondos que dirigió en su vida: campañas para el museo, para una agencia mundial de adopción, para la sinfónica de la comunidad, para el club de los niños, para el club de las niñas, para un programa de bienestar para los nativos americanos del oeste americano (donde ella ahora vivía), para un instituto Braille, para albergues de animales, para una escuela de alfabetización, para el hospicio cercano cuyos profesionales venían ahora a cuidarla, para un campamento de estudios ecológicos, para un proyecto que devolvía parcelas de desierto a su hábitat natural, para un campamento que construía senderos naturales a través de las montañas; y conforme ponía en marcha proyecto tras proyecto, organización tras organización, se dio cuenta de que probablemente recaudó millones de dólares que generaron millones más y que todavía servían a millones de personas.

Ese dinero a pesar de que fue gastado hace mucho tiempo, todavía estaba trabajando en muchos sentidos e incluso le estaba sirviendo a ella misma. Los senderos de la naturaleza ahora eran recorridos por sus bisnietos, los trabajadores del hospital ahora le estaban dando un servicio a ella y a su familia, la generosidad y la riqueza que ella generó para su comunidad eran inversiones que ahora le estaban regresando a ella. Ese dinero seguía trabajando, no consumido ni utilizado, sino más bien retribuyendo un beneficio constante a todos. Fue una comprensión poderosa de lo que sucedió y un momento muy conmovedor para ambas.

Unos días después, mi madre dijo que quería dar un reconocimiento a las personas que fueron importantes para ella en su vida diaria, en el vecindario, particularmente las que fueron realmente buenas y amables con ella. Percibía estas relaciones como parte de su abundante riqueza y quería hacerle saber a la gente lo mucho que los apreciaba. Sacó su libreta de teléfonos y abrió la Sección Amarilla. Me pidió que hablara a la tintorería. Llamé y después tomó el teléfono y pidió hablar con el gerente. Hubo una pausa mientras el empleado iba a buscarlo. Después mi madre dijo:

"Ken, soy la señora Tenney. Estoy muriendo y probablemente sea en septiembre y estoy hablando con mi hija acerca de toda la gente que ha hecho que esta parte final de mi vida sea especial. Usted ha estado limpiando mi ropa durante los últimos veinte años, y me siento servida y atendida por usted y las personas que están detrás del mostrador. Los aprecio y quiero que sepan que cuando una persona envejece y ya no puede hacer muchas cosas por ella misma, las personas del vecindario que ofrecen estos servicios necesarios se convierten en la gente que habita su vida, en la gente que le hace el día. Me gustaría que asistiera a mi funeral y que se sentara justo atrás de mi familia. Quiero que le dé su dirección y su teléfono a mi hija para que pueda invitarlo al funeral cuando llegue el momento."

Habló con Marcy y Susan, que trabajaban en ese lugar detrás del mostrador, les dijo lo mismo, y entró en detalles para decirles cuánto las apreciaba. Después llamó al taller de reparación de autos y habló con el hombre que se había encargado de su auto. Llamamos a la farmacia, al chico que hacía las entregas, a la mujer detrás del mostrador de cosméticos de su tienda favorita. Hablamos a su restaurante favorito, un pequeño restaurante francés, y habló con los dueños y con su mesera favorita, Martine. Les dijo a todos lo especial que fue para ella el haberlos conocido y lo bien atendida que se sintió. Llamamos al peluquero, al terapeuta masajista y a su manicurista. Hablamos con la gente que le llevaba los comestibles.

Cada conversación fue muy conmovedora. La gente estaba sorprendida. No estaba acostumbrada a recibir un reconocimiento así por su trabajo, especialmente de alguien que estaba próximo a morir. Anoté los nombres y las direcciones de todos para invitarles al funeral cuando llegara el momento.

Después nos pusimos a la tarea de distribuir algo del dinero que le quedaba entre sus once nietos y sus tres bisnietos. A pesar de que eran cantidades modestas en dólares, ella quería dárselas con el tiempo suficiente para que pudieran decirle en qué lo iban a usar, y así compartir esa dicha.

Encendimos veladoras y comenzamos. Reunimos las fotografías de toda la casa y, una por una las fuimos contemplando: frente a ella estaba la de un nieto en particular del que pudo así hablar de sus cualidades especiales y de su trayecto de vida. Sus ojos se llenaron de lágrimas a medida que vio las fotografías de sus nietos y refirió lo mucho que quería a cada uno, lo únicos que resultaban para ella, lo mucho que los apreciaba, y recordó de qué manera cada uno constituyó un regalo en su vida. Después, escribió una nota, llenó el cheque, y juntamos ambos papeles en un sobre que preparamos para el correo. Cada uno nos llevó cerca de media hora; con once nietos y tres bisnietos, se nos fueron tres días. Fueron los días más enriquecedores. Su atención era tan consciente, tan intencionada y tan sentida, que resultaba casi abrumador para ella, y le exigía cierto descanso antes de retomar el proceso al día siguiente.

Finalmente, una vez que recordó y agradeció a cada miembro de la familia, dirigió su atención hacia otros recuerdos, en especial aquellos que destacaban la calidad espiritual que ella aportó a sus actividades financieras durante todos esos años. Recordó las muchas agencias de caridad y de servicio a la comunidad a las que ayudó, las veces que prestó a la gente cantidades significativas de dinero, aun cuando ella sabía que nunca le pagarían. Sintió que le dio buen uso al dinero y no se arrepentía de ello. Eso le hacía sentir plena y bendecida por el hecho de haber sido capaz de hacerlo, y por la misma razón se sentía satisfecha con su vida: sentía que había sido bien vivida.

La siguiente semana nos aseguramos de que cada cuenta y cada gasto en el que se incurriera durante los siguientes meses, incluyendo los gastos de cuidarla y los del mismo funeral, estuvieran listos para ser pagados, sin sacrificar la parte de los demás.

Al final de su vida no le quedaba mucho dinero. En cierto modo, estaba orgullosa de que así fuera. George Bernard Shaw una vez dijo: "Quiero estar plenamente agotado cuando me muera". Mi madre era el vivo ejemplo de ese pensamiento. Se dio cuenta de que agotó su cuerpo y también los recursos financieros que tuvo la bendición de poseer. Estaba completa y totalmente consumida, en el mejor sentido posible. Su fuerza de vida y su riqueza material habían sido gastadas y, al final, utilizó todo lo que restaba para celebrar, honrar y expresar su amor por la gente.

Por supuesto, tuvo también días terribles, días dolorosos y días en que se enojaba con todos y expresaba su ira. Al final, cuando murió, todo eso acabó realmente. Su vida estaba completa y recuerdo que pensé: "¡Dios mío, qué final, qué vida!". En aquellas últimas semanas ella me hizo ver con claridad el eterno y duradero poder del dinero bendito, dinero que está dirigido con integridad e intención y con el eterno poder del amor. Eso fue parte del gran legado que ella dejó.

Recuerdo que minutos después de su muerte, entré en la habitación donde estaba su cuerpo. Pude sentir que su espíritu se había ido; su fuerza de vida ya no estaba en ese cuerpo. Ya no estaba dentro de él, pero había una sensación palpable de ella en la habitación; su resistencia, su fuerza, su generosidad y su amor todavía estaban presentes. Recuerdo haber sentido con gran claridad en aquel momento que ese es nuestro legado: las intenciones que hacemos realidad en el mundo a través de nuestras acciones, a través de nuestros mensajes, a través de las conversaciones que generamos, a través de las relaciones que tenemos la bendición de establecer, y en las muchas maneras en que expresamos nuestro amor. A través de la maravillosa herramienta del dinero podemos hablar de lo que somos y conmocionar al mundo.

Cuando nos reunimos para el funeral, además de nuestra familia y de los amigos cercanos, acudieron todas las personas a las que hablamos: el de la tintorería, el mecánico, el chef y la mesera, el chico que hacía los servicios de entrega, todos asistieron: eran los vendedores cuyos servicios ella pagó, y aun así, ellos también se sintieron íntimamente comprometidos con la vida de mi madre puesto que ella los había dejado entrar.

Había colmado a todos con su apreciación y reconocimiento, y sé que hasta el día de hoy esto sigue presente en la vida de todas estas personas. Sus vidas fueron tocadas por ella porque mi madre tuvo los medios necesarios y la gracia de hacer esas simples llamadas telefónicas. Sus nietos fueron bendecidos con los pequeños regalos financieros que ella les hizo mientras estuvo viva, y disfrutó con las historias que le contaron acerca de cómo usarían ese dinero. Han pasado ya muchos años desde que ella murió pero su dinero y su amor siguen trabajando y seguirán haciéndolo durante los años venideros.

El legado de mi madre fue, en parte, una celebración de su manera de ser con el dinero y el claro reconocimiento de la suficiencia de la vida. Desde la recaudación de fondos y el financiamiento para quienes ella sentía que era importante apoyar su trabajo, hasta su herencia repartida entre los miembros de la familia, y la apreciación por la gente que estuvo en su vida y que la conocían simplemente como una clienta regular del vecindario, se imprimió en mí la enorme diferencia que una persona puede marcar en la vida de otros.

Era un recordatorio de que los momentos de conexión a través de nuestro dinero son más profundos de lo que imaginamos y que, cuando en esos momentos actuamos desde el corazón, entonces nuestro dinero expresa dicho corazón, el cual constituye nuestra verdadera riqueza. No era una matriarca acaudalada, era una participante apasionada y generosa en la vida y en el trabajo de otros a los que nutrió con su tiempo, su energía y su dinero, desde su juventud hasta el día de su muerte.

Legar la conciencia del dinero

Cada uno de nosotros quiere dejar el legado de una familia saludable, de unos hijos prósperos y de una tierra palpitante y llena de vida. Creamos nuestro legado más duradero no con lo que dejamos atrás, sino con la manera en que vivimos y, especialmente, con la manera en que vivimos con el dinero.

¿Qué tipo de legado quieren crear? No importa que tengan mucho o poco, ustedes van a hacer la diferencia. Dejan un legado. Hacer la diferencia con su dinero no significa que tengan que poseer mucho, o que tengan que ser una persona pública o un legislador o aparecer en el programa televisivo de *Oprah*, o darle una donación a su universidad favorita. Cada uno de nosotros crea un legado con el ejemplo que da. Creamos un legado de suficiencia –o escasez– en muchos sentidos, pero muy especialmente en nuestra relación con el dinero. Podemos agotarlo y tomarlo, acumularlo y guardarlo, o podemos nutrir, compartir, repartir, gastar conscientemente y contribuir.

Mientras crecía, siempre pensé que cualquiera que heredara dinero tendría un destino fabuloso; nunca tendría que preocuparse por el dinero o interesarse en él o ni siquiera *pensar* en él, solo tendría que saber que tenía en exceso. El mito de *más es mejor* es tan fuerte que resulta difícil creer que más pueda ser problemático. Sin embargo, la realidad nos muestra una historia diferente, y la he escuchado y visto una y otra vez en mi trabajo.

En una conferencia a la que asistí recientemente, una mujer joven, de rostro fresco, rubia y de veintiséis años de edad, compartió con un pequeño grupo de herederos y conmigo que le rogó a su padre que no le diera mucho dinero y aun así, esa misma semana él le transfirió treinta millones de dólares en un fideicomiso. Se sintió aplastada por el dinero, aterrada por la responsabilidad, confundida, agobiada, y temía que la gente se enterara y la odiara o la utilizara por su fortuna. El trabajo que su padre realizó para ganar ese dinero había destruido a su familia, dividido a los hermanos y las hermanas, ocasionado el divorcio de sus padres y generado celos y envidias de las que ella no quería formar parte. Sentía que todo ese bagaje, culpa y malos sentimientos, le fue legado junto con ese dinero, y apenas podía soportarlo.

La mayoría de nosotros estaría impactado de ver cómo la miseria y la tristeza acompañan con mucha frecuencia a los legados de excesiva riqueza. Por supuesto que existen excepciones y esas excepciones son las personas que trabajan diligentemente para contrarrestar los efectos del exceso y el sentirse con derecho sobre algo. Pero contrariamente a lo que imaginamos, las grandes riquezas heredadas no necesariamente representan el legado amoroso que aparentan.

En países y comunidades donde el dinero es escaso, así como en las vidas donde el dinero está sobrevalorado, el aspecto más destructivo de la relación con el dinero implica el legado de un espíritu empobrecido que conduce a las personas a creer que el dinero define lo que son y lo que pueden escoger ser en la vida. En las circunstancias más pobres y más ricas en recursos, sabemos que los que sobreviven y prosperan son los que recurren a otros medios más profundos para generar una vida plena de significado.

Crear un legado: vivir una vida basada en la suficiencia

Cuando Bill y yo nos quedamos atrapados en lo que llamo "el canto de éxito de la sirena" –cuando nuestros hijos eran pequeños– no solo nos perdimos de buena parte de la dicha y la riqueza que teníamos disponible si hubiéramos estado presentes ante la capacidad de maravilla y de asombro de nuestros hijos por las cosas más pequeñas y sencillas, sino que también creamos un modelo inquietante para ellos. Estábamos metidos por completo en la idea de ganar más, impresionando a los demás, adquiriendo símbolos del tan mentado éxito, y depositando nuestra atención e incluso nuestra confianza en el incuestionable poder del dinero, enviándoles inconscientemente mensajes sobre lo que sería importante para cuando "crecieran." Si no hubiera sido por Buckminster Fuller y después por el Hunger Project, nuestras vidas habrían seguido esa dirección enfermiza, pero tuvimos suerte. Fuimos capaces de centrarnos de nuevo y de lleno en otro contexto y comenzar a valorar la posibilidad de marcar una diferencia más que de hacer una fortuna.

Durante esta época crucial, Bucky resultó fundamental para mi vida y mi trabajo, y una noche nos sentimos honrados pues vino a cenar en nuestra casa. Nuestros hijos tenían seis, ocho y diez años de edad, y Bill y yo, Bucky y nuestros hijos nos sentamos en la mesa de la cocina. A Bucky se le conocía como el "Abuelo del futuro" y era tan emocionante –un verdadero regalo– verlo ahí con nuestros hijos compartiendo una simple comida casera. En cierto momento, mi hija Summer de ocho años, dijo algo profundo, en la manera en que los niños lo hacen, hablando de una verdad profunda surgida de su visión inocente. Su observación resultó algo sensacional para los tres adultos de la mesa –Bill, Bucky y yo– y nos miramos unos a otros conmovidos por su sabiduría. Después, Bucky dijo algo que cambió para siempre mi vida y mi relación con mis hijos. Nos dijo a Bill y a mí: "Recuerden, sus hijos son sus mayores en el tiempo del universo. Vienen de un universo más completo, más evolucionado del que ustedes o yo podemos conocer. Solo podemos ver ese universo a través de sus ojos." Percibir a mis hijos como mis "mayores en el tiempo del universo", fue un pensamiento sorprendente e inspirador. Todos los acontecimientos relevantes y los avances tecnológicos de aquel momento que en realidad atrapaban nuestra atención, serían historia para nuestros hijos, la tierra bajo sus pies donde sus propios sueños y esfuerzos crecerían de tal modo que ni siquiera podíamos imaginarlo. Pero nuestros hijos podían y así lo hicieron. ¿Qué significaba heredar un mundo donde las computadoras de alta velocidad, los viajes y la tecnología hacían que la comunidad global fuera ya no una noción abstracta o una nueva frontera, sino una realidad concreta? ¿Qué podría significar crecer en un mundo donde prevaleciera la suficiencia, donde la generosidad y la colaboración fueran las condiciones humanas predominantes? Percibí que ellos nos estaban ayudando tanto como nosotros los estábamos ayudando a ellos, aunque de manera diferente, por supuesto. Y aunque siempre veía que estábamos aprendiendo mucho de nuestros hijos, nunca me di cuenta de esa verdad profunda sobre nuestra relación. Cambió mi percepción de todo y comencé a valerme de ellos —mis mayores en el universo— para percibir una visión del mundo futurista única y, sin embargo, precisa y evolucionada.

Escucharlos en esta nueva forma, era como confirmar sus instintos naturales y honrar su conocimiento natural, apreciándolo de tal manera que pudiera expandirse y contribuir. Me quedó claro que aumentando nuestro aprecio hacia nuestros hijos, profundizarían su sabiduría natural y serían menos vulnerables frente a los mitos de la escasez y el hambre comercial y cultural de obtener más cosas y más dinero. El legado que necesitaban de nosotros no era el dinero propiamente, sino una manera de ser que les permitiera ser creativos, resistentes y plenamente expresivos en el mundo con cualquier cantidad de dinero o de otros recursos que recibieran en sus vidas.

En aquellos primeros años de trabajo en el Hunger Project nuestra casa se convirtió en un refugio para muchas personas. Era un lugar donde los amigos se podían quedar durante su estancia en San Francisco. Pero para otros era un lugar donde venir, vivir, ser cuidado y atendido después de un difícil divorcio; o un lugar donde sanar después de un episodio de cáncer. Cuando capacitábamos al personal del Hunger Project, proveniente de otros países como Etiopía y la India, había épocas en que mis colegas vivían con nosotros durante semanas. Recuerdo haber tenido en casa a nuestra directora de la India, Lalita, que se quedó en el estudio, sus colegas Naji y Shalini en el cuarto de huéspedes, mientras que Hiroshi y Janet del Japón se quedaron en el cuarto de juegos del sótano, y Tunde Fafunwa, de Nigeria, durmió en un saco de dormir debajo del piano. Mis hijos crecieron con gente de otras culturas que iban y venían, compartiendo tiempo, comidas y momentos de dicha con nuestra familia, sabiendo y manifestando que siempre teníamos suficiente para compartir con quien fuera que estuviera ahí o llegara después.

Este llamado a compartir obligó en ciertos momentos a mis hijos a ser generosos, pero también les permitió experimentar la verdadera suficiencia de recursos para compartir con aquellos que necesitaran estar con nosotros, lo cual enriqueció enormemente la vida de toda nuestra familia. Lo que compartes lo fortaleces y aquello que compartes dura para siempre como tu verdadero legado.

Este es el legado que corremos el riesgo de perder –que nuestros hijos corren el riesgo de perder– en el clima de comercialización, y consumismo que los rodea desde su nacimiento. En la industria de la publicidad el mercadeo lo llaman mercadotecnia "de la cuna a la tumba", una estrategia calculada para enganchar a los niños como consumidores desde los primeros momentos de su vida, plantar las semillas de la falsa escasez y cultivar el mito de *cuanto más mejor*.

El Center for a New American Dream, una respetable organización de acción social y educación del consumidor, escribe que, cada vez más, "los niños de hoy están expuestos a los comerciales televisivos, anuncios, pancartas publicitarias, carteles, logotipos y despliegue de productos… los anunciantes están seduciendo abiertamente a los niños a una escala sin precedentes, apresurándose para crear lealtades a ciertas marcas desde el momento en que un niño es lo suficientemente grande para distinguir los logotipos de la compañía o para recitar las canciones publicitarias de los productos. Los publicistas se están dirigiendo hoy a los niños porque es ahí donde se plantan las semillas del súper-consumismo."

Resulta difícil criar niños en la ruidosa cultura comercial del consumidor, que funciona los siete días de la semana y las 24 horas del día, para que identifiquen la poca reconocida distinción de lo *suficiente*, que es exactamente lo que les dará las claves para una vida plena y feliz. Los niños están de manera natural llenos de maravilla y asombro; el mundo es un lugar de dicha y posibilidad para ellos. Crecen en el amor y la aceptación y nos dan el regalo de su gozo, su alegría y su sentido natural de la posibilidad.

¿Cómo podemos guiar a nuestros hijos para tener una auténtica relación con el dinero cuando la cultura del consumidor los lleva a querer y a adquirir cosas que no necesitan? ¿Cómo podemos fortalecerlos para que vivan con integridad frente a esa seducción? Podemos educarlos respecto a la inexacta condición de escasez y sus mitos, y demostrarles que se puede actuar desde un contexto de suficiencia. El Center for a New American Dream ofrece estas sugerencias prácticas:

> *Ayude a sus hijos a entender que cada producto está hecho con materiales extraídos de la Tierra, y que las cosas materiales no desaparecen simplemente cuando se recoge la basura.*
>
> *Enseñe a sus hijos lo que le sucede a todas esas cosas. Cuando consumimos mucho plástico, artículos envueltos en grandes empaques y productos que se rompen fácilmente, estamos dejando una carga pesada a las futuras generaciones.*
>
> *Trate de encontrar aquellos productos ecológicos que resultan duraderos y están hechos con materiales biodegradables y reciclados.*
>
> *Sea un modelo a imitar. Evite las compras compulsivas. Limite consumir productos que merman a la Tierra.*
>
> *Inculque a su hijo la lectura de libros y otros materiales que refuercen estos mensajes.*

(Este libro proporciona una lista completa de fuentes de información en el apéndice titulado "Recursos".)

Háganles saber que este "canto de la sirena" de gastar, de endeudarse, de acumular y de adquirir más es una parte enfermiza de nuestra cultura y que ellos no necesitan dejarse atrapar por ella. Háganles saber que habrá épocas en que el llamado será tentador, pero pueden ser más fuertes que él.

Examinen abiertamente la manera de manejar el dinero que fluye a través de sus vidas para ver si sus acciones están a favor de un estilo de vida próspero, sustentable y justo para toda la gente. Compartan el proceso de reflexión, deliberación y toma de decisiones sobre cuestiones de dinero e inviten a sus hijos a que aporten ideas.

Más valioso y útil que cualquier cantidad de dinero es dejar en herencia a nuestros hijos una sana relación con el dinero. Háganles entender que el dinero entra y sale, que así debería ser, y que es un privilegio ser capaz de dirigir ese flujo hacia los propósitos más valiosos que uno tenga. Háganles ver, para que resulte evidente en sus vidas, que si dirigen su atención hacia sus recursos internos, no carecerán de nada para enfrentar el desafío o la oportunidad que representan las circunstancias externas. Déjenles que experimenten la riqueza verdadera, la belleza y la seguridad de una vida que valora y honra la relación entre nosotros mismos, inspirando, compartiendo y procurando una gestión responsable, más que la acumulación de efectivo o de cosas.

Uno de mis poemas sufíes favoritos, atribuido a Hazrat Inayat Khan, ofrece una perspectiva útil:

Pedí fuerza
Y Dios me dio dificultades para fortalecerme.
Pedí sabiduría
Y Dios me dio problemas para aprender a resolverlos.
Pedí prosperidad
Y Dios me dio un cerebro y músculo para trabajar.
Pedí valor
Y Dios me dio peligros que vencer.
Pedí amor
Y Dios me dio gente a quien ayudar.
Pedí favores
Y Dios me dio oportunidades.
No recibí nada de lo que quería.
Recibí todo lo que necesitaba.

El legado que creamos comienza en casa, en la familia, no importa si tenemos hijos o no, pero también se extiende al lugar de trabajo y al ambiente empresarial. Ahí tenemos la oportunidad de sustituir los sistemas de escasez que prevalecen en el esquema mental de beneficio a cualquier costo, con negocios, formas de administrar y filosofías económicas construidas a partir de principios y prácticas de sustentabilidad.

En Fetzer Vineyards, Paul y sus colegas crearon prácticas ambientalmente sustentables que respetan la tierra y que también están produciendo excelentes vinos. Esos vinos ganan premios y su compañía es rentable y próspera, al mismo tiempo que crea un nuevo modelo comercial para la fabricación de vinos en el mundo. Su visión personal y su acción como líderes empresariales está creando un legado de suficiencia y prosperidad para su propia industria y para todo aquel que los siga.

Muchas otras personas, en el mundo de los negocios y en su propia perspectiva individual sobre el trabajo, están viviendo estos principios. La sustentabilidad es, en última instancia, una declaración para asegurar la suficiencia para todos, en todo lugar, y para las generaciones futuras. Los mitos de la escasez han sido el legado desde siempre. Ejemplos en los que hayamos tomado decisiones sostenibles constituyen parte de un legado de suficiencia que se aplica al campo de los negocios, de la crianza de los niños, del liderazgo, y dicho legado está ahora cambiando activamente nuestro mundo.

Lo que compramos, aquello en lo que invertimos, lo que adquirimos para otros, lo que decidimos financiar y con lo que decidimos contribuir, puede crear nuestro mundo. Los principios de la suficiencia nos conectan con las verdades profundas y los valores espirituales que pueden ser utilizados para sembrar un futuro de satisfacción, libertad e individualidad, frente a una mitología dominante de la escasez y la carencia.

El gran futurista y científico Willis Harman dijo: "La sociedad otorga legitimidad y la sociedad puede quitarla."

Podemos despojar de legitimidad el mito de la escasez.

No importa que haya mucho o poco dinero fluyendo a través de nuestras vidas, podemos utilizarlo en una forma que fortalezca la vida, en lugar de luchar por obtener más y de obsesionarnos con el movimiento del dinero que sube o baja en cantidad en nuestra vida.

Podemos cambiar de la escasez hacia la suficiencia, de la queja hacia el compromiso, de la envidia hacia la gratitud.

Podemos cambiar el sueño a través de la postura que asumamos, a través del poder de la conversación y a través de la atención consciente a nuestro legado.

Capítulo 12

La marea cambiante

A lo lejos un zumbido, el suave sonido de la gente despertando: despertando a lo que es posible para la tierra en esta sensible coyuntura; despertando al llamado que viene de nuestros ancestros y de las generaciones futuras, un llamado a despertar.

La Turning Tide Coallition

El taxi de Verona corría a toda velocidad a través del tránsito, pasando las viejas paredes de piedra y saliendo por las puertas de la ciudad. En cuestión de minutos, pasamos del bullicio condimentado de la vida italiana de las calles al terroso suspiro de la campiña, abriéndonos paso por caminos empinados, angostos y sinuosos que conectaban las exquisitas aldeas italianas de las colinas con el centro de retiro en el pequeño pueblo de Cadine, enclavado en las montañas a dos horas de la ciudad. El cielo era azul cobalto. Las montañas despuntaban claramente contra el cielo. Al llegar y comenzar a conocer a mis nuevos colegas, me vino un sentimiento de anticipación y entusiasmo de que algo monumental nos esperaba en este lugar. Estábamos ahí para reunirnos y hablar con Su Santidad el Dalai Lama.

Era el principio del verano del 2001 y había sido invitada a algo llamado *Synthesis Dialogues* (Diálogos de síntesis), una reunión de treinta personas, todas activistas globales, líderes religiosos o maestros espirituales. El propósito de la reunión era comprometernos unos con otros y con Su Santidad en el diálogo sobre el estado del mundo.

Los treinta participantes eran líderes globales y fundadores, venidos de todas partes del mundo, cada uno con un compromiso común relacionado con el potencial humano y la espiritualidad. Cada uno trabajaba en algún aspecto de la injusticia, del dolor y del sufrimiento que acosan a la familia humana. Estas personas trabajaban en las trincheras, confrontando la guerra, la pobreza, el hambre, la violencia y la opresión que en algunos casos ocurría a escala masiva. Algunos de los participantes habían padecido encarcelamiento y tortura y aun así regresaron al trabajo, incluso más determinados a catalizar el cambio y la transformación. Tan solo estar a su lado provocaba una sensación de humildad.

Nos reunimos durante varios días antes de que llegara Su Santidad. Compartimos nuestras historias de vida y meditamos juntos. Hicimos caminatas por las montañas y cantamos. Nos conectamos profundamente y nos ganamos el respeto mutuo; crecimos en amor entre nosotros y, cuando estábamos trabajando y dialogando de manera eficaz, Su Santidad el Dalai Lama se unió a nosotros, acompañado de monjes tibetanos y eruditos que viajaban con él.

La reunión de por sí resultó potente y productiva para todos nosotros, antes de que Su Santidad llegara. Sin embargo, cuando se integró a nosotros, cuando trajo su presencia, su "santidad," todo alcanzó un nivel diferente. De alguna manera, cada uno de nosotros fue capaz de dejar de lado a sí mismo, nuestra propia "historia" individual o nuestro "drama" y testimoniar nuestro mundo, más que lidiar con sus problemas. En nuestra conversación no le dimos vueltas a los problemas del mundo sino que los mantuvimos bajo una visión clara. Su Santidad habló de la trágica y cruel opresión de su pueblo por el gobierno chino, y las insoportables torturas y atrocidades perpetradas contra los tibetanos que seguían dentro del Tíbet chino. La historia de su escape del Tíbet y del milagro gracias al cual pudo salvarse de que lo mataran los chinos siendo un adolescente, y de su vida en el exilio, que ha durado varias décadas, era bien conocida en nuestro círculo. Este hombre no era ajeno a la adversidad, a la opresión, a la injusticia y al sufrimiento.

Aun así, lo que surgió de nuestros diálogos fue una síntesis real y un consenso de que el mundo está despertando, de que la marea está cambiando. Percibimos y sentimos que a pesar de las impactantes estadísticas sobre la degradación del medio ambiente, la escalada de violencia y la guerra, los abusos desenfrenados de los derechos humanos, la creciente epidemia de sida y de otras enfermedades y el dolor de la pobreza generalizada, algo fundamental está cambiando en el núcleo de las cosas. Las viejas e inexactas concepciones están siendo desechadas y el surgimiento de un poder espiritual, de un impulso profundamente expresivo, de una transformación, están haciendo efervescencia en todos lados, y resultan más poderosos, más firmes, más inquebrantables que los desafíos que nos confrontan.

Todos teníamos diferentes etiquetas para ello, pero sabíamos que estábamos hablando de lo mismo. Para mí, significaba el comienzo de la desintegración de la escasez y del mundo del tú-o-yo creado por ese escenario, especialmente destructivo en nuestra relación con el dinero y, en definitiva, por su falta de viabilidad, sus burdas fallas de apreciación de la auténtica verdad e integridad de la vida, y su insostenible premisa. Estuvimos de acuerdo en que la visión que estaba surgiendo en su lugar era, y en la actualidad cada vez lo es más, el mundo del tú-y-yo predicho por Buckminster Fuller años antes, un mundo donde vivimos, en el contexto y la verdad de la suficiencia y el respeto de lo suficiente, exactamente suficiente para todos en todo lugar; un mundo que funciona para todos, sin nadie ni nada fuera; un mundo donde la solidaridad sustituye a la caridad, y un mundo donde el sueño no es el de unos viviendo a expensas de otros, sino un sueño para todos; un mundo donde la inteligencia y la benevolente "fuerza" de la naturaleza es la fuerza que respetamos y con la que nos alineamos; un mundo donde el amor al dinero se sustituye por el uso del dinero como una expresión de amor.

Mientras nos sentábamos en un círculo, Su Santidad escuchó a cada uno y habló con nosotros, reflexionando sobre la naturaleza de nuestros respectivos compromisos en el contexto de la totalidad. Describió el deseo universal que la gente tiene de ser feliz y de evitar el sufrimiento, y la manera en que una vida ética se convierte en una vida gratificante. En nuestra relación con el dinero, según dijo, cuando llevamos la presencia divina a este templo de abundancia, creamos una relación auténtica y ética con el dinero que expande, engrandece y magnifica su valor.

En el diálogo con mis colegas, ahí, en presencia de Su Santidad, percibí esto como nunca antes. Lo sentí. Fue visceral, físico y profundamente conmovedor. Recordé una cita que había escuchado años antes de Teilhard de Chardin: "No somos seres humanos viviendo una experiencia espiritual, sino seres espirituales viviendo una experiencia humana".

Sentada ante el Dalai Lama, me experimenté a mí misma como un ser espiritual, negociando en el reino de la experiencia humana. Esta reunión, y el mismo Dalai Lama, crearon el espacio físico, intelectual y espiritual para la claridad y la reflexión. De esa síntesis surgió una experiencia de la verdad aún más profunda y exquisita, así como un compromiso renovado. La profunda experiencia de aquellos breves días regresa de vez en vez, y ahora resulta clara para mí cuando pienso sobre la naturaleza de esta experiencia humana que nos pertenece, y el hecho de que uno de los aspectos más definitorios y demandantes de estar comprometido con la experiencia humana es nuestra lucha, nuestro desafío y nuestras interacciones con el dinero. Volví a percibir como lo hice muchas veces antes, pero en esta ocasión con mayor claridad, que el dinero —un escenario de la vida que nos engancha y seduce tanto— puede ser nuestro más grande aliado en nuestra propia transformación y la transformación del mundo en que vivimos.

El dinero viaja a todos lados, atraviesa todas las fronteras, los idiomas y las culturas. El dinero, como el agua, hace olas en cierto nivel a través de cada vida y cada lugar. Puede llevar nuestro amor o nuestro miedo. Puede inundar a algunos de nosotros de forma que nos ahogamos en un sentimiento tóxico de poder sobre los demás. Puede nutrir y regar los principios de la libertad, la comunidad y el compartir. El dinero puede afirmar la vida o puede utilizarse para degradarla, disminuirla o destruirla. Nosotros lo inventamos y corresponde plenamente a la experiencia humana, pero puede ser utilizado por los anhelos y las pasiones de nuestra alma y fundirse con ellos.

El mundo del tú-*y*-yo ya existe

Eran los finales de los años setenta cuando escuché a Buckminster Fuller describir su visión del mundo del tú-*y*-yo, un mundo donde todos sabemos y vivimos la verdad de que hay suficiente para todos, y donde nadie queda fuera. En esa época esto constituía una expectativa realista debido a que, según señaló, en realidad había suficiente comida en el mundo, suficientes recursos para mantener a todos. El desafío, agregó Fuller, era que todas nuestras estructuras y sistemas –políticos, de gobierno, de atención sanitaria, de educación, de economía y especialmente nuestro sistema monetario– habían sido diseñados alrededor de la escasez, en torno a la creencia de que no había suficiente para todos y de que alguien tendría que quedar fuera.

Bucky predijo que podían pasar de veinticinco a cincuenta años para que sucumbieran aquellos sistemas que resultan inexactos en la actualidad y las estructuras construidas alrededor del mito de la escasez, del paradigma del mundo del tú-*o*-yo. Advirtió que podría resultar triste, confuso y hasta catastrófico, pero que cuando la transformación tuviera lugar, habrá nacido un nuevo mundo: un mundo en el que valoremos que hay suficiente, un mundo que administremos sabiamente y que vivamos en un contexto de suficiencia y prosperidad para todos –-el paradigma del tú-*y*-yo–.

Esta es una época aterradora y de cataclismos, y el dinero se encuentra en algún lugar, detrás, debajo o corriendo virtualmente a través de todo conflicto, desastre y crisis alrededor del mundo y en cada faceta de nuestra propia vida. Esta es una época especialmente tensa y desafiante para nuestra vida en relación con el dinero. Nos preocupamos de perder nuestros empleos y de ser incapaces de encontrar otro trabajo en un mercado laboral que se reduce y una economía que se deprime. Nos preocupamos de si tendremos suficiente dinero para ser capaces de conservar nuestras casas, comida, ropa o de educar a nuestros hijos como desearíamos, o si tendremos suficiente dinero para nuestro retiro. Nos preocupamos de que nuestro país invierta vidas y dinero en la guerra. Nos preocupamos del terrorismo que nos toca de cerca, y al mismo tiempo de la espiral de los costos debidos al incremento en las medidas de seguridad, cada vez que se puede, sin sentirnos por ello más seguros.

En muchos sentidos, resulta peor de lo que pensamos: el terrorismo, la guerra, la violencia, la venganza y el castigo acosan nuestro planeta; las especies se extinguen a una velocidad sin precedente; el consumo de combustibles fósiles está desestabilizando el clima del mundo; la aparente brecha entre los que tienen muchos recursos y los que cuentan con pocos o ninguno, se ensancha despiadadamente; la corrupción y la codicia parecen desenfrenadas y crecientes, incluso entre aquellos que ya poseen exorbitantes cantidades de dinero, recursos, poder y privilegios.

Al mismo tiempo, la situación es mejor de lo que podríamos esperar. Cientos de millones de personas tienen trabajo, reaccionan frente a los desafíos y los enfrentan a cualquier nivel. Incontables organizaciones e iniciativas han aparecido a lo largo de todo el mundo, abordando las necesidades básicas de toda la humanidad y de la vida en general. Las acciones de la sociedad civil y los ciudadanos en cada país del mundo son más dinámicas, emergentes y activas, como nunca antes en la historia. El Internet conecta a billones de personas de manera instantánea y estamos experimentando nuestra interconectividad bajo formas poderosas y prácticas que hacen posible una cooperación y una colaboración sin precedentes. La explosión de las comunicaciones ha despertado la conectividad natural entre nosotros y la conciencia de estar interconectados. También ha facilitado una verdadera conversación sobre cuestiones importantes que nos afectan a todos. El conocimiento ecológico y la conciencia medio ambiental permean cada nación, aldea, institución y población alrededor del globo terráqueo.

Estamos despertando a los derechos humanos y a la equidad de género, y especialmente al poder y al surgimiento de las mujeres, de las voces y el liderazgo de estas como recursos en cada aspecto de la sociedad. Más de dos tercios de las personas del mundo viven bajo alguna forma de gobierno democrático, otorgando a un porcentaje sin precedentes de la raza humana –incluyendo a las mujeres y a la gente de color– una voz en la determinación de su futuro.

Una oleada de espiritualidad mundial está haciendo que lo espiritual sea más visible en la vida diaria, en el lugar de trabajo, en la familia y en la conversación para adquirir más sabiduría en casi todos los escenarios donde la gente está lidiando con formas de vivir y de ser. Cada vez más comunidades religiosas están reconociendo el don de la diversidad y están enseñando el respeto hacia otras creencias. La Pachamama Alliance y otras organizaciones y colaboradores están preservando de manera eficaz las tierras vírgenes de la selva tropical y a sus habitantes y, como resultado de ello, los pueblos indígenas han comenzado a surgir como una voz respetada que lleva la sabiduría ancestral enraizada en las leyes del mundo natural, a conferencias y consejos de quienes toman decisiones globales.

La medicina alternativa y complementaria ha crecido en popularidad y aceptación en Estados Unidos, abriendo las puertas a conocimientos antes desconocidos provenientes de tradiciones y prácticas para sanar alrededor del mundo. En muchos países, las monedas alternativas y complementarias, que van desde el trueque hasta sofisticados intercambios de recursos económicos, están permitiendo a la gente compartir bienes fuera del sistema tradicional del dinero.

El Hunger Project y su filosofía, la cual fue ridiculizada hace veinticinco años, se ha convertido en el modelo tanto para la filantropía ilustrada como para los programas que fomentan la autosuficiencia y la independencia y que permiten a la gente ser la autora de su propio desarrollo. Las trágicas estadísticas de 1977 —41 000 muertes por hambre al día— se han reducido a la mitad, a menos de veinte mil por día, y aquellos números continúan bajando ininterrumpidamente a pesar de que la población del mundo aumenta. Se está progresando.

Grandes compañías petroleras como Shell y British Petroleum se han auto-proclamado "compañías de energía" y tienen planeado salirse del negocio de los combustibles fósiles para entrar de lleno en el negocio de la energía renovable dentro de treinta años.

Las organizaciones globales de jóvenes activistas como Free the Children y Youth for Environmental Sanity, Pioneers of Change y cientos de otras organizaciones, están inspirando y movilizando a la gente joven a lo largo del mundo para crear un nuevo tipo de pensamiento y liderazgo ante los desafíos que enfrentamos.

Como dicen Paul Ray y Sherry Anderson en su trascendental

libro *The Cultural Creatives: How Fifty Million People Can Change the World*, muchos millones de personas "han adoptado una visión del mundo totalmente nueva... un gran desarrollo en nuestra civilización. Cambiar una visión del mundo significa literalmente cambiar lo que se piensa que es real... cambios de valores, de las prioridades fundamentales, cambios en el estilo de vida, en la manera en que pasan su tiempo y gastan su dinero, y cambios en la subsistencia; cómo ganan, en primer lugar, ese dinero."

Esta no es una época de simples cambios. Es una época de transformación, y la transformación viene no ya de la escasez, sino del contexto de posibilidad, responsabilidad y suficiencia. Citando a Werner Erhard, un pensador visionario y ontológico: "La transformación no niega lo que sucedió antes, más bien, lo cumple. La creación del contexto de un mundo que funcione para todos no constituye solamente otro paso adelante en la historia humana, sino el contexto a partir del cual nuestra historia comenzará a tener sentido".

En los Diálogos de Síntesis con Su Santidad el Dalai Lama, a medida que hablábamos sobre los obstáculos y desafíos, se hicieron más claras para mí las oportunidades y posibilidades que se presentaban por sí mismas en los diferentes escenarios en los que cada uno trabajábamos, la naturaleza de nuestro trabajo –el trabajo de todos, en todo lugar–. Como dijo uno de mis colegas, el trabajo de nuestro tiempo consiste en mandar a un asilo para asuntos terminales a los viejos sistemas y estructuras no-sustentables y servir de parteros en el nacimiento de los nuevos sistemas sustentables y las nuevas formas de ser. Mandar a un asilo para asuntos terminales a aquellos sistemas que han llegado a su límite y resultan no-sustentables, no consiste en matarlos, sino, con algo de compasión y amor, dar testimonio de su desintegración, y luego ayudar a dar a luz, con compasión y amor, el desarrollo y la creación de nuevas estructuras, sistemas, contextos y conceptos que sirvan de soporte y doten de poder a nuevas formas de ser sustentables. Estas están basadas en la realidad y la comprensión de un mundo en el cual hay suficiente, en el cual todos podemos prosperar, no solo a expensas del otro, sino mediante la colaboración y la cooperación. Nuestra relación con el dinero puede ser el lugar donde comience esta transformación para cada uno de nosotros. Podemos abrazar el dinero y el alma en el mismo momento, y "coexistir activamente" con nuestro dinero, como dice Alan Slifka, un inversionista profesional, filántropo y amigo mío: "Es cuestión de fundir nuestros bienes tangibles con nuestros bienes intangibles. Ahí existe una oportunidad de utilizar el dinero de una manera totalmente diferente si tenemos el valor de ver sus posibilidades".

Mi viaje hacia el dinero y el alma

Al servicio de un compromiso más grande de lo que yo había pensado que haría, mi periodo como recaudadora de fondos y activista me llevó a todos los rincones del mundo, culturalmente hablando, pero también hacia el fondo de mi propia relación con la vida. Este escenario de mi conexión con el dinero y con las personas que están lidiando con su propia relación con el dinero, ha sido un lugar donde he llegado a entender algunas de las verdades universales sobre el dinero. Me conmueve la lucha que todos entablamos con él. Ahora percibo que este escenario donde topamos con las duras realidades de la vida, puede constituir el lugar en el que desarrollemos una especie de práctica espiritual donde utilicemos el dinero que llega a nosotros como un instrumento de nuestra intención e integridad.

Cuando hice esa primera donación al Hunger Project, se alinearon de nuevo mis prioridades. Mi vida financiera comenzó a estar más alineada con mi profundo sentido de ser y con mi alma. Empecé a tener una experiencia de prosperidad que no se relacionaba con ninguna cantidad de dinero y con ninguna adquisición. Podía sentir esa alineación dentro de mí misma, y eso tuvo lugar a partir del uso que le di al dinero. La marea cambió en mí. Era tan sorprendente que el dinero, ese mismo que yo usé y vi a otros usar para perpetuar su acumulación y su agotamiento, y para ponerme en relieve a mí misma a través del arte, el vino y las cosas, terminara siendo el mismo instrumento que finalmente utilicé para expresar mi amor por la gente y mi afirmación de la vida, y para compartir mis más profundos sueños. Una vez que ese instrumento o vehículo llamado dinero se alineó con mi alma, la prosperidad, la dicha y la suficiencia comenzaron a florecer. No era por el dinero en sí mismo, sino por su uso como un instrumento del alma.

Eso es posible para todos: no solo a un nivel personal, también a un nivel familiar, cultural y a todo lo ancho de la sociedad. Alinear el dinero con nuestra alma, con nuestros más profundos sueños y nuestras más altas aspiraciones, es la fuente de nuestra prosperidad, más que el simple hecho de tener más dinero con qué trabajar. El dinero utilizado de esta manera nos conecta con la totalidad de la vida, en lugar de convertirse en un instrumento que nos separa y fragmenta entre nosotros. Este tipo de prosperidad está disponible para todos, sin importar si son personas con recursos sólidos, personas con recursos moderados o personas con pocos recursos.

Utilizar el dinero como una expresión directa del más profundo sentido del propio ser es una cosa poderosa, milagrosa. No obstante, se trata de una práctica, y todavía estoy trabajando en ella. Gasto dinero. Compro productos que son parte del problema más que parte de la solución. Me entusiasmo con el dinero, me decepciono con el dinero y me frustro y entro en conflicto por cuestiones de dinero. Pero también me encuentro en un camino, en una práctica que estoy compartiendo con ustedes debido a que creo que resulta útil e importante en nuestro tiempo. Estoy percibiendo que cada vez somos más y más los que estamos despiertos ante nuestros más elevados compromisos, preocupados sobre la manera en que estamos viviendo, y este libro es un ofrecimiento para contribuir con ese proceso que está sucediendo a todo nuestro alrededor.

La realización y el sentido de paz en el reconocimiento de que hay suficiente no significa negar las necesidades tan grandes que sufren millones de personas o segmentos enteros de nuestra sociedad. Trabajo cada día en ese ambiente brutal. Sin embargo, la comprensión fundamental de que hay suficiente me ha permitido acercarme no solo a los desafíos y a esos problemas, sino también a mi propia vida de una manera que ha abierto nuevas relaciones y nuevas posibilidades con cada oportunidad. Por lo tanto, ofrezco esto a cada hombre y a cada mujer, para todos los días, como una manera posible de comprometerse con este escenario del dinero, este flujo que corre a través de cada relación, sin importar que sea con nuestra madre, o padre, marido, esposa, tías, primos, amigos, patrón o empleado. El dinero nunca está ausente, y podemos utilizarlo como un espejo para entender quiénes somos y qué postura asumimos. También los invito a vivir una vida más grande, a darse cuenta que cuando realmente observamos lo que tenemos y abandonamos el deseo de acumular más, tenemos la capacidad de vivir vidas más grandiosas a diferencia de simplemente "obtener" y "tener". Todos quieren una buena vida no solo para ellos mismos. Quieren una buena vida para todos, y cuando se dan cuenta de que hay suficiente, entran en contacto con esa posibilidad. Es el resultado natural derivado de haber cambiado su contexto. Así funcionó para mí, y he visto que así funciona para muchos otros alrededor del mundo.

La oruga y la mariposa

Nuestra lucha en lo que respecta al dinero, y toda la tensión, miedos y excesos que lo acompañan, tiene un símil en la naturaleza. La bióloga evolucionista Elisabeth Sahtouris dice que la oruga, en cierto momento de su ciclo de vida, se convierte en una glotona voraz que consume de más, que consume todo lo que está a la vista y a su alcance. En esta etapa de su evolución puede comer cientos de veces su propio peso, y entre más consuma, más gorda y perezosa se vuelve. En ese mismo momento de desarrollo acelerado, dentro de la oruga los discos imaginales comienzan a interactuar. Estos discos son células especializadas y son minoría, pero cuando se conectan entre sí se convierten en los directores genéticos de la metamorfosis de la oruga. En cierto momento de esta etapa alimenticia frenética de la oruga, los discos imaginales sirven de guías en el proceso para que la oruga glotona se convierta en la "sopa nutritiva" de la cual los discos imaginales generan el milagro de la mariposa.

Cuando escuché por primera vez esta metáfora de la oruga y la mariposa, me encantó porque me aportó otra manera de ver el mundo tal cual es, incluso en su estado de avaricia desmedida, como una especie de fase evolutiva. Es una metáfora que se ajusta muy bien a nuestro tiempo. Cuando veo a la gente dispuesta, devota y brillante que trabaja de muchas maneras para reparar y nutrir el mundo en las familias, las comunidades y las empresas sustentables en cualquier lugar de la tierra, veo los discos imaginales de nuestra propia transformación. Eso somos nosotros, la gente como yo y la gente como ustedes, personas cuyas historias he compartido en este libro, y personas que aprecian tales historias, personas que crean nuevas formas, que ven nuevas posibilidades.

La caída de estructuras no-sustentables en los negocios, la economía, la política y el gobierno –el colapso de compañías como WorldCom, Enron y Tyco en años recientes– y el haber logrado poner en evidencia la corrupción corporativa, podría ser el comienzo de esa etapa en que la oruga voraz se convierte en la sopa nutritiva de la que se formará el milagro de la mariposa.

En este mundo de confusión y conflicto, violencia y castigo, creo que existen millones de personas que asumen la responsabilidad no solo del cambio, sino también de la transformación para crear el milagro de la mariposa. Quizá seamos la minoría, pero estamos en todos lados y nos estamos conectando unos con otros en Senegal, en Etiopía, en Ecuador y en Afganistán, en Francia, Suecia, Japón y Alemania, en Iowa, Michigan, Nueva York y California, incluso en Hollywood, en carreras profesionales espectaculares y en el trabajo de todos los días. Somos "la corriente" escondida. Somos los directores genéticos de este sistema viviente. Si seguimos conectándonos entre nosotros podremos crear, a partir de esa oruga voraz, el milagro de la mariposa.

Los reto a utilizar su dinero, cada dólar, cada centavo, cada compra, cada acción, cada vínculo, para dar voz a esta transformación.

Los reto a utilizar el dinero que fluye a través de sus vidas –que por supuesto fluye a través de toda nuestra vida– para expresar esta verdad y el contexto de la suficiencia.

Los reto a dirigir los recursos que fluyen a través de sus vidas hacia sus más altos compromisos e ideales, hacia aquello ante lo que asumen una postura.

Los reto a poseer el dinero como si se tratara de un fideicomiso común, del que todos seríamos responsables de usar de forma que nos nutra y otorgue poder, que nutra y otorgue poder a toda la vida, a nuestro planeta y a todas las generaciones futuras.

Los reto a poner el alma –su alma– en su dinero y los reto a que dejen que revele lo que ustedes son, su amor, su corazón, su mundo y su humanidad.

Recursos

Organizaciones

(Para instituciones sin fines de lucro,
favor de visitar los sitios web correspondientes)

A Network for Grateful Living (ANGeL)

Una red global de individuos, organizaciones y comunidades que exploran el poder transformador del agradecimiento en la vida personal y como inspiración fundamental para un activismo sostenible en zonas de interés universal, incluyendo el trabajo ecuménico, la justicia social, la economía, la política y la ecología. El sitio web interactivo conecta a una comunidad mundial de personas cuya práctica espiritual es el vivir con agradecimiento. La conferencia anual juvenil Sponsors Youth for Grateful World, apoya la creación de redes entre jóvenes prometedores que promueven el cambio y están dedicados a crear un mundo de agradecimiento. La página web, mantenida por sus miembros, es un recurso público gratuito.

A Network for Grateful Living (ANGeL)
442 Savage Farm Drive
Ithaca, NY 14850
Sitio web: www.gratefulness.org
Correo electrónico: contact@gratefulness.org

The Abraham Fund Initiative

Promueve la coexistencia entre ciudadanos judíos y árabes de Israel mediante campañas de apoyo activo y concientización, y por medio de proyectos de coexistencia para fomentar el diálogo, la tolerancia y el entendimiento entre árabes y judíos. Los programas en Israel incluyen: subvenciones a proyectos populares de coexistencia que unen a judíos, árabes y drusos en un diálogo constructivo, en el trabajo unido en cuestiones de interés común, y en la participación en actividades sociales, culturales y educativas compartidas; campañas de apoyo para crear conciencia sobre las relaciones internas entre árabes y judíos, promover una mayor participación en el trabajo de coexistencia, motivar la política de cambio y expandir la educación y la programación para la fomentación de una mayor democracia, igualdad y tolerancia; e iniciativas regionales mayores para crear una "cultura de coexistencia". Actividades en los Estados Unidos incluyen eventos para jóvenes profesionales, giras de conferencias, informes telefónicos de líderes israelíes y una cena y ceremonia de premios anual.

The Abraham Fund Initiative
477 Madison Avenue, 4th Floor
New York, NY 10022
Teléfono: (212) 303-9421
Sitio web: www.abrahamfund.org
Correo electrónico: info@abrahamfund.org

Active Element Foundation

Subsidia la organización y el activismo en la juventud, tocando todos los temas y distritos electorales, con un énfasis sobre grupos de liderazgo juvenil de bajos recursos que se encuentran marginados de una mayor financiación. Publicaciones incluyen *The Future 500*, una guía exhaustiva de activismo y organización juvenil en los Estados Unidos.

Active Element Foundation
532 La Guardia Pl. #510
New York, NY 10012

Teléfono: (212) 283-8272
Sitio web: www.activelement.org y www.future500.com
Correo electrónico: ActivElement@aol.com

Angeles Arrien Foundation
for Cross-Cultural Education & Research

Angeles Arrien
Four-Fold Way Programs
P.O. Box 2077
Sausalito, CA 94966

Foundation for Cross-Cultural Education & Research
P.O. Box 1278
Sausalito, CA 94966
Teléfono: (415) 331-5050
Sito web: www.angelesarrien.com

Ashoka: Innovators for the Public

Promueve y desarrolla el empresariado social en el mundo y ha invertido en más de 1200 empresarios sociales destacados en cuarenta y cuatro países. Elige empresarios sociales emergentes para que participen en una hermandad internacional de empresarios, y brinda apoyo financiero y otros servicios no financieros para el crecimiento de estas empresas, asistiéndolas en la colaboración con empresarios de mentalidad semejante en todo el mundo. Los programas y materiales comprenden el aprendizaje y el desarrollo de los jóvenes, el medio ambiente y la salud, así como otras iniciativas destinadas a identificar principios básicos e ideas y estrategias exitosas, con el fin de diseminarlas por todo el mundo.

Ashoka
1700 N. Moore Street, Suite 20001
Arlington, VA 22209
Teléfono: (703) 527-8300
Sitio web: www.ashoka.org y www.changemakers.net
Correo electrónico: info@ashoka.org

The Association for Global New Thought

Promueve la sanación global a través de la transformación personal, la creación de comunidades, la espiritualidad universal y el activismo compasivo. Programas o materiales educativos de interés especial incluyen Gandhi & King: *A Season for Nonviolence, 115 U.S. cities and 10 countries*, 1998-2003; *Synthesis Dialogues I, II & III, with His Holiness, the Dalai Lama*, Dharamsala, India, 1999, Trento, Italia, 2001, y Roma, Italia, 2004; Parliament of the World's Religions, Ciudad del Cabo, Sudáfrica, 1999, Barcelona, España, 2004; UNESCO Seminar on Religion and Peace, Granada, España; Awakened World Annual Conferences: 1999, 2000, 2001, 2002, 2003, Palm Springs, California; New Thought Broadcasting, Portland, Oregon, y Gateway to Conscious Evolution, Santa Barbara, California.

Association for Global New Thought
1815 Garden Street
Santa Barbara, CA 93101
Teléfono: (805) 563-7343
Sitio web: www.AGNT.org
Correo electrónico: AGNT2000@aol.com

The Association for Spirit at Work

Una organización con membresía para personas dedicadas al movimiento de la espiritualidad en el lugar de trabajo. Miembros hacen una diferencia en la sociedad y el medio ambiente, ayudando a transformar la conciencia en los negocios. Sucursales de la organización en los Estados Unidos y en varios otros países. Información al día y recursos a través del sitio web, publicaciones, boletines informativos y apoyo a eventos para miembros, conferencias y talleres de trabajo. Teleconferencias mensuales para grupos de interés especial y tele-clases sobre asuntos relacionados con la espiritualidad y la transformación en los lugares de trabajo. Parte de una red internacional de organizaciones, entre ellas, Spirit in Business Global Institute, the World Business Academy, MODEM, SpiritSystems. The European Baha'i Business Forum, y otras.

Judi Neal, Ph.D., Executive Director
The Association for Spirit at Work
36 Sylvan Hills Road
East Haven, CT 06513
Teléfono: (203) 467-9084
Sitio web: www.spiritatwork.com
Correo electrónico: Judi@spiritatwork.com

Awakening Earth

Recursos informativos que promueven un futuro sustentable, compasivo y creativo. El sitio web de Duane Elgin –autor, conferencista y activista de los medios informativos– brinda acceso gratuito a un extenso archivo de libros, informes, artículos, entrevistas, video clips, encuestas, y aun más sobre temas que van desde la sencillez y la sostenibilidad hasta la responsabilidad de los medios de información y el panorama de la jornada humana.

Sitio web: www.awakeningearth.org

The Berkana Institute

Una fundación pública que trabaja para apoyar tanto a líderes que afirman la vida, así como a iniciativas de liderazgo, y que ofrece entrenamiento y apoyo al liderazgo juvenil, así como una mayor comunicación de las mejores prácticas llevadas acabo por las comunidades de salud en todo el mundo. Programas incluyen iniciativas mundiales en países como Zimbabwe, Senegal, India, Croacia, Holanda y el Reino Unido. Margaret Wheatly, la presidenta del Berkana Institute, es autora de *Leadership and the New Science y Turning to One Another.*

Ver www.margaretwheatley.com
The Berkana Institute
P.O.Box 1407
Provo, UT 84603
Teléfono (801) 377-2996
Sitio web: www.berkana.org
Correo electrónico: info@berkana.org

Bioneers/Collective Heritage Institute

Promueve la conservación y restauración continua de la diversidad de la Tierra a través de la educación pública y el desarrollo de programas modelo. La misión de Bioneers es revertir el daño medioambiental y cultural aumentando la conciencia que se tiene de las soluciones existentes; equipar a la gente con instrumentos, modelos y recursos para implementar prácticas restaurativas en sus vidas y en sus comunidades; y revitalizar el vínculo cultural y espiritual con el mundo natural. La conferencia anual de Bioneers se centra en estrategias modelo tangibles y con programación multidisciplinaria, brindando a científicos, granjeros, educadores, legisladores, profesionales, estudiantes y ciudadanos interesados la oportunidad excepcional de compartir información, practicar la polinización cruzada de ideas y forjar nuevas alianzas y contactos. Recursos incluyen: series de radio de Bioneers, un sitio web, antologías de libros, talleres agrícolas denominados Wisdom at the End of a Hoe, y libros del fundador Kenny Ausubel.

Bioneers/Collective Heritage Institute
901 W. San Mateo, Suite L
Santa Fe, NM 87505
Teléfono: (505) 986-0366
Llamadas gratuitas: 1-877-246-6337
Sitio Web: www-bioneers.org
Correo electrónico: info@bioneers.org

The Brande Foundation

Ofrece entrenamientos para la vida y talleres para promover el cambio en nuestras vidas basados en el libro de Dave Ellis *Falling Awake*. Los entrenamientos y los talleres se dan por lo general mediante el pago de una cuota, pero son ofrecidos gratuitamente durante un año a los líderes de fundaciones nacionales e internacionales. El sitio web ofrece acceso a servicios gratuitos, así como formularios para hacer pedidos de libros, videos y cintas grabadas que complementan los entrenamientos para la vida.

Dave Ellis, President
The Brande Foundation
13179 Baker Park Road
Rapid City, SD 57702
Teléfono: (605) 394-0038
Sitio web: www.BrandeFoundation.org
Correo electrónico: dave@FallingAwake.com

Buckminster Fuller Institute

El Buckminster Fuller Institute (BFI), una institución no lucrativa comprometida con un futuro exitoso y sostenible para toda la humanidad, se inspira en los principios de Design Science, de los que fue pionero el difunto R. Buckminster Fuller. Los programas y recursos informativos de BFI incluyen: BFI.org, un sitio web con información extensiva sobre la vida y la labor de Fuller; EARTHscope (spaceshipearth,org), un sitio web de "narración de geo –historias" que sirve de herramienta para mostrar tendencias críticas mundiales; foros, series de conferencias, desarrollo curricular y referencias para conferencistas; Trimtab, boletín informativo de los miembros; un boletín electrónico mensual gratuito; y tienda electrónica que ofrece libros, mapas, videos y grabaciones de Fuller.

Buckminster Fuller Institute
111 N. Main Street
Sebastopol, CA 95472
Teléfono: (707) 824-2242
Teléfono gratuito: 1-800-967-6277
Sitio web: www.bfi.org
Correo electrónico: info@bfi.org

The Center for a New American Dream

Proporciona materiales para la educación del consumidor y trabaja con individuos, instituciones, comunidades y negocios para conservar los recursos naturales, contrarrestar la comercialización de la cultura americana, y promover un cambio positivo en la manera en que los bienes son producidos y consumidos. Se pone especial énfasis en ayudar a ciudadanos americanos a consumir responsablemente para proteger el medio ambiente, elevar la calidad de vida y promover la justicia social. El New Dream Action Network describe acciones específicas que los visitantes a su sitio web pueden realizar para proteger el medio ambiente, mejorar la calidad de vida y proporcionar comentarios para los negocios, los funcionarios electos y los medios de comunicación acerca de políticas y prácticas realizadas. Recursos del sitio web incluyen Tips for Parenting in a Comercial Culture, Simplify the Holidays, Good Times Made Simple, y el video More Fun, Less Stuff: The Challenges and Rewards of a New American Dream. Miembros reciben materiales adicionales, incluyendo la publicación trimestral de Enough.

Center for a New American Dream
6930 Carroll Avenue, Suite 900
Takoma, MD 20912
Teléfono: (301) 891-3683
Teléfono gratuito: 1-877-68-DREAM
Sitio web: www.newdream.org
Correo electronico: newdream@newdream.org

Center for Partnership Studies

Proporciona un análisis holístico y medidas prácticas para crear un mundo más pacífico, equitativo y sostenible. El CPS apoya la investigación constante y la obra escrita del historiador de la cultura y teórico evolucionista Riane Eisler, en cuya obra se basa el trabajo de CPS. Ofrece ideas, libros, videos, artículos, grabaciones y otros materiales para acelerar el cambio cultural hacia el modelo de asociación descrito en los libros de Eisler, *The Chalice and The Blade*, *Sacred Pleasure*, *Tomorrow's Children* y *The Power of Partnership*. Los materiales y programas ofrecen un proyecto para una nueva política de asociación, dándole especial importancia a los presuntos problemas de mujeres y niños, fundamentales para una política mundial equitativa, pacífica y sostenible. Apoya redes como la Spiritual Alliance to Stop Intimate Violence (SAIV) Alianza espiritual para detener la violencia íntima, creada por Eisler y la premio nobel de la paz, Betty Williams, para elevar la conciencia del vínculo existente entre la violencia contra mujeres y niños en los hogares y la violencia internacional de la guerra y el terrorismo, y para comprometer a los líderes a que aborden con mayor vigor este tema fundamental. También apoya cambios en las medidas económicas para otorgarle mayor visibilidad y valor al importante trabajo de la asistencia a la salud, esencial para una economía más humanitaria y productiva. Las colaboraciones incluyen cursos de asociación y programas para obtener títulos, materiales enfocados en la economía de sociedades colectivas y equipo para fundar centros de asociación regionales y locales.

Center for Partnership Studies
P.O. Box 51936
Pacific Grove, CA 93923
Teléfono: (831) 626-1004
Sitio web: www.partnershipway.org
Correo electrónico: center@partnershipway.org

Changemakers

Una fundación nacional dedicada a transformar los valores y las prácticas de la filantropía con el fin de asegurar una distribución más equitativa y responsable de los recursos para crear un cambio social positivo. A través de la concesión de becas, la educación de los donantes y otros programas, busca desarrollar la capacidad de organizaciones que practican y promueven la filantropía basada en la comunidad; expandir el número de donantes y de dólares que apoyan el cambio social; y transformar la filantropía al promover los valores y las prácticas de la filantropía basada en la comunidad dentro del sector filantrópico general. Programas y materiales educativos incluyen una presentación en CD-ROM de cuarenta y cinco minutos de duración, acerca de la filantropía disponible que está basada en la comunidad (gratuito), una presentación introductoria en video de siete minutos de duración (gratuito), y presentaciones en conferencias y simposios, consultas individuales y para organizaciones disponibles mediante solicitud. Changemakers es una organización abierta al público que proporciona la mayoría de su educación para los donantes libre de cargo. Solicitudes para la obtención de becas son consideradas una vez al año. Los procedimientos para la obtención de becas aparecen enumerados en el sitio web www.changemakers.org.

Changemakers
1550 Bryant Street, Suite 850
San Francisco, CA 94103
Teléfono: (415) 551-2363
Sitio web: www.changemakers.org
Correo electrónico: info@changemakers.org

Companion Arts

Utiliza las artes musicales para abordar las dimensiones espirituales y emocionales de la vida, y ayuda a la gente a adoptar el cambio como una vía hacia el sentido y la conexión. Está al servicio de comunidades abocadas a los sistemas de salud y la fe, así como de individuos y organizaciones. Sus recursos incluyen *Graceful Passages: A Companion for Comfort and Inspiration*; *Grace in Practice: A Clinical Application Guide*, y la música de Gary Malkin y Michael Stillwater, incluyendo la serie para CD titulada Medicine Music. Los programas incluyen *The Art of Living Presence: Esperiencing Empathy*, *Practicing Peace* y *Grace in Practice: The Gift of Acceptance*, los cuales ayudan a médicos, capellanes, enfermeros, trabajadores sociales, consejeros del dolor espiritual, voluntarios, pacientes y familias a desarrollar equilibrio, presencia y compasión mediante la aceptación.

Companion Arts
Care for the Journey, Music for the Soul
P.O.Box 2528
Novato, CA 94948
Teléfono: (415) 209-9408
Correo electrónico: info@companionarts.org
Sitio web: www.companionarts.org

Creative Philanthropy Associates

Identifica socios potenciales y cultiva relaciones entre donantes tradicionales mayores interesados en dedicar más recursos a la transformación social y a proyectos que estén al servicio de la salud y el bienestar del planeta mediante la transformación social y la interrelación de la espiritualidad y el cambio social. Otorga "premios MacArthur alternativos" a visionarios valiosos, emprendedores sociales y activistas sociales.

Creative Philanthropy Associates
c/o John Steiner
801 Quince Avenue
Boulder, CO 80304
Teléfono: (303) 443-1202
Correo electrónico: steiner_king@earthlink.net

Ecological Footprint

Mide la demanda humana sobre la naturaleza, es decir, la cantidad de espacio bio-productivo que se necesita para producir todos los recursos consumidos y absorber todos los desechos producidos por una población o una actividad en particular. A medida que la gente utiliza recursos de todo el mundo y contamina lugares lejanos con sus desechos, Ecological Footprint suma en una sola cifra la extensión de estas áreas y compara esta área de demanda biológica con el área bioproductiva que existe en el planeta. Recursos afines incluyen: *Our Ecological Footprint: Reducing Human Impact on the Earth*, Matis Wackernagel y William E. Rees (www.newsociety.com/oef.html). Ecological Footprint es una asociación organizada por el Sustainability Program of Redefining Progress.

Un cuestionario personal de Footprint se encuentra en: www.MyFootprint.org.

O visitar: www.earthday.net/goals/footprint.stm

Redefining Progress
1904 Franklin Street, 6th floor
Oakland, CA 94612
Teléfono: (510) 444-3041 x317
Sitio web: www.RedefiningProgress.org
Correo electrónico: wackernagel@rprogress.org

Educate Girls Globally (EGG)

Promueve la educación primaria de las niñas en los países en desarrollo, apoyando la participación de la comunidad en las escuelas gubernamentales. Aborda la falta de conexión entre las familias (comunidades) y las escuelas como el problema fundamental que mantiene a la educación primaria para niñas como una prioridad menor en los países en desarrollo. Los programas crean oportunidades para que familias y comunidades se involucren en las escuelas, y movilizan a padres y comunidades para que se hagan responsables de sus escuelas y trabajen con los maestros y funcionarios gubernamentales para hacer que las escuelas funcionen efectivamente. Programas actuales en curso se dan en escuelas en la India y en América Latina, desde el jardín de niños hasta la preparatoria . Fundador: A. Lawrence Chickering

Educate Girls Globally
P.O. Box 29090
San Francisco, CA 94129
Teléfono: (415) 561-2260
Correo electrónico: alc@educategirls.org
Sitio Web: www.educategirls.org

The Fetzer Institute

La misión del instituto es promover la conciencia del poder del amor y el perdón en la comunidad global emergente a través de la investigación, la educación y los programas de servicio. El trabajo actual incluye la investigación científica sobre el amor altruista, el amor compasivo y el perdón; la recuperación del "corazón" de varias profesiones, incluyendo la enseñanza, la filantropía, las leyes y la medicina; y la exploración de la naturaleza del perdón, la compasión y el amor dentro del contexto de la inteligencia emocional. Como fondo de operación privada, el instituto busca individuos y organizaciones con quien trabajar en el diseño y la implementación de programas seleccionados por la institución. El Instituto Fetzer no es una institución que otorga subsidios, ni tampoco subsidia propuestas no solicitadas.

The Fetzer Institute
9292 West Kalamazoo Avenue
Kalamazoo, MI 49009-9398
Teléfono: (269) 375-2000
Sitio web: www.fetzer.org
Correo electrónico: info@fetzer.org

Foundation for Global Community

Busca inspirar un cambio en el pensamiento que redefine el rol y la responsabilidad de la especie humana para crear una cultura global que valora todo modo de vida, que se encuentra alineada con realidades científicamente descubiertas, y que reconoce que los seis billones de personas viviendo en el planeta están evolucionando juntos entre otras incontables especies, como una cadena de vida interconectada. Originado por los premios Beyond War (1983-90), los cuales son transmitidos por televisión satelital a millones de personas en todo el mundo, esta transmisión genera un diálogo nacional e internacional, incluyendo a líderes globales tal como Jonas Salk, Carl Sagan, Andrew Young, Rosalyn Carter, Vaclav Havel, Julius Nyerere, Oscar Arias, Rajiv Gandhi y Mikhail Gorbachev, entre otros. Proporciona apoyo financiero, de personal, de servicios y administrativo para una variedad de proyectos destinados a reconectar a la gente, al planeta y a la prosperidad. Programas actuales incluyen Business and Sustainability Initiative, el cual ofrece conferencias y seminarios para líderes de negocios, estimulándolos a medir su éxito mediante la línea de triple rentabilidad (incluyendo el bienestar de las personas y del planeta así como de la habitual contabilidad de las ganancias); Israelí-Palestinian Dialogues, el cual organiza discusiones comunitarias locales entre israelíes y palestinos viviendo en los Estados Unidos, con el fin de compartir sentimientos y encontrar una meta común para la paz en el Medio Oriente; Valley of Heart's Delight, designado para crear conciencia acerca de los alimentos y cuestiones de agricultura mediante lecturas y talleres, excursiones de jardines de comida orgánica local, organizaciones de jardines escolares, la promoción de vendedores de alimentos orgánicos y organización de redes locales de agricultores de alimentos de origen o caseros; videos, incluyendo *The New*

Cosmology, The Living Land, Water: Sacred and Profaned, Ecopsychology y *A Sense of Place*, y *The Walk Through Time*, una exhibición itinerante con noventa paneles que representan la historia científica de la vida que emerge sobre la Tierra. La exhibición se puede mostrar en una variedad de formatos y se ofrece para proporcionar un contexto dentro del cual logremos entender nuestro mundo y cómo podemos avanzar hacia el futuro.

Foundation for Global Community
222 High Street
Palo Alto, CA 94301
Teléfono: (650) 328-7756
Sitio web: www.globalcommunity.org
Correo electrónico: info@globalcommunity.org

Full Circle Fund

Una alianza de líderes empresariales emergentes que aborda los problemas públicos a través de la filantropía comprometida y el apoyo a la política pública, asociándose con empresarios sociales para crear un cambio fundamental en la educación, la vivienda y el desarrollo de la tecnología y la fuerza de trabajo. Sus dos iniciativas principales son un programa de liderazgo filantrópico y un programa de creación de subsidios de 360-grados que asigna capital financiero, humano, político y social para servir a la gente y fortalecer a las comunidades en la Zona de la Bahía de San Francisco.

Full Circle Fund
Thoreau Center, SF Presidio
1016 Lincoln Boulevard, #16
San Francisco, CA 94129
Teléfono: (415) 561-3399
Sitio web: www.fullcirclefund.org
Correo electrónico: info@fullcirclefund.org

Give US Your Poor: Homelessness & the United States

Una iniciativa nacional para poner fin al problema de la falta de viviendas en los Estados Unidos mediante la educación pública que aborda las causas sistémicas de la falta de viviendas, la acción comunitaria y la respuesta individual. Programas y materiales incluyen un documental televisado a nivel nacional, un plan de estudios de servicio educativo para el aprendizaje basado en las humanidades y foros de acción comunitaria a lo largo de los Estados Unidos, así como un sitio web y un CD musical complementario de artistas nacionales. Todo contacto solicitando información o participación es bienvenido.

John McGah, Director de proyectos
Give US Your Poor
Center for Social Policy
The McCormack Institute of Public Affairs
University of Massachusetts – Boston
100 Morrisey Boulevard
Boston, MA 02125
Teléfono: (617) 287-5532
Sitio Web: www.GiveUsYourPoor.org
Correo electrónico: john.mcgah@umb.edu

The Global Fund for Women

Crea becas para sembrar, apoyar y fortalecer a grupos de derechos de las mujeres, existentes en países afuera de los Estados Unidos, que trabajan sobre cuestiones críticas como la obtención de independencia económica, el incremento del acceso a la educación de las mujeres y la prevención de la violencia contra las mujeres. Sus programas utilizan expertos locales y apoyan iniciativas locales para determinar necesidades y proponer soluciones para un cambio duradero. Las becas también apoyan el trabajo dedicado a incrementar la participación política de las mujeres, apoyan los derechos de las mujeres con discapacidades, mejoran la salud y los derechos reproductivos, desafían costumbres tradicionales perjudiciales, aseguran los derechos lésbicos y apoyan la filantropía local. Esta asociación no otorga becas en los Estados Unidos ni a particulares.

Global Fund for Women
1375 Sutter Street, Suite 400
San Francisco, CA 94109
Teléfono: (415) 202-7640
Sitio web: www.globalfundforwomen.org
Correo electrónico: gfw@globalfundforwomen.org

Global Security Institute

El GSI fue fundado por el senador Alan Cranston (1914-2000), quien consideraba indigno de la civilización basar la seguridad en el terror y en la amenaza de aniquilar a millones de personas inocentes, y en su lugar hacía un llamado para adoptar valores que requieren poner fin a riesgos inaceptables planteados por el uso de armas nucleares. El GSI intenta captar inversionistas, redes influyentes y gente responsable en la toma de decisiones para promocionar medidas que mejoran la seguridad y conducen a la eliminación global de las armas nucleares. Programas incluyen: Middle Powers Initiative, Bipartisan Security Group, Parlamentary Network for Nuclear Disarmament y Disarmament & Peace Education. Ofrece recursos informativos y un Centro de Acción donde ciudadanos interesados pueden participar.

Global Security Institute
1801 Bush Street, Suite 304
San Francisco, CA 94109
Teléfono: (415) 775-6760
Sitio web: www.gsinstitute.org
Correo electrónico: info@gsinstitute.org

Global Youth Action Network (GYAN) & TakingITGlobal

Conectan a una creciente comunidad de jóvenes en línea, y juntos proveen recursos para inspirar, informar e incorporar a una generación en la creación de un mundo mejor. La Global Youth Action Network es una colaboración creciente entre organizaciones juveniles en casi doscientos países, la cual suministra recursos y reconocimiento para la acción juvenil positiva y facilita la asociación intergeneracional en la toma de decisiones globales. Programas incluyen el Global Youth Service Day (con Youth Service), la celebración anual más grande de jóvenes voluntarios; Global Youth in Action Awards, el cual crea reconocimiento y apoyo para acciones positivas de la juventud; Global Gallery, un lugar para compartir expresiones culturales y artísticas; y Country Pages, recursos de información a nivel nacional para todos los países.

TakingITGlobal es un recurso para la juventud y las organizaciones que trabajan para lograr hacer una diferencia. ¡Como comunidad virtual y repositorio expansivo para movimientos juveniles en la actualidad, este sitio ofrece foros de discusión, una base de datos correspondiente a miles de organizaciones y eventos, oportunidades, becas, internados, diarios en línea, y mucho más! Jóvenes y organizaciones pueden inscribirse en www.takingitglobal.org.

Benjamin Quinto, Director de GYAN
211 East 43rd Street, Suite 905
New York, NY 10017
Teléfono: (212) 661-6111
Sitio web: www.youthlink.org
Correo electrónico: benjamín@youthlink.org

Higher Ground for Humanity

Una organización humanitaria fundada por la multipremiada cantante Jewel y su madre Lenedra Carroll. Promueve la excelencia humana a través de la iniciativa en la creación de colaboraciones para la paz y la prosperidad generativa para todas las personas. Un programa clave es el Clear Water Project, un programa internacional que proporciona soluciones sustentables a la crisis de agua mundial, para proveer agua potable para personas necesitadas, trabajar con las comunidades para proteger fuentes de agua potable a la vez que restaurar fuentes contaminadas, y desarrollar programas de educación y concientización para enseñar a la gente acerca de sus desafíos específicos con el agua y cómo pueden resolver dichos problemas.

Higher Ground for Humanity
P.O. Box 9002
Carlsbad, CA 92018
Teléfono: (619) 685-8441
Sitio web: www.highergroundhumanity.org
Correo electrónico: hghjeweljk.com

The Hoffman Institute

Una organización educativa dedicada a restaurar la integridad, el equilibrio y la totalidad de la gente y de los sistemas sociales dentro de los cuales participan. Los programas están diseñados para promover la integración y el equilibrio armónico (la totalidad) del espíritu, las emociones, el intelecto y el cuerpo físico. El Hoffman Quadrinity Process es un programa residencial de ocho días de duración diseñado para eliminar patrones no productivos y de auto-sabotaje de sentimientos, pensamientos y comportamientos. Planes de estudio para la institución incluyen cursos y asesorías individuales.

The Hoffman Institute
223 San Anselmo Avenue
San Anselmo, CA 94960
Número gratuito: 1-800-506-5253
Sitio web: www.hoffmaninstitute.org
Correo electrónico: hq@hoffmaninstitute.org

The Hunger Project

Una organización estratégica y global comprometida con la eliminación sostenible del hambre en África, Asia y América Latina. The Hunger Project empodera a la gente para lograr un progreso duradero en la salud, la educación, la nutrición y el ingreso familiar. Programas y actividades incluyen el Africa Prize for Leadership, el cual motiva el liderazgo comprometido que África necesita para lograr la eliminación sostenible del hambre; la African Woman Food Farmer Initiative, que fortalece a las mujeres como las productoras más importantes y menos apoyadas de África, a través del apoyo activo, el entrenamiento, el crédito y el ahorro; la South

Asia Initiative, que otorga poder a las mujeres elegidas a nivel local para que sean agentes efectivos del cambio en la erradicación del hambre; el taller Vision, Committment and Action, para crear conciencia en la gente de las nuevas posibilidades y empoderarlas para tomar medidas; Strategic Planning-in-Action, una metodología para organizar a la gente con el propósito de que desarrollen confianza en sí mismas, y la campaña "AIDS and Gender Inequality", que habilita a las comunidades africanas para entender lo que deben hacer a fin de protegerse a sí mismas y a sus familias y transformar los roles de género que han exacerbado la epidemia.

The Hunger Project
15 East 26th Street
NY, NY 10010
Llamadas gratuitas: 1-800-228-6691
Sitio web: www.thp.org
Correo electrónico: info@thp.org

The Institute of Noetic Sciences

Una asociación de 30 000 miembros que explora la concientización a través de la ciencia, la indagación personal y las comunidades de aprendizaje. Programas de investigación exploran campos sutiles de la mente y la materia, es decir, como creencias, pensamientos e intenciones interactúan con el mundo físico. Sus programas educativos se enfocan en ideas que exploran la condición humana nuclear y prácticas transformadoras con el fin de desarrollar capacidades humanas que son vitales para la sabiduría colectiva e individual. Beneficios para miembros incluyen la suscripción a una revista, un boletín informativo electrónico mensual, acceso a más de 280 comunidades de miembros auto-organizados, así como conferencias, talleres y retiros.

The Institute of Noetic Sciences
101 San Antonio Road
Petaluma, CA 94952
Teléfono: (707) 775-3500
Sitio web: www.noetic.org
Correo electrónico: membership@noetic.org

International Youth Foundation (IYF)

Fundada en 1990, es una de las mayores fundaciones públicas centrada en niños y jóvenes. La IYF trabaja con cientos de compañías, fundaciones y organizaciones de la sociedad civil para fortalecer y expandir programas existentes que generan una diferencia positiva y duradera en la vida de los jóvenes. En la actualidad operan en casi 50 países y territorios y dichas colaboraciones han ayudado a más de 26 millones de jóvenes a adquirir habilidades, entrenamiento y oportunidades que son decisivas para el éxito. Sus programas promueven la confianza, el carácter, las aptitudes y la vinculación de los jóvenes con sus familias, sus iguales y la comunidad. Mediante estos programas, jóvenes sudafricanos están desarrollando capacidades comercializables en tecnología de la información. En Australia, estudiantes que han abandonado las escuelas se están convirtiendo en jóvenes empresarios. Trabajadores fabriles en Tailandia e Indonesia están mejorando sus perspectivas de vida y las condiciones en sus lugares de trabajo. Jóvenes mexicanos están obteniendo habilidades de liderazgo para dirigir proyectos de desarrollo comunitario. En China, los jóvenes están publicando su propio periódico en la web. Más información sobre todos estos programas puede hallarse en el sitio web de la IYF. Las publicaciones incluyen: *What Works in Youth Participation: Case Studies from Around the World; What Works in Public/Private Partnering: Building Alliances for Youth Development; What Works in Education: Facing the New Century; What Works in Engaging Business in Youth: Employment and Livelihood Strategies; What Works in Street Children Programming: The JUCONI Model; What Works in Youth Employment: The Impact of New Information Technologies; Growing Your Organization: A Sustainability Resource Book for NGOs, y Designing a Successful Fund-Raising Campaign for Your NGO.*

International Youth Foundation (IYF)
32 South Street
Baltimore, Maryland 21202
Teléfono: (410) 951-1500
Sitio web: www.iyfnet.org

Jean Houston

Jean Houston's Mystery Schools: un curso diseñado para ofrecer experiencias enriquecedoras al adoptar la psicología sagrada: una síntesis de historia, música, teatro, culturas del mundo, sociedades y pueblos; filosofía, teología, comedia y risa; ciencia (hecho, ficción y fantasía); metafísica y alegría general. Cada año el curso de la Mystery School se concentra en un tema en particular. Junto con los estudiantes, Jean explora las preguntas, respuestas y acciones inherentes al tema escogido. The Social Artistry in Leadership Program está diseñado para definir y crear un nuevo tipo de líder, uno que es a la vez un artista social.

Jean Houston Ph.D.
PMB 501
2305 – C Ashland Street
Ashland, OR 97520
Teléfono: (541) 488-1200
Sitio web: www.Jeanhouston.org
Correo electrónico: Bridgetthebrit@aol.com

Katalysis Partnership, Inc.

Katalysis Partnership y sus afiliados facilitan microcréditos, es decir, la extensión de pequeños préstamos para proyectos de auto-empleo que generan ingresos a personas pobres en recursos, permitiéndoles mejorar su propio estándar de vida y el de sus familias. A finales del 2002, los once miembros centroamericanos de Katalysis Network tenían más de 110 000 prestatarios, de los cuales tres cuartas partes eran mujeres. La cartera de préstamos superaba los $35 millones. Programas especiales incluyen el KatalysisDirect Fund, el cual ofrece a los donantes la oportunidad de que un 100% de sus contribuciones se destinen, sin gastos generales ni cargos indirectos, a fondos de préstamos para la población rural de Guatemala, Honduras, El Salvador y Nicaragua.

Katalysis Partnership, Inc.
1331 N. Commerce St.
Stockton, CA 95202
Teléfono: (209) 943-6165

Sitio web: www.katalysis.org
Correo electrónico: info@katalysis.org

Kids Can Free The Children (KCFTC)

Una red internacional de niños que ayudan a otros niños a nivel local, nacional e internacional mediante la educación, el liderazgo y, lo más importante, la acción. Programas y materiales comprenden: programas escolares y de salud, acopio de útiles escolares como libretas, plumas y lápices, reglas y borradores, así como suministros sanitarios que incluyen vendajes, jabón y toallas para los escolares; recaudación de fondos para la construcción de escuelas primarias y para costear el salario de maestros y programas de alimentación en zonas remotas de países subdesarrollados; empoderamiento juvenil y programas de liderazgo en los cuales los jóvenes ayudan a otros jóvenes a educarse a si mismos en los asuntos del trabajo infantil y para tomar medidas a partir de la concientización mediante campañas basadas en la redacción de cartas, peticiones y pláticas ofrecidas en sus comunidades y otras partes; Embracing Cultures, una iniciativa conjunta con su organización hermana Leaders Today, que cuenta con tres conferencistas jóvenes y diversos que recorren las escuelas de América del Norte para difundir el mensaje de paz y adoptar la diversidad cultural; y el libro *Take Action! A Guide to Active Citizenship*, una guía práctica para jóvenes que se organizan para la acción social.

Kids Can Free The Children International Office
7368 Yonge Street, Suite 300
Thornhill, Ontario
L4J 8H9
Canada
Teléfono: (905) 760-9382
Sitio web: www.freethechildren.org
Correo electrónico: info@freethechildren.com

The Kudirat Initiative for Democracy (KIND)

Se trata de una organización internacional no gubernamental cuya misión es la de otorgar poder a la democracia y el desarrollo en África, a través del fortalecimiento de organizaciones y la creación de iniciativas que ayuden a salir adelante a las mujeres y a la juventud. El principal objetivo de KIND en la actualidad es su programa de desarrollo de liderazgo, el cual prepara a la siguiente generación de mujeres nigerianas líderes en servicio para abordar de manera efectiva la pobreza, la corrupción, la violencia y la desesperanza presentes en la sociedad.

The KIND Center
60 Lanre Awolokun Road
Gbagada Phase 2
Gbagada
Lagos, Nigeria
Teléfonos: 234-1 472 7001 o 234-803 307 0597
Correo electrónico: kindnigeria@usa.net

O en los Estados Unidos:
KIND US
P.O. Box 65429
Washington, DC 20035
Teléfono: (301) 883-0169
Correo electrónico: hafsat@kind.org

Landmark Education

Una compañía de capacitación y desarrollo que ofrece programas innovadores para otorgar poder a los participantes para que actúen y piensen más allá de puntos de vista y límites existentes, mejorando la productividad personal, la efectividad de la organización y la comunicación. Cuenta con más de cincuenta programas diferentes, los cuales son distribuidos en veintiún países alrededor del mundo. El Foro Landmark y otros cursos cubren un amplio rango de intereses y temas relevantes para la vida cotidiana. Para mayor información de contactos a nivel local, incluyendo correos electrónicos e información de los programas, visitar el sitio web.

Landmark Education
353 Sacramento Street, Suite 200
San Francisco, CA 94111
Teléfono: (415) 981-8850
Sitio web: www.landmarkeducation.com

More Than Money

Proporciona programas para personas que cuentan con recursos financieros considerables, para que exploren el impacto que tiene el dinero en sus vidas y para que procedan de acuerdo a sus más altos valores. More Than Money, una organización formada por miembros a nivel nacional, cuenta con programas y publicaciones que incluyen *More Than Money Journal*, publicación trimestral; un grupo de discusión vía correo electrónico; un boletín informativo electrónico; grupos de discusión a nivel local; congresos regionales y nacionales, así como entrenamiento individual y grupal.

More Than Money
226 Massachusetts Avenue, Suite 4
Arlington, MA 02474
Llamadas sin costo: 1-877-648-0776
Sitio web: www.morethanmoney.org
Correo electrónico: info@morethanmoney.org

National Youth Advocacy Coalition (NYAC)

Aboga con la juventud por los derechos de los jóvenes con distinta orientación sexual: lesbianas, gays, bisexuales, transexuales o indecisos (LGBTQ), en un esfuerzo por erradicar la discriminación en contra de estos jóvenes y para asegurar su bienestar físico y emocional. Ofrece servicios a organizaciones e individuos, y proporciona publicaciones, desarrollo de liderazgo, oportunidades para establecer redes de contactos, talleres y capacitación para organizadores. NYAC alberga el principal centro nacional de distribución de información y materiales relacionados con cuestiones de la juventud LGBT y provee una amplia lista de recursos a nivel nacional dentro de su sitio web interactivo. Los talleres y capacitaciones de

NYAC se llevan a cabo cada año en cinco Convenciones de Líderes Juveniles a nivel regional, en la NYAC's Annual National Youth Summit, y en asociación con otros grupos a nivel local, regional y nacional. También proporciona asistencia in situ y técnica a organizaciones en materia de seguridad escolar, planeación de programas, compromiso con la comunidad, asuntos de diversidad, recaudación de fondos, asesoría de necesidades, evaluación y defensa.

National Youth Advocacy Coalition
1638 R Street, N.W., Suite 300
Washington, DC 20009
Teléfono: (202) 319-7596
Llamadas sin costo: 1-800-541-6922
Sitio web: www.nyacyouth.org
Correo electrónico: nyac@nyacyouth.org

The Natural Step

Busca acelerar la sustentabilidad global al guiar a las compañías y los gobiernos hacia un camino ecológico, social y económicamente sostenible. The Natural Step trabaja con algunos de los mayores usuarios de recursos en el planeta para crear soluciones, modelos innovadores y herramientas que conducirán la transición hacia un futuro sustentable. Como organización internacional, The Natural Step utiliza un conjunto de principios sustentables probados científicamente para transformar el debate en una discusión de provecho, y para orientar la innovación hacia la definición de un campo emergente de sustentabilidad, sembrando las bases para la transformación global.

The Natural Step
116 New Montgomery Street, #800
San Francisco, CA 94105
Teléfono: (415) 318-8170
Sitio web: www.naturalstep.org

New Dimensions World Broadcasting Network / New Dimensions Radio

Fomenta el diálogo global en las fronteras sociales, políticas, científicas, ecológicas, de salud y espirituales, a través de entrevistas difundidas en radio en todo el mundo, con los pensadores más importantes a nivel mundial: pioneros sociales, artistas creativos, científicos y maestros espirituales; y cintas, transmisiones de audio via Internet, Web cast o difusión virtual y libros. Los programas son transmitidos en los Estados Unidos en más de 300 estaciones de radio públicas y a nivel transnacional vía satélite (incluyendo 300 estaciones en Australia), la Cadena de Radio de las Fuerzas Armadas de los Estados Unidos, vía onda corta en la Radio para la Paz Internacional, y en la Web Mundial, y se encuentran disponibles en cintas de audio. Fue fundada en 1973 por los radio escuchas. Otros programas y materiales incluyen una revista electrónica (E-zine) gratuita, un correo electrónico mensual con descripciones de programas, artículos y anuncios próximos.

New Dimensions World Broadcasting Network
P.O. Box 569
Ukiah, CA 95482
Teléfono: (707) 468-5215
Sitio web: www.newdimensions.org
Correo electrónico: info@newdimensions.org

The New Road Map Foundation

Fomenta una comunidad humana cooperativa en un mundo diverso y a la vez interconectado, al crear y diseminar herramientas prácticas y enfoques innovadores hacia el cambio personal y cultural. Promueve el amor y el servicio como rutas para el bienestar personal y social. Como fundación educativa y de caridad, los programas de New Road Map incluyen Your Money or Your Life (www.yourmoneyoryourlife.org) libros, guías de estudio, referencias curriculares, foros de discusión, grupos de estudio en línea y cara a cara; Conversation Cafes (www.conversation-cafe.org), un sitio web abierto y de libre inclusión, programas en espacios públicos a lo largo de todo Estados Unidos titulados "Conversation That

Matter", y el Simplicity Forum (www.simplicityforum.org), una alianza de líderes de la sencillez comprometidos con el logro y el respeto por estilos de vida sencillos, justos y sustentables.

The New Road Map Foundation
Vicki Robin
P.O. Box 15981
Seattle, WA 98115
Teléfono: (206) 527-0437
Sitios web: www.simpleliving.net y www.newroadmap.org

The Nine Gates Mistery School

Ofrecida a través del Nine Gates Programs, Inc., la Mistery School proporciona experiencias de aprendizaje transformadoras, diseñadas para desafiar al individuo a que despierte a su naturaleza esencial al mismo tiempo que se desarrolla dentro de una comunidad contínua de apoyo sostenido. La Nine Gates Mistery School es una experiencia de un año de duración. Incluye dos sesiones de nueve días con más de doscientas horas de instrucción impartidas por nueve profesores expertos en la materia que ahondan profundamente en la sabiduría de las tradiciones celtas, sufíes, cristianas esotéricas, hindúes, taoístas, cabalistas, budistas tibetanas y de las tribus africanas, y de los nativos americanos. Para mayor información visitar el sitio web.

Nine Gates Programs, Inc.
Teléfono: (707) 779-8236 o (916) 987-5639
Llamadas sin costo: 1-800-995-4459
Sitio web: www.ninegates.com

The Pachamama Alliance

Comprometidos con la labor de otorgar poder a la gente indígena para la preservación de sus territorios y su forma de vida y por lo tanto la protección del mundo natural para toda la familia humana. Su estrategia incluye dotar a la gente del bosque tropical con las herramientas, la información y los recursos necesarios para apoyar el fortalecimiento continuo y la vitalidad de sus comunidades y su cultura, y contribuir así a la creación de una nueva visión global de equidad y sustentabilidad para todos.

The Pachamama Alliance
Presidio Building, #1007
P.O. Box 29191
San Francisco, CA 94129
Teléfono: (415) 561-4522
Sitio web: www.pachama.org
Correo electrónico: info@pachama.org

Pioneers of Change

Una comunidad de aprendizaje internacional de personas entre los 25 y los 35 años de edad que comparten el compromiso de trabajar a favor del cambio social. Pioneers of Change presenta una gran cantidad de programas de aprendizaje acerca de temas que abarcan sustentabilidad, auto-organización, sociedades de aprendizaje, iniciativa empresarial y agencias de cambio. Favor de registrarse en su sitio web. No hay cuotas por membresía.

Sitio web: www.pioneersofchange.net
Correo electrónico: zaid@pioneersofchange.net o
mille@pioneersofchange.net

Rachel's Network

La organización toma su nombre en honor de Rachel Carson y promueve a las mujeres como líderes apasionadas y agentes del cambio dedicadas a la custodia de la Tierra. Capacitación a través de la red, educación y apoyo otorgan poder a mujeres patrocinadoras con el fin de que sean defensoras con mayor poder estratégico y líderes efectivas en la representación del medio ambiente.

Rachel's Network
1730 M Street N.W., Suite 204
Washington, DC 20036
Teléfono: (202) 659-0846
Sitio web: www.rachelsnetwork.org

Redefining Progress

Desarrolla políticas y herramientas que reorientan la economía para primero valorar a la gente y a la naturaleza. Proyectos, programas y materiales incluyen Genuine Progress Indicator, que proporciona una alternativa al PIB (producto interno bruto); Ecological Footprint, que mide el impacto humano en el planeta; Accurate Prices, que asimila los costos ambientales y sociales ocultos de la economía; Common Assets, que restaura el valor de los bienes sociales y naturales compartidos; y Environmental Justice and Climate Change, que defiende políticas justas y de bajo costo para revertir el cambio climático. Sus reportes están disponibles a través de su sitio web (las versiones electrónicas no tienen costo).

Redefining Progress
Michel Gelobter, Executive Director
1904 Franklin Street, 6th Floor
Oakland, CA 94612
Teléfono: (510) 444-3041
Sitio web: www.RedefiningProgress.org
Correo electrónico: info@RedefiningProgress.org

Rudolf Steiner Foundation

Proporciona a inversionistas y a donantes socialmente responsables propuestas innovadoras para prestar y donar dinero con el fin de crear economías sustentables que reflejan principios sociales de libertad en la vida cultural, equidad en asuntos políticos e interdependencia en una economía sustentable, y para apoyar una amplia gama de proyectos innovadores. Basada en los conocimientos de Rudolf Steiner, un filósofo social innovador de principios del siglo veinte, quien alentó la práctica del autoconocimiento con el fin de mantenerse por encima del materialismo y tomar responsabilidad de las condiciones del mundo. Programas incluyen Community and Investment Fund para inversionistas y prestamistas, Donor Advised Funds para donantes y receptores de becas, y Advisory and Educational Services para organizaciones y proyectos.

Rudolf Steiner Foundation
Presidio Building 1002B
P.O. Box 29915
San Francisco, CA 94129-0915
Teléfono: (415) 561-3900
Sitio web: www.rsfoundation.org
Correo electrónico: mail@rsfoundation.org

Seva Foundation

Establece asociaciones para responder a problemas locales mediante soluciones culturalmente sustentables. Su trabajo continuo en tres proyectos claves de cuidado de la salud, incluyen la restauración de la vista y la prevención de la ceguera en el Tíbet, Nepal, India, Camboya y Tanzanía; apoyo a comunidades mayas en Centroamérica y Chiapas, México; y el combate a la diabetes epidémica en comunidades de nativos americanos.

Seva Foundation
1786 Fifth Street
Berkeley, CA 94710
Teléfono: (510) 845-7382
Sitio web: www.seva.org

The Soul of Money Institute

Fundado por Lynne Twist, y basado en los principios que ella comparte en el libro *El Alma del Dinero: transformando su relación con el dinero y la vida*, este Instituto crea un contexto de transformación e integridad para individuos y organizaciones en su relación con el dinero. Con una visión de redistribuir los recursos financieros de la humanidad de nuestros más básicos temores hacia nuestros más altos compromisos humanos, la misión de la fundación es la de otorgar poder a individuos en el sector privado, el sector de utilidad social, y el sector de beneficio público para que se inspiren, sean auténticos y efectivos en la recaudación de fondos, la filantropía y la realización financiera de su visión. Programas y recursos incluyen pláticas, talleres, consultoría y entrenamiento brindados por Lynne Twist y otros. Los temas de Twist incluyen 'El alma del dinero',

'Recaudación desde el corazón', filantropía iluminada, programas de donación corporativa, el otorgamiento de poder a las mujeres, ciudadanía global, hambre y pobreza, sustentabilidad, pueblos indígenas, juventud y negocios socialmente responsables.

The Soul of Money Institute
Teléfono: (415) 386-5599
Sitio web: www.soulofmoney.org
Correo electrónico: info@soulofmoney.org

Spirit in Business Institute Global Network

Aumenta el desempeño y la inspiración de negocios e individuos al integrar ética, valores, y entusiasmo en el liderazgo y la práctica diaria en los negocios a nivel mundial. Programas y materiales incluyen Spirit in Business Knowledge Platform, conferencias, retiros ejecutivos y otros eventos para el aprendizaje; noticias e iniciativas en medios; una red global de líderes de negocio a lo largo de las diferentes culturas y creencias; colaboraciones entre organizaciones que trabajan para promover el entusiasmo en los negocios en todo el mundo; y otras actividades para apoyar la evolución del negocio como agente benéfico para el mundo. Para mayor información visite el sitio web.

Spirit in Business¾USA
70 Center Street
Norhhampton, MA 01060
Teléfono: (413) 586-8950
Sitio web: www.spiritinbusiness.org
Correo electrónico: info@spiritinbusiness.org

Spirit in Business¾Europe
P.O. Box 347
1400 AB Bussum
The Netherlands
Teléfono: 31-35-6951920

SpreadingChange

Un movimiento de base popular, de la gente para la gente, que invita a individuos de todas las edades, antecedentes económicos y localidades geográficas a 'esparcir el cambio' ("SpreadChange"), por ejemplo, pagando el pasaje de un extraño, y haciéndolo de forma anónima. Otros ejemplos de SpreadingChange: pague la cuota de peaje para el carro que viene detrás de usted; compre una taza de café, helado o pizza para el cliente que está detrás de usted; pague anticipadamente la renta de video, el lustrado de calzado, el boleto de cine, la tarifa de estacionamiento, etc., para la persona formada detrás de usted. La invitación está dirigida a adoptar una acción de SpreadingChange como práctica de vida, y para alentar a la familia, colegas, y miembros de la comunidad a hacer lo mismo. El sitio web ofrece un lugar para registrar experiencias personales relacionadas con SpreadingChange, y para leer cómo otros lo han hecho.

SpreadingChange
P.O. Box 344
Lafayette, CA 94549
Sitio web: www.spreadingchange.org

State of the World Forum

Coordina el diálogo y la acción global para crear nuevas propuestas para una administración efectiva del sistema global. Dos de sus iniciativas principales son la Comisión en Globalización, incluyendo la Iniciativa de Globalización Ética, el Grupo de Acciones y Políticas de Seguridad del Agua Internacional, la Iniciativa G8/NEPAD, y la Iniciativa Whole Child. Convoca de manera regular a su red global de liderazgo en convenciones públicas, diálogos regionales y consultas privadas. Jim Garrison, fundador y presidente del Foro, es un famoso líder del pensamiento, autor, y experto en temas de globalización y gobernanza global. Su libro, *America as Empire*, aborda los temas de la soberanía nacional y los retos globales. El Foro también envía un boletín informativo electrónico y publica información de actualidad en sus sitios web.

State of the World Forum
The Presidio
P.O. Box 29434, Building 992
San Francisco, CA 94129
Teléfono: (415) 561-2345
Sitios web:
State of the World Forum: www.worldforum.org
The Commission on Globalization: http://commissiononglobalization.org
The Whole Child Initiative: www.whole-child.org
Correo electrónico: info@worldforum.org

Social Venture Network (SVN)

Fundada en 1987 por algunos de los líderes más visionarios de los Estados Unidos en materia de iniciativa empresarial e inversión socialmente responsable, SVN está comprometida con la construcción de un mundo justo y sustentable a través de los negocios. SVN promueve nuevos modelos y liderazgo para negocios sustentables a nivel social y ambiental en el siglo veintiuno, con iniciativas, servicios de información y foros que fortalecen a la comunidad y le otorgan poder a miembros para trabajar en conjunto a favor de una visión compartida. Sus programas incluyen dos convenciones de miembros anuales; Social Venture Institutes los cuales ofrecen a los líderes de empresas socialmente responsables y de empresas no lucrativas innovadoras un foro en donde ventilar sus problemas de negocio y recibir asesoramiento y tutoría experta de parte de miembros líderes de la red Social Venture; "Standards of Corporate Social Responsibility", un documento creado por los miembros de SVN para compartir sus experiencias como empresarios sociales y que sirve de herramienta para ayudar a otros a mejorar tanto el desempeño social como financiero de sus organizaciones; y Business Alliance for Local Living Economies, para crear, fortalecer, y conectar negocios a nivel local en redes dedicadas a la construcción de 'economías de vida local' fuertes. A través de la membresía de 400 líderes de negocios exitosos y comprometidos con la conciencia social en Norteamérica, SVN facilita el intercambio dentro de una comunidad con fines comunes, ofreciendo herramientas que generan y hacen progresar la actividad entre sus miembros. Para mayor información sobre los lineamientos de la membresía, visitar el sitio web.

Social Venture Network
P.O. Box 29221
San Francisco, CA 94129
Teléfono: (415) 561-6501
Sitio web: www.svn.org
Correo electrónico: svn@svn.org

Sustainability Institute

Utiliza herramientas de sistemas de pensamiento, sistemas de dinámicas y aprendizaje organizacional para tener una visión de conjunto de la compleja problemática social y ambiental. SI es un comité para 'pensar-actuar' dedicado al uso de recursos sustentables, economías sustentables y comunidades sustentables. SI proporciona información, análisis y demostraciones prácticas que pueden auspiciar la transición hacia sistemas sustentables a todos los niveles de la sociedad, desde el nivel local hasta el global. Sus materiales incluyen libros y artículos de la autora Donella Meadows, columnas mensuales de Elizabeth Sawin en la revista *Grist, Cobb Hill Cohousing, y Whole System Commodity Research*. Acceso libre a todo público; el programa de becarios es por solicitud y selección.

Sustainability Institute
3 Linden Road
Hartland, VT 05048
Teléfono: (802) 436-1277
Sitio web: www.sustainer.org
Correo electrónico: hhamilton@sustainer.org

Women Donors Network

Es una organización nacional de mujeres comprometidas con el cambio social a través de la filantropía progresiva que apoya los cambios sistémicos así como mejoras en las vidas de individuos y comunidades en desventaja. En su calidad de red de donantes y activistas donantes, proporciona oportunidades para la creación de redes sociales, adquisición de capacidades y conocimiento, desarrollo de liderazgo, colaboración financiera y apoyo a los miembros. Miembros orientan sus donaciones filantrópicas a través de fundaciones privadas, comunitarias, de apoyo y operativas; organizaciones de servicio financiero; y cuentas de banco personales. Programas y materiales educativos incluyen círculos de donantes y de estudio que abordan temas específicos, como el Democracy Funding Circle, Study Circle Addressing the Right-Wing Political Sector, y Media Circle. La membresía está abierta a individuos que estén involucrados activamente en donaciones que abordan algunos aspectos de la filantropía progresiva. La tarifa por membresía incluye el registro para participar en una convención anual.

Donna P.Hall, Executive Director
Women Donors Network
1018 Fulton Street
Palo Alto, CA 94301-3312
Teléfono: (650) 328-2600
Sitio web: www.womendonors.org
Correo electrónico: info@womendonors.org

Women's Learning Partnership for Rights, Development, and Peace (WLP)

Es una organización internacional no gubernamental que trabaja para otorgar poder a mujeres y niñas en el Sur Global (países en vías de desarrollo) para redimensionar y reestructurar los papeles que juegan en sus familias, comunidades y sociedades. WLP crea materiales educativos para culturas específicas, proporciona capacitación en liderazgo, apoya al desarrollo de capacidades y ayuda a las mujeres a generar y recibir información y conocimiento. Trabaja en colaboración con organizaciones populares locales para otorgar poder a mujeres activistas y organizaciones, asumir papeles de liderazgo y comprometerse de manera activa en el desarrollo de la sociedad civil. Programas de capacitación de liderazgo se están implementando en Afganistán, Camerún, India, Jordania, Líbano, Malasia, Marruecos, Nigeria, Palestina, Turquía, Uzbekistán y

Zimbabue. La capacitación se basa en el manual de capacitación de WLP, *Leading to Choices: A Leadership Training Handbook for Women*, que se ha adaptado para ser leído en diferentes idiomas locales como árabe magrebí, francés y uzbeko. Otras nueve ediciones del manual traducidas a idiomas locales están próximas a salir. Un área importante a enfatizar en el trabajo de WLP es su asistencia a socias colaboradoras en el Sur Global, con el fin de disminuir la brecha digital y adquirir capacidades y materiales para emplear tecnologías de información para así lograr sus objetivos.

Women's Learning Partnership
4343 Montgomery Avenue, Suite 201
Bethesda, MD 20814
Teléfono: (301) 654-2774
Sitio web: www.learningpartnership.org
Correo electrónico: wlp@learningpartnership.org

Youth for Environmental Sanity (YES!)

Conecta, inspira y otorga poder a jóvenes activistas para establecer contactos a través de las redes sociales y trabajar en conjunto por un estilo de vida próspero, justo y sustentable para todos. Programas o materiales educativos incluyen Youth Jams para líderes jóvenes, el manual *Green Schools* para escuelas ecológicas, campamentos para gente joven (15-30) que quiera hacer una diferencia positiva, y libros y videos para ayudar a la gente joven a llevar a cabo elecciones en pro de un mundo sano. YES! fue fundado en 1990 por Ocean Robbins y Ryan Eliason (en aquel entonces de 16 y 18 años de edad, respectivamente), y ha organizado más de ochenta campamentos y capacitaciones de una semana de duración para jóvenes líderes y cientos de talleres de un día de duración, y ha producido siete libros, manuales y videos.

Youth for Environmental Sanity (YES!)
Información de contacto:
420 Bronco Road
Soquel, CA 95073
Teléfono: (831) 465-1091

Sitio web: www.yesworld.org
Correo electrónico: camps@yesworld.org

Youth Venture

Es una organización nacional que ayuda a equipos de gente joven (entre los 10 a los 20 años de edad) para crear empresas nuevas (sin lucro, con orientación social, o clubes) para abordar temas de preocupación en sus comunidades y en el mundo. Programas o materiales educativos de interés especial incluyen Prospective Venture Teams, los cuales pueden recibir muchos tipos de apoyo, incluyendo donativos de capital inicial de hasta 1 000 dólares; folletos informativos sobre el desarrollo de planes de negocio, y sobre como iniciar y administrar nuevas empresas, y un boletín informativo electrónico sobre iniciativas empresariales sociales de la juventud y el movimiento de Youth Venture. Empresarios potenciales pueden participar ya sea en el sitio web o a través de diversos programas comunitarios asociados de Youth Venture en todo el país. Youth Venture agradece todas las ideas y solicitudes de recursos provenientes de gente joven.

Youth Venture
1700 N.Moore Street, Suite 2000
Arlington, VA 22209
Teléfono: (703) 527-4126
Sitio web: www.youthventure.org
Correo electrónico: info@youthventure.org

LIBROS

Axelrod, Terry. *Raising More Money: A Step-by-Step Guide to Building Lifelong Donors*. Para adquirirlo visitar www.raisingmoremoney.com

Chopra, Deepak. *Creating Affluence: Wealth Consciousness in the Field of All Possibilities*. Novato, Calif.: New World Library octubre 1993.

Cooperrider, David L., Peter F. Sorensen, Jr, Diana Whitney y Therese F. Yaeger eds. *Appreciative Inquiry: Rethiking Human Organization Toward a Positive Theory of Change*. Champaign, Ill., Stipes Publishing, septiembre 1999.

Eisler, Riane. *The Chalice & the Blade: Our History, Our Future*. Harper San Francisco, octubre 1988 / El cáliz y la espada: nuestra historia, nuestro futuro.
–The power of Partnership: *The Seven Relationships That Will Change Your Life*. Novato, Calif.: New World Library, marzo 2002.
–Tomorrow's Children: *A Blueprint for Partnership Education for the 21st Century*. Boulder, Colo,: Westview Press, agosto 2001.

Gary, Tracy y Melissa Kohner. *Inspired Philanthropy: Your Step-by-Step Guide to Creating a Giving Plan*, 2a edición, San Francisco: Jossey-Bass, agosto 2002.

Hyde, Lewis. *The Gift: Imagination and the Erotic Life of Property*. Nueva York: Vintage, marzo 1983.
Inspired Philantrophy: Creating a Giving Plan: A Workbook. San Francisco: (Kim Klein's Chardon Press) Jossey-Bass, septiembre 1998.

Kinder, George. *The Seven Stages of Money Maturity: Understanding the Spirit and Value of Money in Your Life.* Nueva York: Delacorte, abril 2000.

Kiyosaki, Robert y Sharon Lechter. Rich Dad, Poor Dad: *What the Rich Teach Their Kids About Money That the Poor and Middle Class Do Not!* Nueva York: Warner, abril 2000.

Lawson, Douglas M. *Give to Live: How Giving Can Change Your Life.* Alti Publishing, septiembre 1991 (edición agotada).

Lietaer, Bernard. *Community Currencies: A New Tool for the 21st Century.*
–*The Future of Money: Beyond Greed and Scarcity.* Enero 2001.
–, y Richard Douthwaite. *The Ecology of Money.* Resurgence Books, febrero 2000.

Meadows, Donella. Global Citizen. Island Press, mayo 1991.
–*Limits to Growth: A Report for the Club of Rome's Project on the Predicament of Mankind.* New American Library, reimpresión, octubre 1977. /
–, et al. *Beyond the Limits: Confronting Global Collapse, Envisioning a Sustainable.* White River Junction, VT.: Chelsea Green, agosto 1993.

Needleman, Jacob. *Money and the Meaning of Life.* Nueva York: Doubleday, octubre 1991.
–, y Michael Toms. *Money, Money, Money: The Search for Wealth and the Pursuit of Happiness. Carslbad,* Calif.: Hay House, junio 1998 (libro y audiocassette).

Nemeth, María, Dra. *The Energy of Money: A Guide to Financial and Personal Fulfillment.* Ballantine Wellspring, abril 2000.
–*You & Money: A Guide to Personal Integrity and Financial Abundance.* Tzedakah Publications, abril 1996.
–*You and Money: Would It Be All Right with You If Life Got Easier?* Vildehiya, 1997.

O'Neil, Jesse. *The Golden Ghetto: The Psychology of Business)*. Center City, Minn.: Hazelden, The Affluenza Project, diciembre 1997.

Orman, Suze. *Courage to Be Rich: Creating a Life of Material and Spiritual Abundance*. Nueva York: Riverhead (libro y audiocassette), marzo 1999.
—*The 9 Steps to Financial Freedom: Practical and Spiritual Steps So You Can Stop Worrying*. Nueva York: Crown (libro y audiocassette), diciembre 2000.

Rich, Harvey L., Dr. *In the Moment: Celebrating the Everyday*. Nueva York: Morrow/HarperCollins, noviembre 2002.

Robin, Vicki y Joe Dominguez. *Your Money or Your Life: Transforming Your Relationship with Money and Achieving Financial Independence*. Nueva York: Penguin, septiembre 1999.

Rosenberg, Claude. *Wealthy and Wise: How You and America Can Get the Most Out of Your Giving*. Boston: Little, Brown, sept. 1994.

Sahtouris, Elisabet. *A Walk Through Time: From Stardust to Us: The evolution of Life on Earth*. Foundation for Global Community, John Wiley & Sons, octubre 1998.

Shore, William H. *The Cathedral Within: Transforming Your Life by Giving Something Back*. Nueva York: Random House, nov. 2001.

Traband, Les. *Obtaining Your Financial Black Belt: Power and Control Over Your Money*. Buy Books, 2000.

Audiocassettes

Disponibles en New Dimensions Radio:
The Soul of Business. Entrevistas editadas por Michael Toms.
El alma del dinero, Lynne Twist entrevistada por Michael Toms.

Revistas

Utne
YES! A Journal of Positive Futures.

.

www.ingramcontent.com/pod-product-compliance
Lightning Source LLC
Chambersburg PA
CBHW060331200326
41519CB00011BA/1896